Aborto e Igualdade no Brasil

Aborto e Igualdade no Brasil

PERSPECTIVA JURÍDICO-DOGMÁTICA

2024

Taís Sofia Cunha de Barros Penteado

ALMEDINA

ABORTO E IGUALDADE NO BRASIL
PERSPECTIVA JURÍDICO-DOGMÁTICA
© Almedina, 2024

Autora: Taís Sofia Cunha de Barros Penteado

Diretor Almedina Brasil: Rodrigo Mentz
Editora-Chefe: Manuella Santos de Castro
Editor Pleno: Aurélio Cesar Nogueira
Produtora Editorial: Erika Alonso
Assistentes Editoriais: Letícia Gabriella Batista e Tacila da Silva Souza

Diagramação: Almedina
Design de Capa: FBA

ISBN: 9788584936670
Fevereiro, 2024

Dados Internacionais de Catalogação na Publicação (CIP)
(Câmara Brasileira do Livro, SP, Brasil)

Penteado, Taís Sofia Cunha de Barros
Aborto e igualdade no Brasil : perspectiva
jurídico-dogmática / Taís Sofia Cunha de Barros Penteado
1. ed. – São Paulo : Almedina, 2024.

Bibliografia.

ISBN 978-85-8493-667-0

1. Aborto 2. Aborto – Aspectos sociais
3. Aborto – Leis e legislação – Brasil
4. Bioética – Aspectos jurídicos I. Título.

23-186001 CDU-343.621

Índices para catálogo sistemático:

1. Aborto : Direito penal 343.621

Aline Graziele Benitez – Bibliotecária – CRB-1/3129

Este livro segue as regras do novo Acordo Ortográfico da Língua Portuguesa (1990).

Editora: Almedina Brasil
Rua José Maria Lisboa, 860, Conj. 131 e 132, Jardim Paulista | 01423-001 São Paulo | Brasil
www.almedina.com.br

[...] *Like love we don't know where or why,*
Like love we can't compel or fly,
Like love we often weep.
Like love we seldom keep.

Law Like Love, W. H. Auden

Dedico este livro a todas as que
Precisaram
Quiseram
Escolheram
Não escolheram
Fizeram
Não fizeram
Puderam
Mas, principalmente,
A todas as que não puderam
Ou que fizeram e não estão mais

AGRADECIMENTOS

Apesar de o programa de mestrado da Escola de Direito de São Paulo da Fundação Getulio Vargas (FGV DIREITO SP) durar dois anos, comecei a trabalhar na dissertação que deu origem a este livro há seis. Tudo começou em 2015, quando entrei na sala do professor Dimitri para falar sobre músicas machistas da atlética da faculdade e saí com um projeto de pesquisa para iniciação científica: analisar a ADPF 54/DF a partir de *perspectivas feministas*. Da ADPF 54/DF eu sabia um pouco – sabia que o caso tinha sido julgado em 2012 (ano em que entrei na faculdade) e que o STF havia decidido pela inconstitucionalidade da aplicação do conjunto normativo que criminaliza o aborto no Brasil a casos de anencefalia fetal. Sobre as perspectivas feministas – em Direito?! –, por outro lado, eu sabia muito pouco. Nessa primeira conversa, o professor Dimitri apenas imprimiu dois textos, me emprestou um livro e disse: "comece lendo MacKinnon, dra. Taís" (me lembro como se fosse ontem).

A iniciação durou um ano, e, nesse período, muitas coisas cresceram em mim. A vontade de aprender e de contribuir para o conhecimento no mundo foi uma delas. A descrença no Direito foi outra. A crença no Direito, outra. O feminismo, mais uma. Mas a maior delas foi o sentimento de injustiça que sinto quando penso (ou vejo, ou escuto, ou sinto) em como mulheres vivem em um mundo que as(nos) maltrata por serem mulheres.

Acabei a iniciação em 2016 e só em 2018 decidi prestar mestrado. Nessa época, por algum motivo, o tema do aborto me desanimou. Aliás, gênero, em geral, me desanimou. Mas eis que recebo um *e-mail* (também do professor Dimitri) me contando sobre um congresso que ocorreria em novembro daquele ano no Rio de Janeiro, que teria Catharine MacKinnon como convidada especial. Fui ao congresso como quem não quer nada e, com a cabeça borbulhando, voltei com um projeto de mestrado. Entreguei o produto final desse projeto em 2020, mas, aqui neste espaço, quero relembrar o processo e agradecer a todos que fizeram parte dele e do posterior desenvolvimento deste livro:

À Fundação de Amparo à Pesquisa do Estado de São Paulo (Fapesp), por ter apostado no meu trabalho e me concedido a bolsa que permitiu que eu me dedicasse integralmente a esse projeto (Processo n. 2019/07715-1).

À FGV DIREITO SP, não só pela bolsa concedida, mas também, e principalmente, pelo acolhimento e por ter sido, nos últimos oito anos, uma verdadeira escola, que, como diria Paulo Freire é, "sobretudo, gente" – alunas, alunos, professoras, professores, funcionárias e funcionários. Dentre as pessoas que cruzaram o meu caminho durante o processo do mestrado, agradeço aos meus colegas de turma, aos meus colegas do Núcleo de Justiça e Constituição e às minhas colegas do Grupo de Estudos de Direito e Gênero, pelas discussões e pelos cafés. Agradeço também às professoras e aos professores que, direta ou indiretamente, contribuíram para a minha formação, não só como acadêmica, mas também como pessoa. Às professoras Soraya Lunardi, Ana Lúcia Sabadell e Juliana Alvim, que tiraram um tempo para ler e comentar este trabalho.

À professora Marta, agradeço pelo diálogo, pela leitura sempre cirúrgica e pelos comentários nas diversas versões deste trabalho, que, a cada conversa, dava um passo a mais em direção à sua melhor versão: a versão mais refinada, mais rigorosa, mais organizada, mais clara e com mais conteúdo. Ao professor Dimitri, que me orienta na academia e na vida há tanto tempo, tenho muito a agradecer, mas aqui quero agradecê-lo por ter me ensinado a estudar e, sobretudo, a pensar livremente e a discutir ideias. Aos dois, em conjunto, agradeço por me darem ferramentas para olhar criticamente para o mundo e para lutar contra injustiças da melhor maneira possível. Vocês são exemplos diários do tipo de acadêmica e professora que quero me tornar: alguém que observa o Direito com rigor de forma atenta a desigualdades, que constrói conhecimento de maneira não alienada do mundo, que reflete sobre o que significa ser professor de Direito em um país como o Brasil. Alguém que se preocupa em fazer a diferença, através das ideias, do trabalho duro e das ações e que se preocupa com o crescimento de outras pessoas. Muito obrigada.

A todas as minhas amigas e amigos queridos, agradeço pelo carinho.

Às minhas irmãs, Thereza e Antonia, agradeço pelo nosso dia a dia, nossas risadas e por saber que nunca estou sozinha.

Aos meus pais, Adriana e José Cassio, agradeço pelo amor incondicional, pelo apoio ilimitado e por acreditarem em mim sempre. Todas as minhas conquistas são suas também.

SUMÁRIO

Introdução

A prática do tipo de aborto é criminalizada no Brasil pelo conjunto normativo representado pelos arts. 124 e 126 do Código Penal (CP) de 1940,[1] sendo apenas admitida: (i) quando não houver outro meio de salvar a vida da gestante,[2] (ii) quando a gravidez resultar de estupro[3] ou (iii) em casos de anencefalia fetal.[4]

[1] "Art. 124. Aborto provocado pela gestante ou com seu consentimento. Provocar aborto em si mesma ou consentir que outrem lho provoque:" (*Vide* ADPF 54) Pena – detenção, de um a três anos. [...] Art. 126. Provocar aborto com o consentimento da gestante: (*Vide* ADPF 54) Pena – reclusão, de um a quatro anos" (BRASIL. *Decreto-lei n. 2.848, de 7 de dezembro de 1940.* Código Penal. Brasília: Presidência da República, 1940. Disponível em: https://www.planalto.gov.br/ccivil_03/decreto-lei/del2848.htm. Acesso em: 10 mar. 2023).

[2] "Art. 128. Não se pune o aborto praticado por médico: [...] II – se não há outro meio de salvar a vida da mãe" (BRASIL. *Decreto-lei n. 2.848, de 7 de dezembro de 1940.* Código Penal. Brasília: Presidência da República, 1940. Disponível em: https://www.planalto.gov.br/ccivil_03/decreto-lei/del2848.htm. Acesso em: 10 mar. 2023).

[3] "Art. 128. Não se pune o aborto praticado por médico: [...] II – se a gravidez resulta de estupro e o aborto é precedido de consentimento da gestante ou, quando incapaz, de seu representante legal" (BRASIL. *Decreto-lei n. 2.848, de 7 de dezembro de 1940.* Código Penal. Brasília: Presidência da República, 1940. Disponível em: https://www.planalto.gov.br/ccivil_03/decreto-lei/del2848.htm. Acesso em: 10 mar. 2023).

[4] Excludente acrescentada judicialmente, pelo Supremo Tribunal Federal, na ADPF 54/DF (BRASIL. Supremo Tribunal Federal [Plenário]. *Arguição de Descumprimento de Preceito Fundamental 54/DF.* Feto anencéfalo. Interrupção da gravidez. Mulher. Liberdade sexual e reprodutiva. Saúde. Dignidade. Autodeterminação. Direitos fundamentais. Crime. Inexistência [...]. Relator: Min. Marco Aurélio. Brasília. Julgamento: 12 de abril de 2012. *DJe* de 30 de abril

A pauta do aborto há muito vem sendo articulada por movimentos feministas nas mais diversas arenas. Fazendo uma retomada histórica sobre o início das mobilizações, Leila Barsted posiciona o início da luta nos anos 1970, em meio à ditadura militar. Nesse contexto, movimentos feministas encontravam entraves em críticas vindas não só de setores religiosos, mas também da própria esquerda, que considerava a pauta do aborto secundária em comparação às pautas relacionadas à redemocratização do Brasil. Mas, independentemente desse contexto, o movimento feminista conseguiu florescer no Brasil.[5]

Nos anos 1980, o direito ao aborto foi articulado como algo inerente à autonomia da vontade, à não intervenção nos corpos femininos, à saúde de mulheres, principalmente de mulheres pobres, que recorriam a abortos clandestinos em condições precárias. Ainda, a pauta se fortaleceu com o avanço da ciência, que, em contraposição ao que ocorria na época da promulgação do CP, já permitia identificar com precisão a existência de anomalias fetais que inviabilizavam a vida do feto. Por fim, a questão do aborto foi articulada de maneira integrada à implementação de um sistema de saúde que prezasse pela orientação sexual e que possibilitasse o acesso a contraceptivos.[6]

A partir daí, a luta continuou, marcada por avanços, recuos e pelo estabelecimento de uma vocação política para a negociação.[7] Esse padrão se manteve ao longo dos anos, primeiro nas arenas do Legislativo e do Executivo. Em 2003, movimentos sociais começaram a atuar também no Judiciário, e, desde então, essa área se tornou central para a luta pela descriminalização do aborto.[8] Essa mudança de foco foi iniciada em 2004, quando um *habeas corpus* (HC) – no qual uma mulher chamada Gabriela Cordeiro pedia autorização judicial para interromper a gravidez em razão

de 2013. Disponível em: https://portal.stf.jus.br/processos/detalhe.asp?incidente=2226954. Acesso em: 17 mar. 2023).

[5] BARSTED, Leila. Legalização e descriminalização do aborto no Brasil: 10 anos de luta feminista. *Estudos Feministas,* Rio de Janeiro, v. 0, n. 0, p. 104, 1992.

[6] BARSTED, Leila. Legalização e descriminalização do aborto no Brasil: 10 anos de luta feminista. *Estudos Feministas,* Rio de Janeiro, v. 0, n. 0, p. 105, 1992.

[7] SCAVONE, Lucila. Políticas feministas do aborto. *Estudos Feministas,* Florianópolis, v. 16, n. 2, p. 675-680, maio-ago. 2008.

[8] MACHADO, Marta Rodriguez de Assis; MACIEL, Débora A. The Battle Over Abortion Right's in Brazil's State Arenas. *Health and Human Rights Journal,* [*s. l.*], v. 19, p. 130, jun. 2017.

de anencefalia fetal – alcançou o Supremo Tribunal Federal (STF), após um longo percurso.[9] O HC recebeu uma decisão favorável; entretanto, como o parto já havia ocorrido, houve perda de objeto.[10]

Casos iguais ao de Gabriela eram comuns no cenário brasileiro, e, por essa razão, movimentos sociais se mobilizaram para buscar uma decisão com efeitos vinculantes e *erga omnes* que colocasse uma pá de cal sobre a questão. Assim, nasceu a Arguição de Descumprimento de Preceito Fundamental (ADPF) 54,[11] proposta perante o STF em 2004 e, em 2012, julgada com decisão favorável à reclamante, estabelecendo uma nova hipótese de excludente de ilicitude: a interrupção voluntária da gravidez em casos de anencefalia fetal.[12]

A decisão tomada na ADPF 54/DF continua a ser a mudança mais recente na legislação sobre aborto, mas, nos últimos anos, a questão continuou a ser discutida no âmbito do STF. Em 2016, o Brasil passou por uma crise de saúde pública, devido a uma epidemia de Zika Vírus. Essa doença tem como resultado trágico a malformação fetal, conhecida como microcefalia, que ocorre quando uma mulher grávida é infectada pelo vírus. Em vista desse cenário crítico, uma nova ação foi proposta, buscando resultado similar ao da ADPF 54/DF, mas em relação à microcefalia.[13] A ação aguardou julgamento por aproximadamente quatro anos, e apenas

[9] BRASIL. Supremo Tribunal Federal (Tribunal Pleno). *Habeas Corpus 84.025-6/RJ*. Paciente: Gabriela Oliveira Cordeiro. Coator: Superior Tribunal de Justiça. Relator: Min. Joaquim Barbosa. Brasília, DF, 25 junho 2004. Disponível em: http://redir.stf.jus.br/paginadorpub/paginador.jsp?docTP=AC&docID=384874. Acesso em: 29 out. 2020.

[10] Um relato completo do caso pode ser encontrado em: DINIZ, Debora. Arquitetura de uma ação em três atos – Anencefalia no STF. *Direito.UnB*, [*s. l.*], v. 1, n. 2, p. 161-183, jul.-dez. 2014.

[11] Um relato completo sobre a arquitetura da ação pode ser encontrado em: DINIZ, Debora. Arquitetura de uma ação em três atos – Anencefalia no STF. *Direito.UnB*, [*s. l.*], v. 1, n. 2, p. 161-183, jul.-dez. 2014.

[12] BRASIL. Supremo Tribunal Federal (Plenário). *Arguição de Descumprimento de Preceito Fundamental 54/DF*. Feto anencéfalo. Interrupção da gravidez. Mulher. Liberdade sexual e reprodutiva. Saúde. Dignidade. Autodeterminação. Direitos fundamentais. Crime. Inexistência [...]. Relator: Min. Marco Aurélio. Brasília. Julgamento: 12 de abril de 2012. *DJe* de 30 de abril de 2013. Disponível em: https://portal.stf.jus.br/processos/detalhe.asp?incidente=2226954. Acesso em: 17 mar. 2023

[13] BRASIL. Supremo Tribunal Federal. Petição Inicial. *Ação Direta de Inconstitucionalidade 5.581/DF*. Requerente: Associação Nacional dos Defensores Públicos – Anadep. Brasília, DF, 5 de setembro de 2016.

em 2020 foi levada a julgamento, que se deu em plenário virtual, em meio à pandemia causada pela covid-19. O STF se recusou a analisar o mérito da ação, por questões processuais.[14]

Algum tempo depois, em 2017, a Primeira Turma do STF julgou o HC 124.306/RJ,[15] que dizia respeito à possibilidade de prisão preventiva de funcionários de uma clínica clandestina de aborto, mas a Turma entendeu pela falta de requisitos para a prisão cautelar. Seguindo o voto do ministro Luís Roberto Barroso, concluiu também, incidentalmente, pela inconstitucionalidade da criminalização do aborto voluntário nos três primeiros meses de gestação.

A inconstitucionalidade declarada no HC 124.306/RJ se deu de forma incidental e, carecendo de efeito vinculante e *erga omnes*, não cria precedente. Entretanto, entendemos que a menção a ela é válida para a reconstrução do debate recente sobre o aborto na esfera judicial, que culminou com a propositura da ADPF 442/DF, em 6 de março de 2017, pelo Partido Socialismo e Liberdade (PSOL).[16]

A tese defendida na ADPF 442/DF é a de que a criminalização do aborto até a 12ª semana de gravidez viola os preceitos fundamentais "da dignidade da pessoa humana, da cidadania, da não discriminação, da inviolabilidade da vida, da liberdade, da igualdade, da proibição de tortura

[14] BRASIL. Supremo Tribunal Federal (Tribunal Pleno). *Ação Direta de Inconstitucionalidade 5.581/DF*. Ação Direta de Inconstitucionalidade com Arguição de Descumprimento de Preceito Fundamental. Zika Vírus. Políticas públicas. Revogação do art. 18 da Lei n. 13.301/2019 pela Medida Provisória n. 894/2019. [...]. Relatora: Min. Cármen Lúcia. Julgamento: 4 de maio de 2020. Brasília, DF, *DJe* de 4 de novembro de 2020. Disponível em: https://jurisprudencia.stf.jus.br/pages/search/sjur435625/false. Acesso em: 17 mar. 2023.

[15] BRASIL. Supremo Tribunal Federal (1. Turma). *Habeas Corpus 124.306/RJ*. Direito processual penal. *Habeas corpus*. Prisão preventiva. Ausência dos requisitos para sua decretação. inconstitucionalidade da incidência do tipo penal do aborto no caso de interrupção voluntária da gestação no primeiro trimestre. Ordem concedida de ofício. 1. O *habeas corpus* não é cabível na hipótese. Todavia, é o caso de concessão da ordem de ofício, para o fim de desconstituir a prisão preventiva, com base em duas ordens de fundamentos. [...]. Relator: Min. Marco Aurélio. Julgamento: 9 de agosto de 2016. Brasília, DF, *DJe* de 16 mar. 2017. Disponível em: https://jurisprudencia.stf.jus.br/pages/search/sjur364766/false. Acesso em: 17 mar. 2023.

[16] BRASIL. Supremo Tribunal Federal. *Arguição de Descumprimento de Preceito Fundamental 442/DF*. Relatora: Min. Rosa Weber. Brasília, DF, petição inicial apresentada pelo PSOL em 26 de março de 2018. Disponível em: https://portal.stf.jus.br/processos/detalhe.asp?incidente=5144865. Acesso em: 17 mar. 2023.

ou tratamento desumano ou degradante, da saúde e do planejamento familiar de mulheres, adolescentes e meninas".[17]

Em março de 2018, a relatora do caso, ministra Rosa Weber, convocou uma audiência pública sobre o tema, realizada nos dias 3 e 6 de agosto de 2018, com a participação de relevantes setores da sociedade civil. Entretanto, nos anos seguintes, o processo ficou parado. Não é possível saber ao certo o que motivou o desaquecimento do julgamento da ADPF 422/DF, mas não seria pouco razoável imaginar que tenha sido uma forma de evitar que os ânimos e o clima político que seguiram as eleições de 2018 pressionassem o STF para um lado ou outro – afinal, a questão do aborto é de sensibilidade política ímpar.

Em setembro de 2023, um evento mudou os rumos da questão. A relatora liberou o caso para julgamento e declarou sua intenção de proferir voto em breve, antes de se aposentar. Em razão dessa movimentação, a ampliação das reflexões sobre o tema tornou-se, mais do que nunca, um dever. É isso que a presente obra pretende fazer.

A desaceleração do julgamento é negativa, uma vez que mantém uma questão tão importante – e com consequências tão danosas para mulheres – sem resolução. No entanto, é possível tomarmos essa brecha como oportunidade para a ampliação das reflexões sobre o tema, e é justamente o que se pretende fazer nesta obra.

Conforme explicaremos a seguir, há uma linha de continuidade entre a argumentação proposta na ADPF 54/DF, no HC 124.306/RJ e na ADPF 442/DF. Todas as ações formulam a questão do aborto como atinente a direitos individuais e sociais, sempre prestando atenção ao direito não apenas em abstrato, mas também em sua concretização. Aqui, temos o objetivo de contribuir para o debate ao apresentar outra chave de argumentação, que considera a criminalização do aborto um problema de igualdade substantiva, que entende tanto o problema do aborto como a sua criminalização construídos e permeados por hierarquias de poder que moldam desigualdades estruturais. Nesse contexto, a manutenção da criminalização é considerada uma reprodutora dessas desigualdades.

[17] BRASIL. Supremo Tribunal Federal. *Arguição de Descumprimento de Preceito Fundamental 442/DF*. Relatora: Min. Rosa Weber. Brasília, DF, protocolado em 8 de março de 2017, p. 1.Disponível em: https://portal.stf.jus.br/processos/detalhe.asp?incidente=5144865. Acesso em: 17 mar. 2023.

O argumento foi formulado pela autora feminista Catharine MacKinnon, no contexto dos ataques ao direito ao aborto que seguiram a decisão da Suprema Corte norte-americana pós-*Roe v. Wade*, caso no qual a criminalização do aborto até a 12ª semana de gestação foi considerada inconstitucional por se tratar de violação à privacidade.[18] Conforme propomos a seguir, seu argumento foi desenvolvido em duas partes. Primeiro, em um artigo de 1984, no qual a autora critica a adoção da privacidade como base para a descriminalização do aborto. Segundo, em um artigo de 1991, no qual a autora avança um argumento normativo contra a criminalização do aborto, na chave da igualdade.[19]

A escolha pela apresentação da argumentação proposta por MacKinnon se deu por dois motivos principais. Primeiro, porque se trata de um posicionamento diferente daqueles que vêm sendo adotados pelo STF e, portanto, oferece uma perspectiva particular, que faz refletir não só sobre o aborto, mas também sobre potenciais fragilidades da argumentação proposta. Segundo, porque os pontos levantados foram fruto de um longo processo reflexivo. *Roe v. Wade* foi julgado em 1973 e os argumentos foram formulados entre 10 e 20 anos após a decisão. Ou seja, houve um lapso de quase duas décadas entre *Roe* e a nova proposta, que permitiu que juristas feministas digerissem os fatos que seguiram o julgamento, que evidenciaram fragilidades na decisão. Por serem posteriores à descriminalização do aborto, os argumentos partem de críticas à fundamentação utilizada para a descriminalização do aborto e não têm a preocupação de apresentar um argumento que seja ao mesmo tempo forte e *estratégico*, de forma que podem aderir a visões mais radicais sobre o tema. Ou seja, esses argumentos são voltados não só à permissibilidade do aborto, mas ao aprimoramento da forma jurídica de se enquadrar a questão.

O objetivo desta obra é refletir sobre a argumentação apresentada pela autora Catharine MacKinnon sobre aborto e, a partir daí, utilizá-la como lente de análise para olhar para a realidade brasileira. Para tal, dividimos a nossa investigação em dois momentos distintos. No primeiro, trata-se de uma interpretação construtiva dos argumentos da autora, na

[18] *Roe v. Wade*, 410, U.S 113 (193).

[19] MACKINNON, Catharine. Roe v. Wade: A Study in Male Ideology. *In*: GARFIELD, Jay; HENNESSEY, Patricia (eds.). *Abortion*: Moral and Legal Perspectives. Amherst: University of Massachusetts Press, 1984, p. 45-54; MACKINNON, Catharine. Reflections on Sex Equality under Law. *The Yale Law Journal*, [*s. l.*], v. 100, n. 5, p. 1281-1328, 1991.

qual refletimos sobre estes à luz de críticas tecidas por autoras também feministas ao seu trabalho de maneira ampla. Essas críticas ao trabalho de MacKinnon fazem emergir fraquezas em seus argumentos sobre aborto que devem ser superadas para que estes sejam lidos à sua melhor luz. Ou seja, esse primeiro momento é voltado à desconstrução e reconstrução da argumentação. No segundo momento, utiliza-se o argumento de MacKinnon em sua versão reconstruída como enquadramento para a análise de jurisprudência sobre direitos reprodutivos que vem se formando nos últimos anos e, ainda, da argumentação proposta na ADPF 442. Por fim, utiliza-se o enquadramento de MacKinnon como inspiração para a construção de uma nova chave argumentativa, aderente ao contexto brasileiro.

No que se refere ao primeiro momento, o trabalho encontra-se assim dividido:

Na Parte I, levamos a cabo a interpretação à melhor luz, ou interpretação construtiva. O método interpretativo é explicado no Capítulo 1. No Capítulo 2, apresentamos o trabalho de MacKinnon de maneira ampla e suas contribuições para o Direito em geral e para a análise feminista do Direito de maneira específica. Em seguida, no Capítulo 3, apresentamos algumas das principais críticas tecidas por autoras feministas ao seu trabalho. A partir daí, entramos na fase de interpretação à melhor luz dos argumentos. No Capítulo 4, tratamos do argumento *crítico* de MacKinnon, apresentado em um trabalho intitulado "Roe v. Wade: A Study in Male Ideology", de 1984, no qual a autora tece críticas à abordagem liberal adotada pela Suprema Corte norte-americana para lidar com a questão do aborto. No Capítulo 5, tratamos do argumento *normativo* apresentado em "Reflections on Sex Equality under Law", no qual a autora defende que a criminalização do aborto viola a igualdade entre os gêneros. A interpretação construtiva é central para os nossos propósitos, na medida em que é o momento em que refletimos sobre o que há de valioso nos argumentos e o que pode ser mudado para que eles se tornem mais fortes. Como se verá, entendemos que o que se tira de mais valioso é a perspectiva radical adotada.

Na Parte II, tratamos de utilizar a argumentação de MacKinnon como inspiração para a reflexão sobre a criminalização do aborto no Brasil. No

Capítulo 6, fazemos uma leitura de duas decisões tomadas no âmbito do STF, quais sejam, a ADPF 54/DF e o HC 124.306/RJ, bem como da petição inicial da ADPF 442/DF à luz da análise radical proposta por MacKinnon. Essa leitura crítica faz emergir algumas fragilidades das formulações do problema do aborto e da solução jurídica encontrada para a descriminalização. Em seguida, no Capítulo 7, propomos uma nova chave argumentativa, também baseada no enquadramento radical. No Capítulo 8, apresentamos a argumentação na forma de uma peça de *Amica Curiae* Radical.

Consideramos nossa *Amica Curiae* "radical" por alguns motivos. Primeiro, pela adoção do enquadramento radical proposto por MacKinnon. Segundo, pelas fontes não convencionais que utilizamos para a construção de conhecimento jurídico aderente à realidade brasileira. Partimos de relatos de mulheres reais, que emergem de conversas, da literatura, da mídia, de quadrinhos e até de redes sociais. Entendemos que isso tem a vantagem não apenas de trazer para o centro do Direito vozes historicamente excluídas, mas também de contribuir para uma metarreflexão sobre qual conhecimento deve ser considerado em reflexões jurídicas.

Ao final, tecemos algumas conclusões não apenas sobre as contribuições que enxergamos na argumentação proposta, no que se refere, especificamente, ao caso do aborto, mas também sobre o seu potencial de abrir portas para futuras demandas, que, assim como o aborto, são problemas relacionados à existência de hierarquias de poder na sociedade. Esperamos que esta obra não auxilie apenas para reflexões sobre o aborto e sobre como desigualdades operam em geral, mas também para o campo da teoria feminista de Direito, que agora floresce no Brasil.[20]

[20] Trabalhos incluem, mas não se limitam a: PAIVA, Lívia; SABADELL, Ana Lucia. O crime de estupro à luz da epistemologia feminista: um estudo de casos no STF. *Delictae*, [*s. l.*], v. 3, n. 4, p. 11, jan.-jun. 2018; PÜSCHEL, Flávia Portella. A Feminist Analysis of Child Neglect Cases from the Brazilian Superior Court of Justice. *Revista Direito GV*, São Paulo, v. 16, n. 1, p. 1-21, jan.-abr. 2020; FERREIRA, Luisa. A agência parcial nas teorias feministas do Direito e sua contribuição para políticas públicas no Brasil. *Revista Eletrônica Direito e Sociedade*, Canoas, v. 11, n. 1, p. 147-170, jun. 2023; BARBIERI, Catarina; RAMOS, Luciana. Direito, feminismos e gênero: um guia básico para a pesquisa. *In*: FEFERBAUM, Marina; QUEIROZ, Rafael Mafei Rabelo (coords.). *Metodologia da pesquisa em Direito*: técnicas e abordagens para elaboração de monografias, dissertações e teses. 2. ed. São Paulo: Saraiva, 2019.

Um último comentário se faz necessário nesta Introdução. Apesar de a proibição do aborto afetar majoritariamente mulheres cis – quando utilizamos a palavra "mulheres" neste trabalho em geral referimo-nos a esse grupo –, o problema acomete todas as pessoas que têm útero. Dessa maneira, ao tratarmos o tema como questão de gênero, queremos dizer que a problemática está intrinsecamente relacionada ao sistema de opressão patriarcal, interseccionado a tantos outros, e não a uma identidade específica. A decisão de utilizar "mulheres" foi consciente, na medida em que entendemos que, embora nem todas as mulheres precisem do procedimento, todas são prejudicadas pela subordinação associada à criminalização.

PARTE I

A INTERPRETAÇÃO DA ARGUMENTAÇÃO DE *MACKINNON* SOBRE ABORTO À MELHOR LUZ

Capítulo 1
Proposta: Interpretação à Melhor Luz

Nesta Parte I, elaboramos uma interpretação construtiva dos escritos de Catharine MacKinnon sobre aborto.[21] Acerca do tema, a autora escreveu dois textos. O primeiro, "Roe v. Wade: A Study on Male Ideology", publicado em 1984, trata de uma crítica à abordagem liberal adotada pela Suprema Corte norte-americana no caso *Roe v. Wade*. O segundo, "Reflections on Sex Equality under Law", foi publicado em 1991 e aborda a apresentação do argumento dogmático-normativo de que restrições ao aborto violam a igualdade.

Interpretamos tais textos como entidades independentes, levando em consideração o propósito do argumento não para a autora (exemplo: o que Catharine MacKinnon quis dizer), mas o que a intérprete pode tirar de positivo dele (exemplo: o argumento funciona ou não funciona, por determinado motivo). O papel da intérprete, nesse tipo de interpretação, é o de construção e reconstrução do argumento, impondo-lhe um propósito que faça emergir o que há de melhor nele.[22] Isso não significa que a intérprete atribua ao argumento o significado que deseja, na medida em que o tipo do objeto (argumento jurídico, por exemplo) impõe limites à interpretação. Significa que, consideradas as circunstâncias, o argumento

[21] DWORKIN, Ronald. *Law's Empire*. Cambridge, Mass.: Belknap Press, 1986, p. 50.
[22] DWORKIN, Ronald. *Law's Empire*. Cambridge, Mass.: Belknap Press, 1986, p. 52.

é lido à sua melhor luz, trazendo à tona seu valor a partir dos objetivos e princípios pressupostos que visam servir.[23]

O objetivo ao qual os argumentos visam servir, nesse caso, é a emancipação de mulheres por meio da descriminalização do aborto. Esse é o objetivo ("*point*") da argumentação, que serve como *standard* para o seu entendimento, sua extensão, sua modificação, sua qualificação e sua limitação.[24]

Assim, perguntamo-nos: o que é frágil e o que se retira de valioso dos argumentos, tendo em vista essa finalidade? De forma a fazer isso, eles devem passar por um primeiro momento de desconstrução e por um segundo momento de reconstrução. Isso será feito pela apresentação de algumas críticas feministas aos argumentos, que podem demandar que eles sejam reconstruídos, para que sejam mais fortes em vista de seus objetivos.

Esta parte estrutura-se da seguinte maneira: primeiro, apresentamos o trabalho de MacKinnon de maneira ampla e as suas contribuições para o Direito em geral e para a análise feminista do Direito de maneira específica. Em seguida, apresentamos algumas das principais críticas tecidas por autoras feministas ao trabalho de MacKinnon de maneira ampla e, em um terceiro momento, traremos os argumentos de MacKinnon sobre aborto, tentando demonstrar como os elementos de sua teoria feminista do Estado os permeiam. Por fim, levamos a cabo uma leitura destes à luz das críticas feministas tecidas ao trabalho de MacKinnon. Essa etapa é central para o nosso propósito, na medida em que é o momento no qual refletimos sobre o que há de valioso nos argumentos e o que pode ser mudado para que eles se fortaleçam.

É importante ressaltar que o nosso objetivo não é discutir o trabalho de MacKinnon de maneira abrangente, mas, tão somente, pensar sobre fragilidades do seu argumento em relação ao aborto. Assim, quando apresentamos as críticas ao seu trabalho, não tomamos uma posição sobre elas estarem certas ou erradas – apenas as assumimos como ponto de partida para a nossa análise.

[23] DWORKIN, Ronald. *Law's Empire*. Cambridge, Mass.: Belknap Press, 1986, p. 52. Nas palavras do autor, "[...] all interpretation strives to make an object the best it can be, as an instance of some assumed enterprise" (DWORKIN, Ronald. *Law's Empire*. Cambridge, Mass.: Belknap Press, 1986, p. 54).

[24] DWORKIN, Ronald. *Law's Empire*. Cambridge, Mass.: Belknap Press, 1986, p. 47.

Capítulo 2
A Teoria Feminista de Estado de Catharine Mackinnon e Sua Teoria Feminista do Direito

Ao feminismo de Catharine MacKinnon são atribuídos muitos nomes. Algumas autoras o chamam de feminismo do poder;[25] outras, de feminismo da dominação;[26] outras, de feminismo radical.[27] Trataremos o feminismo de MacKinnon como feminismo radical, pois entendemos que tal nomenclatura consegue abarcar as dimensões do poder e da dominação presentes em seu trabalho, mas consegue ainda ir além e abarcar também sua maneira de olhar o Direito e seu método para a produção de conhecimento.

A nosso ver, o feminismo radical de MacKinnon pode ser entendido como radical de quatro formas. Primeiro, pela radicalidade do seu método de construção de conhecimento, qual seja, a tomada de consciência (*consciousness raising*). Segundo, pelo seu entendimento de que o problema da desigualdade se encontra não na diferença de tratamento, mas na

[25] HALLEY, Janet. *Split Decisions*: How and Why to Take a Break from Feminism. Princeton, N. J.: Princeton University Press, 2006.

[26] ABRAMS, Kathryn. Sex Wars Redux: Agency and Coercion in Feminist Legal Theory. *Columbia Law Review*, [*s. l.*], v. 95, n. 2, p. 304-376, mar. 1995.

[27] WEST, Robin; GRANT BOWMAN, Cynthia. Research Handbook on Feminist Jurisprudence. *In*: WEST, Robin; GRANT BOWMAN, Cynthia (eds.). *Research Handbook on Feminist Jurisprudence*. Northampton, MA: Edward Elgar, 2019, p. 1; JAGGAR, Alison. *Feminist Politics and Human Nature*. Totowa: Rowman & Allanheld, 1983, p. 83.

assimetria de poder que constitui uma verdadeira estrutura de dominação, que, por sua vez, tem como raiz a alienação da sexualidade. Em virtude da dimensão estrutural de dominação – ou seja, pelo fato de as categorias mais fundamentais do mundo serem moldadas pelo poder –, a igualdade real só poderia ser alcançada por mudanças radicais que levassem à ruptura com a estrutura. Essa pretensão de mudança radical é a terceira forma como a radicalidade aparece. Por fim, o feminismo é radical em sua forma de olhar para o Direito. Tendo em vista o esquema de coisas identificado, o Direito é um instrumento de dominação que deve sofrer um escrutínio radical, em suas categorias, em seus princípios, em seus *standards* e em sua lógica. A aplicação "correta" do Direito como é não basta para o alcance da igualdade, que só pode ser atingida, novamente, por mudanças estruturais. Em resumo, chamaremos essas quatro formas de radicalidade de: (i) radicalidade no método; (ii) radicalidade na análise do Estado; (iii) radicalidade na pretensão de mudança; e (iv) radicalidade na análise do Direito.

Primeiro, o método. Talvez a maior inovação do trabalho de MacKinnon sejam a teorização e a proposta de aplicação do método da tomada de consciência ao Direito, que, no trabalho da autora, trata-se do método último de produção de conhecimento feminista. Nas palavras de Christine Littleton,

> [o] método feminista começa com o ato radical de levar mulheres a sério, acreditando que o que dizemos sobre nós e sobre nossas experiências é importante e válido, mesmo quando (ou até, especialmente quando) o que falamos tem pouca relação com o que já foi dito ou é dito sobre nós.[28]

O método da tomada de consciência nasceu a partir de pequenas reuniões ocorridas em cidades e subúrbios norte-americanos, nas quais mulheres dividiam suas experiências. Entretanto, tal qual proposto por MacKinnon, não demanda o engajamento em reuniões desse tipo para a construção de conhecimento, mas adota a sua essência, qual seja, a de levar mulheres a sério, em seus próprios termos.[29] A tomada de consciência

[28] LITTLETON, Christine. Feminist Jurisprudence: The Difference Method Makes. *Stanford Law Review*, [s. l.], v. 41, n. 3, 1989, p. 764.

[29] LITTLETON, Christine. Feminist Jurisprudence: The Difference Method Makes. *Stanford Law Review*, [s. l.], v. 41, n. 3, 1989, p. 765.

não serve apenas – nem principalmente, a nosso ver – para a construção de conhecimento teórico. O potencial analítico que traz consigo está intimamente relacionado à organização e à prática feminista.

Segundo MacKinnon, enquanto o método do materialismo histórico olha para o mundo "de fora" como um "objeto", a tomada de consciência é uma visão interna, que permite que o mundo seja analisado a partir de experiências concretas daquelas pessoas que compartilham e analisam, coletivamente, suas experiências. Isso permite que se acesse não só a dimensão da subordinação, que é externamente imposta por estruturas maiores de poder, mas também aquela que é internalizada por mulheres.[30] Para MacKinnon, a tomada de consciência não é apenas um método para construção de conhecimento que tem o potencial de mudar estruturas; a tomada de consciência é já a revolução.

O método especificado pela obra de MacKinnon é tão central, que ela nem sequer admite a possibilidade de construção de conhecimento feminista a partir de qualquer outro. Da mesma forma que a autora considera o seu feminismo o último e verdadeiro (*unmodified*), também o é o método da tomada de consciência.[31]

A partir da aplicação do método feminista, MacKinnon tenta construir ou então criar bases para uma Teoria do Estado. Dizemos criar bases pois o próprio título do livro no qual MacKinnon apresenta sua teoria se chama *Em direção a uma Teoria Feminista do Estado*, o que indica o reconhecimento da incompletude do trabalho. No que se refere à radicalidade de análise do Estado, o feminismo radical se propõe a apresentar uma *grand theory* sobre a dominação masculina, nos moldes propostos por Marx quanto à opressão do proletariado. Apesar de se afastar do marxismo pela negação de seu método, o feminismo radical trabalha com conceitos essenciais para o marxismo, como a dominação de classe, a alienação, a falta de consciência que advém da subordinação, a crítica a valores e direitos liberais, como autonomia, privacidade e igualdade formal, e do próprio Direito, que, apesar de ser visto como neutro por liberais, é, na verdade, um mecanismo

[30] MACKINNON, Catharine. Feminism, Marxism, Method, and the State: An Agenda for Theory. *Signs*, [*s. l.*], v. 7, n. 3, 1982, p. 519.

[31] MACKINNON, Catharine. *Feminism Unmodified*. Cambridge (Mass.): Harvard University Press, 1987, p. 16.

de subordinação.[32] Assim como para o marxismo, o feminismo radical tem como base central a atenção entre a assimetria de poder ocasionada por um sistema problemático.[33] Utilizando esses conceitos, questiona pressupostos do liberalismo, mas também se afasta do marxismo, expondo que este apaga a opressão especificamente sofrida por mulheres e não dá conta de identificá-la, tampouco de oferecer uma saída para ela – novamente em razão de seu método. Essencialmente, MacKinnon afirma que o marxismo não consegue identificar o sistema de opressão patriarcal, que nasce e se sustenta a partir da alienação da sexualidade feminina. Isso, em parte, por ter sido criado por homens, que experienciam o mundo de forma diferente das mulheres.[34]

Na versão apresentada por Catharine MacKinnon,[35] a ideia da alienação da sexualidade – entendida como o "processo social que cria, organiza, expressa e direciona o desejo"[36] – aparece como essa raiz da opressão feminina – daí, a radicalidade de sua teoria do Estado. Para a autora, a conclusão sobre a centralidade da sexualidade no processo de dominação emergiu da análise de diversos fenômenos como aborto, violência doméstica, estupro, incesto, prostituição, entre outros. No enquadramento do liberalismo, esses fenômenos aparecem como eventos isolados. A partir do método feminista, entretanto, MacKinnon e outras teóricas radicais identificam

[32] MACKINNON, Catharine. *Toward a Feminist Theory of The State*. Cambridge (Mass.): Harvard University Press, 1989, p. 167.

[33] WEST, Robin. Introduction to the Research Handbook on Feminist Jurisprudence. *In*: WEST, Robin; GRANT BOWMAN, Cynthia (eds.). *Research Handbook on Feminist Jurisprudence*. Northampton, MA: Edward Elgar, 2019, p. 14.

[34] MACKINNON, Catharine. *Toward a Feminist Theory of The State*. Cambridge (Mass.): Harvard University Press, 1989, p. 127 em diante.

[35] MACKINNON, Catharine. Feminism, Marxism, Method, and the State: An Agenda for Theory. *Signs*, [*s. l.*], v. 7, n. 3, 1982, p. 529. O trabalho de MacKinnon parte de outros trabalhos de feministas radicais, como: MILLETT, Kate. *Sexual Politics*. Garden City, Nova York: Doubleday, 1970; FIRESTONE, Shulamith. *The Dialect of Sex*. Nova York: William Morrow, 1971; BROWNMILLER, Susan. *Against Our Will*: Men, Women and Rape. Nova York: Bantam, 1975; DWORKIN, Andrea. *Pornography*: Men Possessing Women. Londres: The Women's Press, 1981; e MACKINNON, Catharine. *Toward a Feminist Theory of the State*. Cambridge (Mass.): Harvard University Press, 1989, que defendem que a raiz da opressão feminina é a sexualidade.

[36] MACKINNON, Catharine. *Toward a Feminist Theory of the State*. Cambridge (Mass.): Harvard University Press, 1989, p. 3.

um fio condutor que os une: a sexualidade, que é constituída e constitui a assimetria de poder entre homens e mulheres.

O foco na sexualidade parece restrito às questões diretamente relacionadas ao sexo – como o sexo violento, o abuso sexual, a prostituição, a pornografia e o assédio sexual –, mas uma contribuição da corrente é a análise "holística" da opressão feminina, que enxerga todas as áreas da vida da mulher interligadas.[37] A sexualidade se relaciona com a reprodução, com a saúde e a mortalidade feminina, com a violência em geral – mesmo que não sexual –, com o baixo poder aquisitivo e, no limite, com a baixa participação feminina na criação de valores e significados no mundo, o que impacta diretamente o Direito. Assim, vê-se que a dominação feminina é um problema estrutural, que se reproduz mesmo sem a consciência dos atores envolvidos.[38] Como tal, trata-se de um problema a ser resolvido não no âmbito individual, mas sim em sua dimensão coletiva.

Assim como no marxismo o problema da dominação de classe ocorre pela alienação do poder de trabalho do proletariado, para o feminismo radical, a dominação se dá pela alienação da sexualidade da mulher – "seus atos sexuais, suas escolhas sexuais, seu desejo sexual e a sua construção como ser sexual"[39] –, sendo algo passível de controle ilimitado pelos homens. O controle da sexualidade pelos homens – não só do acesso ao corpo feminino, mas também da sua própria conceptualização – é o que define, para MacKinnon, a condição da mulher no mundo.[40]

Nesse pensamento, a alienação da sexualidade se dá pelo uso da força propriamente dita, mas também pelo fato de mulheres muitas vezes

[37] Uma prova disso está no fato de o artigo em que MacKinnon desenvolve seu argumento normativo de igualdade na questão de o aborto tratar conjuntamente de aborto e estupro (MACKINNON, Catharine. Feminism, Marxism, Method, and the State: An Agenda for Theory. *Signs*, [*s. l.*], v. 7, n. 3, p. 515-544, 1982).

[38] Entre outros, Catharine Mackinnon (*Toward a Feminist Theory of The State*. Cambridge [Mass.]: Harvard University Press, 1989) aplica sua teoria às questões do estupro (p. 171), do aborto (p. 184) e da pornografia (p. 195). E em *Sexual Harassment of Working Women*: A Case of Sex Discrimination (New Haven, Conn.: Yale University Press, 1979), trata do assédio sexual.

[39] WEST, Robin. Introduction to the Research Handbook on Feminist Jurisprudence. *In*: WEST, Robin; GRANT BOWMAN, Cynthia (eds.). *Research Handbook on Feminist Jurisprudence*. Northampton, MA: Edward Elgar, 2019, p. 11 (em referência ao trabalho de MacKinnon).

[40] MACKINNON, Catharine. *Toward a Feminist Theory of The State*. Cambridge (Mass.): Harvard University Press, 1989, p. 126 em diante.

precisarem se submeter aos desejos e necessidades masculinos para a sua sobrevivência, além de a sexualidade tal qual construída tornar-se algo naturalizado como a regra. A complacência com a dominação naturaliza e, portanto, assemelha-se à falsa consciência proposta pelo marxismo. A sexualidade seria, a um só tempo, moldada pela dominação, de forma a erotizar essa dominação e tornando-a algo natural.

Como Teoria do Estado, o feminismo radical de MacKinnon tenta colocar em xeque os pressupostos do liberalismo. A conclusão principal é a de que o liberalismo é uma ideologia que perpetua a dominação feminina e que, portanto, o Direito liberal, entendido como emancipatório pelo feminismo liberal, não tem a capacidade de promover uma emancipação real.[41]

No contexto de dominação delineado por MacKinnon, que tem como fonte primeira a sexualidade, mas que se dissemina por todos os âmbitos da vida da mulher, é fácil ver como a liberdade e a autonomia feminina – pressupostos pelo liberalismo – não correspondem à realidade da maioria mulheres. A assimetria de poder entre homens e mulheres impede que estas sejam livres para dizer não, mas também influencia em sua capacidade de dizer sim. O *status* de subordinação constrange a autonomia e a liberdade de escolha. Essa é a primeira crítica que o feminismo radical tece ao liberalismo.[42]

A segunda crítica tecida pelo trabalho de MacKinnon ao liberalismo tem como foco o pressuposto de que o ambiente privado é o espaço de livre interação entre indivíduos iguais. Essa crítica é decorrência da primeira. Se a sexualidade é o ponto nevrálgico da dominação e esta tem como local principal o ambiente privado, este, por sua vez, não é um ambiente de interação entre dois indivíduos iguais e livres, mas sim de dominação e da ausência de autonomia – consciente ou inconsciente. É no ambiente privado que ocorre a maior parte da violência sexual vivida por mulheres e meninas, é o local em que o trabalho não remunerado é alienado e, portanto, é o local que mais reproduz a desigualdade. Além

[41] MACKINNON, Catharine. *Toward a Feminist Theory of The State*. Cambridge (Mass.): Harvard University Press, 1989, p. 157 em diante.

[42] WEST, Robin. Introduction to the Research Handbook on Feminist Jurisprudence. *In*: WEST, Robin; GRANT BOWMAN, Cynthia (eds.). *Research Handbook on Feminist Jurisprudence*. Northampton, MA: Edward Elgar, 2019, p. 12.

disso, o ambiente privado é o local do isolamento, que impede a troca entre mulheres e a tomada de consciência. Se a esfera da privacidade, vista pelo liberalismo como o ambiente de liberdade e de desenvolvimento pessoal é, na verdade, um ambiente de dominação, então a não intervenção do Estado apenas contribui para a perpetuação dessa dominação. Para MacKinnon, a ausência do Estado deixa de ser vista como emancipatória e passa a ser vista como parte do sistema da dominação.[43]

O terceiro ponto atacado pelo feminismo radical é a igualdade formal. Olhando para a realidade material das mulheres, vê-se que não existe igualdade de fato. Essa situação expõe que a igualdade de tratamento não é capaz de afetar positivamente as mulheres. Pelo contrário, essa concepção de igualdade tem, assim como a autonomia e a privacidade, o poder destrutivo de perpetuar a dominação feminina.[44]

Essa terceira crítica à igualdade formal se liga à radicalidade na pretensão de mudança do trabalho de MacKinnon. Como a autora enxerga a dominação estruturalmente, a igualdade de tratamento entre homens e mulheres em nada afeta as estruturas, na medida em que a igualdade se dará de acordo com os *standards* masculinos que perpetuam a dominação. Um exemplo que ilustra bem essa situação é o argumento de MacKinnon sobre a liberdade sexual. Para ela, é possível que mulheres sejam livres para participar da sexualidade – como se verá a seguir, a possibilidade de abortar é um instrumento essencial para isso –, mas, enquanto esta for moldada nos termos masculinos, a partir de experiências masculinas, a igualdade de tratamento – igual participação na sexualidade – continuará a ser opressora. Ou seja, a mudança que devemos buscar, no contexto da dominação, não seria a inclusão de mulheres no mundo dos homens, mas sim a mudança deste mundo.

O feminismo radical, olhando para o mundo como ele é, a partir das experiências concretas de mulheres, tece, em um primeiro momento, críticas descritivas. O liberalismo e o feminismo radical partem de visões

[43] WEST, Robin. Introduction to the Research Handbook on Feminist Jurisprudence. *In*: WEST, Robin; GRANT BOWMAN, Cynthia (eds.). *Research Handbook on Feminist Jurisprudence*. Northampton, MA: Edward Elgar, 2019, p. 13.

[44] WEST, Robin. Introduction to the Research Handbook on Feminist Jurisprudence. *In*: WEST, Robin; GRANT BOWMAN, Cynthia (eds.). *Research Handbook on Feminist Jurisprudence*. Northampton, MA: Edward Elgar, 2019, p. 13.

diferentes da realidade. Para o feminismo radical de MacKinnon, mulheres não contam com autonomia real, na medida em que sua autonomia é comprometida pelo seu estado de subordinação e alienação; tampouco contam com a suposta proteção oferecida pela privacidade, considerando que a assimetria de poder entre homens e mulheres torna o ambiente privado um ambiente de abuso; por fim, não contam com igualdade, pois a igualdade formal em nada afeta a sua condição material.

As críticas descritivas, entretanto, tornam-se normativas, uma vez que questionam o potencial desses valores sociais, em sua pretensão aspiracional de promover a emancipação, especialmente no que se refere ao Direito como instrumento de proteção. Propõe-se que valores sociais, que se tornam jurídicos (autonomia, privacidade, igualdade, bem como regras deles derivadas), não promovem a emancipação, mas perpetuam a dominação. O feminismo radical questiona não só o liberalismo como ideologia, mas também o Direito liberal.[45] É aí que mora a análise radical do Direito.

Conforme adiantamos, para o feminismo radical, um dos problemas do sistema de subordinação patriarcal é a impossibilidade de mulheres participarem da construção de valores e significados sociais.[46] A falta de condições, bem como a falta de consciência sobre sua própria subordinação, fez com que mulheres fossem impossibilitadas de participar da esfera pública, ambiente da identificação de problemas sociais e de tomada de decisões sobre a resolução destes. Em vista disso, o Direito liberal adquiriu caráter "masculino". Isso significa dizer que o Direito foi criado a partir de assunções, categorias e metodologias que se propõem neutras, mas que, na verdade, são baseadas em experiências masculinas.[47]

O feminismo liberal, em grande medida, tentou avançar a agenda da igualdade das mulheres trabalhando dentro desse esquema de coisas, ou seja, a inclusão de mulheres no Direito, nos mesmos termos que os homens. Nesse contexto, mulheres e homens eram tratados como pessoas iguais

[45] MACKINNON, Catharine. *Toward a Feminist Theory of The State*. Cambridge (Mass.): Harvard University Press, 1989, p. 237 em diante.

[46] MACKINNON, Catharine. Reflections on Sex Equality under Law. *The Yale Law Journal*, [*s. l.*], v. 100, n. 5, p. 1281, 1991.

[47] MACKINNON, Catharine. *Toward a Feminist Theory of The State*. Cambridge (Mass.): Harvard University Press, 1989, p. 163.

(nos termos liberais), e o caráter "genderizado", tanto de mulheres quanto do Direito, não era questionado. Os pressupostos liberais eram a base de demandas. O direito ao aborto e ao uso de contraceptivos era colocado em termos de livre participação na sexualidade, na autonomia e na privacidade. A igualdade, por sua vez, continuava formal, e o conteúdo do princípio não era questionado.[48] Mulheres teriam tantos direitos quanto homens, na medida em que fossem iguais aos homens, sem que se questionasse nem de onde vêm essas diferenças, nem o *standard* masculino.[49]

Em contraposição ao liberalismo – tanto em sua esfera jurídica quanto em relação ao seu movimento feminista –, a análise do feminismo radical desafia, justamente, a suposta neutralidade do Direito e suas consequências. A partir de relatos sobre como mulheres sofrem na realidade de forma alienada ao Direito, sua aplicação "correta" existente passou a ser deixada de lado e abrir espaço para propostas de reformulações deste, para que ele se tornasse efetivo na proteção das mulheres. "Mulheres pararam de pedir para jogar pelas regras do jogo e passaram a entender que não participar da formulação de regras significa não ter permissão para participar do jogo."[50]

Essa visão de igualdade, segundo MacKinnon, levou a uma mudança na forma como algumas feministas passaram a analisar o Direito, qual seja, o olhar crítico sobre os seus conceitos e suas categorias fundamentais, a partir de experiências reais de mulheres reais. Feministas analisaram como valores patriarcais permeiam aplicações do conceito de autodefesa em casos de violência doméstica,[51] visões sobre o conceito de consentimento em casos de estupro,[52] regras de prescrição em casos de abuso de menor,[53]

[48] MACKINNON, Catharine. Reflections on Sex Equality under Law. *The Yale Law Journal*, [*s. l.*], v. 100, n. 5, p. 1285, 1991.

[49] MACKINNON, Catharine. Reflections on Sex Equality under Law. *The Yale Law Journal*, [*s. l.*], v. 100, n. 5, p. 1287, 1991.

[50] MACKINNON, Catharine. Reflections on Sex Equality under Law. *The Yale Law Journal*, [*s. l.*], v. 100, n. 5, p. 1295, 1991.

[51] Catharine Mackinnon (Reflections on Sex Equality under Law. *The Yale Law Journal*, [*s. l.*], v. 100, n. 5, p. 1294, 1991) cita o trabalho de Leone Walker (*The Battered Woman Syndrome.* Nova York: Springer Publishing, 1984, nota 55).

[52] Catharine Mackinnon (Reflections on Sex Equality under Law. *The Yale Law Journal*, [*s. l.*], v. 100, n. 5, p. 1294, 1991) cita Diana Russell (*Rape in Marriage*, nota 57, 1990).

[53] Catharine Mackinnon (Reflections on Sex Equality under Law. *The Yale Law Journal*, [*s. l.*], v. 100, n. 5, p. 1294, 1991) cita M. Salten (Statutes of Limitations in Civil Incest Suits: Preserving the Victim's Remedy, nota 60, p. 189, 1894).

conceitos importantes em direito de família – como custódia[54] – e o conceito de dano na responsabilidade civil,[55] entre muitos outros. No campo da análise constitucional da desigualdade entre os gêneros, MacKinnon aponta, entretanto, que poucos avanços tinham sido feitos até aquele momento. Ou seja, poucas situações em que não houvesse tratamento diferenciado explícito foram consideradas situações de discriminação com base no sexo.[56]

É nesse contexto que a argumentação de MacKinnon sobre aborto se insere. Como se verá, o primeiro argumento realiza a análise radical do princípio da privacidade e questiona a ideia de escolhas livres e autônomas; o segundo, por sua vez, leva a cabo a análise radical da norma do aborto e reflete sobre como a norma conceptualiza a relação entre a mulher e o feto. Em ambos os casos, a autora sustenta que conceitos que se propõem neutros são, na realidade, fruto de experiências alheias à realidade feminina e, assim, perpetuam a dominação.

[54] Catharine Mackinnon (Reflections on Sex Equality under Law. *The Yale Law Journal*, [*s. l.*], v. 100, n. 5, p. 1294, 1991) cita P. Chesler (Mothers on Trial. *Harvard Law Review*, p. 727, nota 61, 1988) e Martha Fineman (Dominant Discourse, Professional Language and Legal Change in Child Custody Decision Making. *Harvard Law Review*, nota 61, 1988).

[55] Catharine Mackinnon (Reflections on Sex Equality under Law. *The Yale Law Journal*, [*s. l.*], v. 100, n. 5, p. 1294, 1991) cita Leslie Bender (Feminist [Re]Torts: Thoughts on The Liability Crisis, Mass Torts, Power, and Responsabilities. *Duke Law Journal*, p. 848, nota 62, 1990).

[56] Assédio sexual foi um dos avanços (MACKINNON, Catharine. Reflections on Sex Equality under Law. *The Yale Law Journal*, [*s. l.*], v. 100, n. 5, p. 1296, 1991).

Capítulo 3
Críticas Feministas ao Trabalho De Mackinnon

Conforme exposto anteriormente, Catharine MacKinnon se propõe a apresentar uma teoria explicativa da opressão feminina, em *grand style*.[57] Ela trabalha no nível de outras teorias do Estado, fazendo um paralelo com o marxismo e o liberalismo, de forma a construir a sua própria.[58] O trabalho de MacKinnon é ambicioso. A autora não se limitou a olhar para o mundo e identificar casos nos quais questões de gênero operam na opressão de mulheres – o que fez nos seus inúmeros anos como ativista e advogada –, mas tentou encontrar conexões entre inúmeros focos de opressão, chegando à conclusão de que todos os problemas de gênero emergem de uma estrutura de opressão masculina, que se assimila ao capitalismo.[59]

As críticas ao trabalho de MacKinnon, porém, são proporcionais à sua ambição. O seu trabalho foi criticado por juristas por não ser jurídico, por acadêmicos por não ser acadêmico, por intelectuais por ser prático demais, por práticos por ser intelectual demais e por cientistas políticos por não

[57] OLSEN, Frances. Feminist Theory in Grand Style. *Columbia Law Review*, [*s. l.*], v. 89, n. 5, p. 1147, jun. 1989.

[58] MACKINNON, Catharine. *Feminism Unmodified*. Cambridge (Mass.): Harvard University Press, 1987, p. 46.

[59] OLSEN, Frances. Feminist Theory in Grand Style. *Columbia Law Review*, [*s. l.*], v. 89, n. 5, p. 1168, jun. 1989.

ser nem científico, nem político.[60] Ainda, foi reprovado por ser polêmico demais, ideológico demais e raivoso demais.[61] Essas avaliações negativas se dão no nível não de sua argumentação, mas de sua legitimidade como conhecimento válido em determinadas comunidades epistemológicas, a partir das regras internas dessas comunidades. Essas críticas não serão objeto do presente capítulo, na medida em que o que nos interessa é analisar a argumentação sobre aborto a partir de críticas tecidas por autoras feministas direcionadas aos argumentos centrais do pensamento de MacKinnon, e não analisar o trabalho de maneira ampla. A seguir, apresentaremos as críticas direcionadas aos pontos principais do trabalho de MacKinnon, geralmente consideradas mais recorrentes, relevantes e abrangentes.[62]

3.1. Contraponto antiessencialista à universalização de experiências

O feminismo de MacKinnon se contrapõe ao liberalismo e ao marxismo pelo fato de ambas as Teorias de Estado terem sido construídas a partir de visões que, apesar de se proporem neutras, seriam construídas com base nas experiências de homens. A partir dessa crítica, MacKinnon apresenta uma Teoria Feminista do Estado, construída, segundo a autora, a partir do método feminista da tomada de consciência, que tem como fonte última de conhecimento a experiência feminina. Ocorre, entretanto, que o trabalho de MacKinnon foi muito criticado por partir de experiências femininas que se propõem universais, mas que em realidade são particulares a mulheres heterossexuais, brancas, de classe média.[63] MacKinnon, assim, incorreria

[60] MACKINNON, Catharine. *Feminism Unmodified.* Cambridge (Mass.): Harvard University Press, 1987, p. 132.

[61] FINLEY, Lucinda. The Nature of Domination and the Nature of Women: Reflections on Feminism Unmodified (Review Essay). *Northwestern University, School of Law Northwestern University Law Review*, [*s. l.*], v. 82, n. 2, p. 352, 1988.

[62] CHEN, Chao-Ju. Catharine MacKinnon and Equality Theory. *In*: WEST, Robin; GRANT BOWMAN, Cynthia (eds.). *Research Handbook on Feminist Jurisprudence*. Northampton, MA: Edward Elgar, 2019, p. 44.

[63] HARRIS, Angela. Race and Essentialism in Feminist Legal Theory. *Stanford Law Review*, [*s. l.*], v. 42, n. 3, p. 585, fev. 1990; MINOW, Martha. Feminist Reason: Getting It and Losing It. *Journal of Legal Education*, [*s. l.*], v. 38, n. 1-2, mar. -jun. 1988; CAIN, Patricia. Feminism and the Limits of Equality. *Georgia Law Review*, [*s. l.*], v. 24, p. 803-847, 1989; KAPUR, Ratna. The Tragedy of Victimization Rhetoric: Resurrecting the "Native" Subject in International/ Post-Colonial Feminist Legal Politics. *Harvard Human Rights Journal*, [*s. l.*], v. 15, n. 1, p. 8, 2002.

em essencialismo, assumindo a existência de características e atributos fixos e a-históricos a todas as mulheres.[64] Ou seja, assim como o liberalismo e o marxismo teriam sido construídos com base na exclusão de mulheres, o feminismo de MacKinnon teria excluído experiências de mulheres que não se enquadrassem no perfil utilizado como "base", obscurecendo diferenças intragrupo.[65]

Para algumas autoras, a exclusão de muitas experiências teria minado inúmeras de suas conclusões. A autora Patricia Cain, por exemplo, afirma que a conclusão de MacKinnon de que a sexualidade seria, necessariamente, um ambiente de opressão teria excluído experiências de mulheres lésbicas. Em primeiro lugar, por equiparar o sexo lésbico ao modelo de subordinação/subordinado heterossexual, apenas admitindo que, em vez de um homem e uma mulher, a relação se daria da mesma forma, entre duas mulheres. Em segundo lugar, por ignorar o fato de que muitas mulheres lésbicas não se sentem subordinadas a homens.[66]

Da mesma forma, MacKinnon foi criticada por Angela Harris por subestimar o papel das relações raciais em sua teoria da opressão de gênero. Para Harris, a opressão de gênero, sozinha, não era capaz de explicar a opressão vivida por mulheres negras. A experiência de estupro mais comum de mulheres negras – aquela ocorrida pelo empregador branco – seria codeterminada tanto pelo gênero quanto pela raça, na medida em que, por exemplo, o trabalho doméstico exercido por mulheres negras facilitava o acesso ao seu corpo.[67] Ainda, o problema do crime de estupro, para mulheres negras, seria, segundo Harris, não aquele identificado por MacKinnon – a proteção parcial –, mas sim a inexistência total de proteção.[68] Se o argumento de MacKinnon é o de que o estupro é a materialização e atualização da dominação masculina, Harris aponta que

[64] GROSZ, Elizabeth. Sexual Difference and the Problem of Essentialism in the Essential Differences. *Center for Cultural Studies*, [*s. l.*], v. 5, p. 82, 1994.

[65] FLAX, Jane. Postmodernism and Gender Relations in Feminist Theory. *Signs*, [*s. l.*], v. 12, n. 4, p. 633, 1987.

[66] CAIN, Patricia. Feminist Jurisprudence: Grounding the Theories. *Berkley Women's Law Journal*, [*s. l.*], v. 4, p. 203, 1988.

[67] HARRIS, Angela. Race and Essentialism in Feminist Legal Theory. *Stanford Law Review*, [*s. l.*], v. 42, n. 3, p. 585, fev. 1990.

[68] HARRIS, Angela. Race and Essentialism in Feminist Legal Theory. *Stanford Law Review*, [*s. l.*], v. 42, n. 3, p. 599, fev. 1990.

o estupro, na comunidade negra, sempre se apresentou como forma de controle da população negra como um todo. Ademais, o crime de estupro teria um significado diferente para a mulher negra, na medida em que seria um crime válido apenas para homens negros. Ou seja, a experiência do estupro seria, para a mulher negra, uma experiência ambivalente.[69]

Ainda, MacKinnon recebeu críticas antiessencialistas no que se refere à sua caracterização da sexualidade como opressiva. Entendemos que argumentos que agrupamos como "pró-sexo" se dividem em duas linhas; a segunda – relacionada à autonomia sexual – será explorada a seguir. A outra linha, que interessa aqui, é a linha que critica MacKinnon pela universalização de experiências feministas, apagando pontos de vista discordantes, ou seja, o contraponto pró-sexo emerge de um argumento antiessencialista de que o trabalho de MacKinnon não teria levado em consideração opiniões divergentes sobre o valor da sexualidade. Enquanto MacKinnon entende a sexualidade como fruto e constituidora de hierarquias de poder, muitas autoras argumentam que essa visão é reducionista.

A autora feminista Robin West, por exemplo, sustenta que a sexualidade é mais complexa do que o binarismo subordinação/subordinado implica. Para ela, sexo tem a ver com entrega, cuidado, confiança e conexão, mesmo que essa conexão seja entre aqueles que detêm o poder e aqueles que não o detêm.[70] Em contrapartida, Lucinda Finley afirma que muitas mulheres – incluindo si própria – consideram o sexo um modo de afirmar a si mesmas, de maneira prazerosa, livre de dor e de submissão. Ainda, a autora considera o sexo uma atividade de interdependência, e não de confiança do fraco para com o forte (conforme a descrição de West).[71] O ponto de Finley não é propor que o seu entendimento sobre sexo se sobrepõe ao de MacKinnon, mas sim mostrar como experiências variam nesse âmbito, colocando em xeque a caracterização feita por MacKinnon

[69] HARRIS, Angela. Race and Essentialism in Feminist Legal Theory. *Stanford Law Review*, [*s. l.*], v. 42, n. 3, p. 600, fev. 1990.

[70] WEST, Robin. The Difference in Women's Hedonic Lives: A Phenomenological Critique of Feminist Legal Theory. *Wisconsin Women's Law Journal*, [*s. l.*], v. 3, n. 81, p. 132, 1987.

[71] FINLEY, Lucinda. The Nature of Domination and the Nature of Women: Reflections on Feminism Unmodified (Review Essay). *Northwestern University, School of Law Northwestern University Law Review*, [*s. l.*], v. 82, n. 2, p. 381, 1988.

de uma experiência única.[72] Carole Vance, por sua vez, vai além da visão de Finley para dizer que a experiência sexual feminina é complexa e envolve não só o sexo livre de dor, mas também elementos de prazer, felicidade e desejo constituídos pela opressão e pela humilhação. Para a autora, o prazer depende menos de construções sociais e mais do histórico pessoal de cada um.[73]

Argumentos antiessencialistas em geral questionam, basicamente, a "qualidade" ou até a real aplicação do método da tomada de consciência por MacKinnon. Esta teria selecionado experiências para a formulação de teorias excluindo a consciência de outras mulheres. Posicionamentos divergentes como os apresentados são direcionados a âmbitos específicos do trabalho de MacKinnon, mas a consequência deles tem impactos mais profundos para o trabalho da autora, pois desafiam a possibilidade do que MacKinnon chama de "ponto de vista das mulheres", "a voz das mulheres", a "contribuição" distintiva de mulheres, entre outras formulações consideradas totalizantes.[74]

No que se refere à crítica de MacKinnon a *Roe v. Wade*, particularmente importante para a nossa análise, como se verá adiante, é a crítica ao fato de o argumento de MacKinnon sobre a nocividade da divisão entre público e privado e, consequentemente, da utilização do princípio da privacidade como base para a descriminalização do aborto, apenas levar em consideração experiências de mulheres brancas, heterossexuais, de classe média, que se encaixam no padrão de família patriarcal.

Como se verá na próxima seção, muitas feministas não brancas e não economicamente privilegiadas apresentam visões diferentes do ambiente privado como o ambiente de realização e segurança, em vez de um ambiente de opressão, o que teria como consequência a revaloração do princípio da privacidade, desafiado por MacKinnon em sua crítica a *Roe v. Wade*. Ainda, sendo a sexualidade particularmente importante para a crítica de MacKinnon sobre *Roe v. Wade*, refletimos sobre como o (suposto)

72 FINLEY, Lucinda. The Nature of Domination and the Nature of Women: Reflections on Feminism Unmodified (Review Essay). *Northwestern University, School of Law Northwestern University Law Review*, [*s. l.*], v. 82, n. 2, p. 381, 1988.

73 VANCE, Carole. Pleasure and Danger: Toward a Politics of Sexuality. *In*: VANCE, Carol (ed.). *Pleasure and Danger*: Exploring Female Sexuality. Londres: Pandora Press, 1992, p. 4 e 10.

74 BARLETT, Katharine. MacKinnon's Feminism: Power on Whose Terms? *California Law Review*, [*s. l.*], v. 75, p. 1566, 1987.

essencialismo da teoria de MacKinnon teria o potencial de minar a crítica tecida naquele contexto. Dizemos "suposto" pois nosso objetivo aqui não é discutir a crítica em si, mas utilizá-la como base para uma leitura crítica dos argumentos de MacKinnon sobre aborto. Em ambos os casos, a questão de fundo que se apresenta é: é possível fazer uma crítica a *Roe v. Wade* com base no "ponto de vista das mulheres", ou isso confere aos argumentos um essencialismo que retira o seu valor?

Essas críticas demandam que eventual reformulação do argumento propositivo de MacKinnon se atente para a não uniformidade do "ponto de vista das mulheres". Por fim, contrapontos antiessencialistas ao trabalho de MacKinnon nos ajudam a refletir também sobre a possibilidade e a desejabilidade de se traduzir juridicamente a questão do aborto como problema de desigualdade de gênero, tal qual feito por MacKinnon em seu argumento propositivo. Perguntamo-nos se essa argumentação jurídica, que pressupõe a escolha de uma categoria como base (gênero), apagaria o fato de que a experiência do aborto é experienciada de maneira diferente por mulheres em contextos diferentes.

3.2. Contraponto interseccional

Enquanto críticas antiessencialistas ao universalismo, como a de Harris, preocupam-se com a exclusão de identidades particulares na construção de conhecimento, críticas interseccionais focam em como sistemas de poder interseccionados produzem e reproduzem a subordinação. O enquadramento da interseccionalidade reflete sobre como experiências são intrinsecamente moldadas por diversas estruturas de opressão, não de forma cumulativa (por exemplo: a mulher sofre com o aborto ainda mais se for pobre), mas de forma constitutiva (por exemplo: o problema da reprodução para a mulher pobre advém do fato de a reprodução ser influenciada por estruturas de opressão patriarcais e neoliberais, que fazem com que a mulher pobre vivencie a reprodução em situação de privação).[75]

A ideia de que diferentes mulheres sofrem opressões igualmente diferentes anima a forma de ver o mundo e de construir a política

[75] KAPUR, Ratna. The Tragedy of Victimization Rhetoric: Resurrecting the "Native" Subject in International/Post-Colonial Feminist Legal Politics. *Harvard Human Rights Journal*, [*s. l.*], v. 15, n. 1, p. 9, 2002.

feminista há muito tempo,[76] mas foi a jurista Kimberlé Crenshaw que cunhou o termo "interseccionalidade".[77] O conceito de interseccionalidade nasceu da ideia de que mulheres negras se encontram no meio de uma encruzilhada influenciada tanto por gênero quanto por raça, o que faz com que suas experiências de gênero e raça se influenciem mutuamente na produção de suas identidades. A teoria da interseccionalidade nega a ideia de que raça e gênero são mutuamente excludentes e também a ideia de que raça e gênero interagem de maneira cumulativa; propõe, ao invés, que as experiências em confluência constituem a experiência da mulher negra. Isso significa dizer que mulheres negras, por exemplo, não sofrem apenas como mulheres, ou como negras, mas como mulheres negras.

Críticas ao universalismo, como as de Harris e Cain, apresentadas anteriormente, têm implicações para pontos específicos da obra de MacKinnon, como a descrição e a explicação dos problemas da sexualidade e a caracterização dos problemas do estupro e de seu papel na dominação. Isso ocorre porque, por negar o essencialismo, tais críticas têm ambições mais modestas, na medida em que visam evitar cair no erro do essencialismo.[78] Diferentemente, críticas interseccionais se preocupam com estruturas de poder, e, portanto, suas implicações impactam a teoria de MacKinnon em seu ponto mais ambicioso, qual seja, sua teoria sobre o poder e sobre o sistema de dominação masculina, que desemboca em sua visão de que o Direito é "masculino".

Quando MacKinnon diz que o mundo (o que inclui a sexualidade, o Estado, o Direito e, no limite, as mulheres) é moldado pelos detentores do poder, ela não quer dizer que homens individualmente afetam o Direito, mas sim que um *sistema de poder masculino* o molda. Críticas interseccionais desafiam a existência de uma única estrutura de poder, ou a ideia de opressão monolítica (estrutura patriarcal), dividida de maneira binária (homens *versus* mulheres). Há, ao contrário, a ideia de estruturas de poder

[76] TRUTH, Sojourner. *Ain't I a Woman?* Women's Convention in Akron. Ohio, 1851.

[77] CRENSHAW, Kimberlé. Demarginalizing the Intersection of Race and Sex: A Black Feminist Critique of Antidiscrimination Doctrine, Feminist Theory and Anti-Racist Politics. *University of Chicago Legal Forum*, [*s. l.*], n. 1, p. 140, 1989.

[78] HARRIS, Angela. Race and Essentialism in Feminist Legal Theory. *Stanford Law Review*, [*s. l.*], v. 42, n. 3, p. 585, fev. 1990.

interconectadas (do inglês, *interlocking*).[79] Esse enquadramento se refere a como as opressões interseccionais se organizam em suas dimensões estruturais e como estas aparecem em diferentes formas de opressão ou privilégio.[80] O enquadramento sintetiza opressões, sem, no entanto, apagar suas dimensões.[81]

Crenshaw construiu o conceito de interseccionalidade inicialmente para falar sobre experiências de mulheres negras, mas a ideia de interseccionalidade se aplica a todas as interações entre diferentes marcadores sociais. Nesta obra, entretanto, a crítica interseccional que mais importa é aquela tecida justamente por Crenshaw em seu artigo seminal "Demarginalizing the Intersection of Race and Sex: A Black Feminist Critique of Antidiscrimination Doctrine, Feminist Theory and Antiracist Politics", publicado em 1989.

Em seu artigo, Crenshaw argumenta que os sistemas interligados de opressão teriam moldado a doutrina "*single-axis*" de igualdade encampada pela doutrina norte-americana. Na medida em que exigia a escolha de uma opressão como base para demandas – ou raça ou gênero –, tal doutrina seria ineficaz para a proteção de mulheres que têm suas experiências de opressão moldadas por diversos sistemas interligados.[82]

É claro que o enquadramento da interseccionalidade compartilha, em alguma medida, a crítica antiessencialista, uma vez que se preocupa em demonstrar como a doutrina de igualdade criticada invisibilizaria a experiência de mulheres não brancas, limitando o seu potencial emancipatório

[79] Nossa tradução para *interlocking*: nas palavras de Ross, "Crenshaw, by naming intersectionality, offered a compact and densely packed conceptual framework for moving beyond singularly ascribed identities. Intersectionality is not a new way to describe identity politics; instead it is a way to describe the interlocked nature of power relationships that advantage and disadvantage people depending on their identities" (ROSS, Loretta. Conceptualizing Reproductive Justice Theory: A Manifesto for Activism. *In*: ROSS, Loretta *et al.* (ed.). *Radical Reproductive Justice*: Foundation, Theory, Practice, Critique. Nova York: The Feminist Press at CUNY, 2017, p. 212.

[80] HILL COLLINS, Patricia. *Black Feminist Thought*: Knowledge, Consciousness, and the Politics of Empowerment. 2. ed. Nova York: Routledge, 2000, p. 18.

[81] CONAGHAN, Joanne. Intersectionality and the Feminist Project in Law. *In*: COOPER, Davina (ed.). *Intersectionality and Beyond*: Law, Power and the Politics of Location. Intersectionality and Law. Londres: Routledge, 2009, p. 36.

[82] CRENSHAW, Kimberlé. Demarginalizing the Intersection of Race and Sex: A Black Feminist Critique of Antidiscrimination Doctrine, Feminist Theory and Anti-Racist Politics. *University of Chicago Legal Forum*, [*s. l.*], n. 1, p. 140, 1989.

e contribuindo para a sua marginalização.[83] No entanto, existem pontos relevantes de divergência, entre eles o fato de o enquadramento ser crítico à crítica antiessencialista, por seu potencial de despolitização. O enquadramento da interseccionalidade assume a existência de categorias irredutíveis, como raça e gênero, assim como a possibilidade de pessoas serem chamadas de negras ou de mulheres, de forças como supremacia branca ou masculina e de fenômenos como branquitude,[84] apesar de entender que todos os conceitos são moldados por outras experiências, estáticos e, em alguma medida, provisórios.[85] Ou seja, há, em alguma medida, uma visão essencial.

O enquadramento da interseccionalidade também nos ajuda a refletir sobre a ideia de "caráter masculino do Direito", na medida em que o Direito é, nesse enquadramento, influenciado não apenas pelo "ponto de vista masculino", mas por estruturas de poder interligadas que afetam mulheres diferentes de maneira diferente. Ou seja, no limite, a ideia de existência de um poder apenas influenciado pelo gênero, sem levar em consideração o capitalismo e a supremacia branca, por exemplo. Da mesma forma, impõe um olhar crítico à ideia de "ponto de vista da mulher", na medida em que não haveria um ponto de vista unitário feminino que pudesse ser a base para uma nova formulação jurídica do problema do aborto.

Consequentemente, críticas interseccionais nos ajudam a refletir sobre a possibilidade ou os perigos de se atribuir ao Direito um caráter "masculino", ou seja, de assumir uma estrutura de poder unitária. Discutimos a questão em abstrato, mas temos particular interesse em olhar para como esta impõe desafios ao argumento propositivo de MacKinnon sobre o aborto e se e como permite reconstruções do argumento que o tornem

[83] CARBADO, Devon; HARRIS, Cheryl. Intersectionality at 30: Mapping the Margins of Anti-Essentialism, Intersectionality and Dominance Theory. *Harvard Law Review*, [*s. l.*], v. 132, p. 2203, 2019; GRILLO, Tina. Anti-Essentialism and Intersectionality: Tools to Dismantle the Master's House. *Berkley Women's Law Journal*, [*s. l.*], v. 10, n. 1, p. 17, 1995.

[84] Nossa tradução livre de *whiteness*, na medida em que o conceito se assemelha ao que outros autores brasileiros entendem por "branquitude" (MÜLLER, Tânia; CARDOSO, Lourenço [orgs.]. *Branquitude*: estudos sobre a identidade branca no Brasil. Curitiba: Appris Editora, 2017).

[85] CARBADO, Devon; HARRIS, Cheryl. Intersectionality at 30: Mapping the Margins of Anti-Essentialism, Intersectionality and Dominance Theory. *Harvard Law Review*, [*s. l.*], v. 132, p. 2214, 2019.

menos suscetível à crítica. Ainda, o enquadramento da interseccionalidade nos ajuda a refletir sobre a concepção de igualdade antissubordinatória proposta por MacKinnon, utilizando-o não apenas em sua forma crítica, mas também como bases para reconstrução.

3.3. Contraponto da agência parcial

O trabalho de MacKinnon também foi bastante criticado por ser considerado, por muitas autoras, um feminismo "vitimista", que retrata mulheres como vítimas passivas e desamparadas e moldadas pela objetificação, com sua autonomia restringida pela dominação.[86] Críticas à visão pessimista sobre a (in)existência de autonomia no trabalho de MacKinnon são muitas e se dividem em dois ramos principais: o ramo pró-sexo e o ramo da agência parcial.[87]

Começaremos com o primeiro ramo, o das críticas geralmente intituladas "pró-sexo". Grande parte do trabalho de MacKinnon é dedicada a demonstrar a relação entre a sexualidade e a hierarquia entre os gêneros. Isso se manifesta não apenas no seu argumento central de que a sexualidade é fruto e reprodutora da desigualdade, mas também nos temas que têm maior centralidade no seu trabalho, quais sejam, a pornografia, o estupro, a prostituição e o aborto, que, como se verá a seguir, é considerado pela autora um fenômeno que não pode ser pensado de forma destacada da sexualidade. Conforme exposto, algumas autoras feministas criticam MacKinnon com base em argumentos antiessencialistas. Existe, entretanto, outra linha de críticas, que se liga mais à visão subordinatória da sexualidade em si, e não à sua construção. Essas são as críticas "pró-sexo".[88]

Tais críticas preocupam-se em defender o papel positivo da sexualidade, em toda a sua complexidade, na vida de mulheres, negando a ideia de MacKinnon de que a sexualidade seria o epicentro da dominação – por

[86] CHEN, Chao-Ju. Catharine MacKinnon and Equality Theory. *In*: WEST, Robin; GRANT BOWMAN, Cynthia (eds.). *Research Handbook on Feminist Jurisprudence*. Northampton, MA: Edward Elgar, 2019, p. 61; HARRIS, Angela. Race and Essentialism in Feminist Legal Theory. *Stanford Law Review*, [*s. l.*], v. 42, n. 3, p. 612, fev. 1990.

[87] ABRAMS, Kathryn. Sex Wars Redux: Agency and Coercion in Feminist Legal Theory. *Columbia Law Review*, [*s. l.*], v. 95, n. 2, p. 307, mar. 1995.

[88] CHEN, Chao-Ju. Catharine MacKinnon and Equality Theory. *In*: WEST, Robin; GRANT BOWMAN, Cynthia (eds.). *Research Handbook on Feminist Jurisprudence*. Northampton, MA: Edward Elgar, 2019, p. 62.

se tratar de uma prática moldada não só pela hierarquização, mas pela erotização da dominação, que reiteraria a objetificação da mulher e, consequentemente, a perpetuação da dominação. Para feministas contrárias à visão de MacKinnon, o feminismo deveria investigar a sexualidade de maneira mais contextualizada, não deixando de lado a problematização da assimetria de poder, mas considerando também as dimensões libertadoras da sexualidade e a possibilidade de agência de pessoas que encontram prazer no sexo – até mesmo o sexo considerado "desviante" ou, muitas vezes relacionado à humilhação, dor e dominação.[89]

No que se refere ao ramo da agência parcial, a autora Kathryn Abrams expõe algumas subdivisões. As críticas da agência parcial se aproximam das críticas pró-sexo, na medida em que enxergam com ceticismo o foco na vitimização; entretanto, vão além das discussões focadas na sexualidade: refletem sobre a agência feminina de forma geral, questionando a caracterização do sujeito no feminismo, e sobre a sua (in)capacidade de agir autonomamente de forma individual e a sua possibilidade de resistência individual e coletiva. Isso se reflete não só sobre a caracterização da mulher como vítima, mas também sobre a utilidade e a desejabilidade para o feminismo.[90] Abrams apresenta, em linhas gerais, três contrapontos feministas – que constituem o que chama de "agência parcial" – à vitimização presente no feminismo da dominação (em geral), mas que se aplicam ao feminismo específico de MacKinnon, na medida em que ele se encaixa nessa categoria.

O primeiro contraponto é o da agência psicológica, aquela que está presente na construção de autorrespeito, de um senso de identidade destacado daquele moldado pela dominação que possibilite uma autodefinição com reconhecimento de valor. Em sua descrição, Abrams cita trabalhos de feministas negras, como Patricia Hill Collins, que dão grande destaque à possibilidade e à importância do autofortalecimento e da resistência

[89] VANCE, Carole. Pleasure and Danger: Toward a Politics of Sexuality. *In*: VANCE, Carol (ed.). *Pleasure and Danger*: Exploring Female Sexuality. Londres: Pandora Press, 1992, p. 5; RUBIN, Gayle. Thinking Sex: Notes for a Radical Theory of the Politics of Sexuality. *In*: VANCE, Carole (ed.). *Pleasure and Danger*: Exploring Female Sexuality. Londres: Pandora Press, 1992, p. 303. Existem outras críticas pró-sexo, mas aqui nos interessam as críticas relacionadas à possibilidade de agência feminina.

[90] ABRAMS, Kathryn. Sex Wars Redux: Agency and Coercion in Feminist Legal Theory. *Columbia Law Review*, [*s. l.*], v. 95, n. 2, p. 329, mar. 1995.

interna por parte de mulheres negras.[91] Patricia Hill Collins não se refere diretamente a MacKinnon, mas Angela Harris, sim. Ainda na forma de uma crítica antiessencialista, Harris argumenta que, ao definir mulheres pelo que é feito a elas, ou seja, pelo seu *status* de vítimas, MacKinnon apaga a experiência de mulheres negras, tão marcada pela resistência interna.[92] As experiências de feministas como Collins e Harris, segundo Abrams, contradizem empiricamente a ideia de ausência total e completa de autonomia, atribuída ao feminismo da dominação. Apesar de não mencionadas por Abrams, feministas brancas também se contrapuseram diretamente a MacKinnon nesse ponto, falando de experiências que, a nosso ver, se encaixam no conceito de agência psicológica proposto por Abrams. O maior exemplo é o do embate tido entre Mackinnon e a advogada feminista lésbica Mary Dunlap em um congresso ocorrido na Universidade de Buffalo em 1985, no qual Dunlap compartilhou o quão empoderada se sentia quando combatia a supremacia masculina e pediu para que todas as ouvintes que se sentissem assim se levantassem de suas cadeiras.[93]

O segundo contraponto é o da agência transcendental. Autoras aderentes à ideia da agência transcendental enxergam a possibilidade de agência na forma como mulheres interpretam o mundo, o que pode levar a condutas emancipatórias, mesmo em um ambiente opressivo. A base dessa construção teórica é a de que fatos do mundo são narrativas, passíveis de interpretação, e que o uso desta pode elucidar ambiguidades que podem então ser apropriadas para a resistência a situações de opressão. Ou seja, fatos considerados opressivos podem ser interpretados de maneira transgressora, permitindo não a reprodução da opressão, mas sim a sua problematização, por exemplo.[94] Um dos exemplos utilizados por Abrams

[91] Kathryn Abrams (Sex Wars Redux: Agency and Coercion in Feminist Legal Theory. *Columbia Law Review*, [*s. l.*], v. 95, n. 2, p. 334, mar. 1995) cita Patricia Hill Collins (*Black Feminist Thought*: Knowledge, Consciousness, and the Politics of Empowerment. 2. ed. Nova York: Routledge, 2000) como um todo.

[92] Kathryn Abrams (Sex Wars Redux: Agency and Coercion in Feminist Legal Theory. *Columbia Law Review*, [*s. l.*], v. 95, n. 2, p. 337, mar. 1995) cita Angela Harris (Race and Essentialism in Feminist Legal Theory. *Stanford Law Review*, [*s. l.*], v. 42, n. 3, p. 608, fev. 1990).

[93] DUBOIS, Ellen *et al.* Feminist Discourse, Moral Values, and the Law – A Conversation. *Buffalo Law Review*, [*s. l.*], v. 34, n. 1, p. 11-87, 1985.

[94] ABRAMS, Kathryn. Sex Wars Redux: Agency and Coercion in Feminist Legal Theory. *Columbia Law Review*, [*s. l.*], v. 95, n. 2, p. 337-340, mar. 1995.

é a teoria de Sharon Marcus de que o estupro deveria ser entendido como uma "linguagem". Dessa forma, mulheres na iminência de um estupro deveriam reinterpretar a prática, rejeitando a postura geralmente considerada "feminina" pelo *script* dessa prática cultural (passividade, paralisia, medo), revidando contra o estuprador, de forma a desestabilizar o seu significado social.[95]

O terceiro contraponto é o da agência política, que diz respeito à possibilidade de mobilização e resistência nos âmbitos individual e coletivo. Um exemplo disso é o ato, proposto por Marcus, de resistência em caso de estupro – o que, para a autora, seria uma forma de contribuir para a mudança política. Outro exemplo mais convencional – e menos problematizável – é o da mulher que sofre violência doméstica e busca ajuda, pede proteção a seus filhos e tenta se separar em meio a inúmeras adversidades.[96]

Nos três casos, Abrams visa mostrar como experiências femininas não correspondem à caracterização "vitimista" da teoria de MacKinnon. Entretanto, tece ainda uma segunda crítica a MacKinnon, que se dá, a nosso ver, no âmbito da escolha política de minimizar o valor da autonomia no âmbito do Direito.

Abrams chama a atenção para potenciais problemas do imaginário do "vitimismo", como o mau uso e a manipulação, por parte de conservadores, da vitimização, da passividade e da falta de agência atribuídas as mulheres. A autora se refere a dois casos, nos quais os fenômenos puderam ser observados. Primeiro, a crítica conservadora a mulheres sujeitas a assédio sexual, por estas se sentirem vítimas e enxergarem problemas e danos em tudo e ainda por serem incapazes de lutar suas próprias batalhas sem o respaldo do Direito. Segundo, cita decisões judiciais que levaram a falta de autonomia atribuída a mulheres ao extremo. Ou seja, como feministas insistiram que muitas mulheres não largam um marido abusivo porque

[95] Kathryn Abrams (Sex Wars Redux: Agency and Coercion in Feminist Legal Theory. *Columbia Law Review*, [*s. l.*], v. 95, n. 2, p. 341, mar. 1995) cita Sharon Marcus (*Fighting Bodies, Fighting Words*: A Theory of Politics and Rape Prevention. *In*: BUTLER, Judith; SCOTT, Joan [eds.]. *Feminists Theorize the Political*. Nova York: Routledge, 1992. p. 385-403).

[96] ABRAMS, Kathryn. Sex Wars Redux: Agency and Coercion in Feminist Legal Theory. *Columbia Law Review*, [*s. l.*], v. 95, n. 2, p. 348, mar. 1995.

não conseguem, cortes teriam dito que, pela falta de capacidade de agir autonomamente, mulheres poderiam perder a guarda dos filhos.[97]

Ligada à noção de que o ideário vitimista pode ser prejudicial a mulheres, a autora Ratna Kapur, não citada o trabalho de Abrams, mas contribuindo com sua ideia de agência parcial, argumenta que entender a mulher como vítima abre espaço para respostas jurídicas protecionistas e conservadoras que têm pouco a ver com a promoção de seus direitos – respostas essas não ligadas ao mau uso e ao conservadorismo, mas realmente à ideia de que mulheres precisam de proteção. A autora se baseia em estudos pós-coloniais para demonstrar que, em muitos casos, a necessidade de proteção vira uma ladeira escorregadia, na qual não há como traçar uma linha entre o que deve ser considerado proteção emancipatória e proteção não emancipatória. Como exemplo, fala que a proteção contra o tráfico de mulheres no Nepal levou a regulações que proibiam que mulheres com menos de 30 anos viajassem sem autorização de "responsáveis".[98]

Algumas autoras enxergam ainda um problema no imaginário criado tanto pelo Direito quanto pelo feminismo em si, não relacionado ao mau uso ou à manipulação de ideias sobre mulheres, mas sim ao fato de ambos os discursos criarem e reafirmarem imaginários e estereótipos. Abrams argumenta que isso pode se dar por proibições legais explícitas, pelas narrativas utilizadas para a justificativa de demandas ou para decisões judiciais, para os fatos destacados em um caso ou pela forma como um problema jurídico é formulado.[99] Abrams novamente cita o trabalho de Marcus, no qual a autora defende que, se o estupro fosse tratado como um contrato, mulheres se veriam como sujeitos e não como objetos e, assim, teriam mais força para resistir a estupros.[100] Um exemplo, não utilizado pela autora, mas que, a nosso ver, se enquadra nessa categoria, é o argumento da autora Janet Halley de que, ao tratar a mulher vítima de

[97] ABRAMS, Kathryn. Sex Wars Redux: Agency and Coercion in Feminist Legal Theory. *Columbia Law Review*, [*s. l.*], v. 95, n. 2, p. 344, mar. 1995.

[98] KAPUR, Ratna. The Tragedy of Victimization Rhetoric: Resurrecting the "Native" Subject in International/Post-Colonial Feminist Legal Politics. *Harvard Human Rights Journal*, [*s. l.*], v. 15, n. 1, p. 6, 2002.

[99] ABRAMS, Kathryn. Sex Wars Redux: Agency and Coercion in Feminist Legal Theory. *Columbia Law Review*, [*s. l.*], v. 95, n. 2, p. 353, mar. 1995.

[100] ABRAMS, Kathryn. Sex Wars Redux: Agency and Coercion in Feminist Legal Theory. *Columbia Law Review*, [*s. l.*], v. 95, n. 2, p. 344, mar. 1995.

estupro como objeto (homem estupra, mulher é estuprada) passivo e frágil, o discurso feminista pode levar homens a estuprarem mais mulheres.[101]

No que se segue, visamos refletir sobre os argumentos de MacKinnon à luz das críticas da agência parcial. Em relação à crítica de MacKinnon a *Roe v. Wade*, ela nos ajuda a refletir sobre a assertiva dessa autora de que a sexualidade impõe limites ao consentimento e à possibilidade de autonomia de mulheres nessa esfera, na medida em que esta é constituída pelo poder. MacKinnon, como se verá, argumenta que a construção da sexualidade, a partir do ponto de vista "masculino", impõe barreiras ao controle reprodutivo de mulheres, o que mostra como o fenômeno do aborto é constituído por desigualdades – ou seja, não é um fenômeno isolado, mas um fenômeno que só existe como problema social moldado pela desigualdade.

No que se refere ao argumento propositivo de MacKinnon, questionamo-nos se ele, em si, é pautado na ideia de falta de autonomia – ou seja, a descriminalização do aborto é necessária, pois mulheres não podem controlar a forma como engravidam ou então porque não têm a capacidade de cuidar de eventuais filhos – ou não. Ou seja, propomos um olhar minucioso ao argumento para entender se e como a dicotomia entre agência/vitimização aparece nele. Ademais, perguntamo-nos se o argumento de MacKinnon sobre aborto reproduz um imaginário vitimista, que poderia, eventualmente, abrir espaço para soluções paternalistas prejudiciais a mulheres. Ou seja, a proteção vira uma ladeira escorregadia? Se sim, o argumento pode ser reconstruído de maneira a mitigar esse problema?

3.4. Crítica à qualidade da apresentação de dados

A última crítica que será utilizada em nossa leitura é bastante específica, mas não menos importante. Trata-se da crítica à força dos dados apresentados por MacKinnon para sustentar suas teses. MacKinnon sofreu críticas de autoras feministas por apresentar dados muito restritos, que não conseguiam conferir estofo à sua teorização, ou então por não apresentar referências em absoluto.[102] Dizemos que a crítica é restrita pois, durante a nossa pesquisa, ela apareceu em apenas dois trabalhos.

[101] HALLEY, Janet. *Split Decisions*: How and Why to Take a Break from Feminism. Princeton, N. J.: Princeton University Press, 2006, p. 344.

[102] CAIN, Patricia. Feminist Legal Scholarship. *Iowa Law Review*, [*s. l.*], v. 77, p. 21, 1991.

Na revisão elaborada por Katharine Bartlett do livro *Feminism Unmodified*, em que critica MacKinnon por utilizar um dado muito restrito para suportar a afirmação de que apenas 7,8% das mulheres dos Estados Unidos teriam reportado nunca terem sido vítimas de assédio ou abuso sexual. A crítica de Bartlett diz respeito ao fato de o dado utilizado por MacKinnon ter sido resultado de uma pesquisa com metodologia duvidosa, que envolveu mulheres de 930 casas na cidade de São Francisco.[103] Já Patrícia Cain defende que MacKinnon em muitos momentos não explicita suas fontes, mas não apresenta exemplos concretos, limitando-se a uma afirmação mais genérica ao trabalho de MacKinnon. Entendemos que, apesar de essas críticas serem restritas, elas são importantes, na medida em que MacKinnon sustenta que o valor de seu trabalho como um todo se dá pela sua aderência à realidade. No que se segue, olhamos de maneira minuciosa para como os fatos são apresentados e utilizados em seus escritos sobre aborto, refletindo criticamente sobre se e como suas afirmações são sustentadas, tendo em vista seus objetivos.

[103] BARTLETT, Katharine. MacKinnon's Feminism: Power on Whose Terms? *California Law Review*, [*s. l.*], v. 75, p. 1564, 1987.

Capítulo 4
Interpretação à Melhor Luz de "Roe V. Wade: a Study In Male Ideology"

4.1. O argumento

> "Most women who seek abortions become pregnant while having sexual intercourse with men."[104]

O argumento aqui apresentado foi desenvolvido por MacKinnon em 1984, no contexto da crítica à forma como o aborto foi descriminalizado pela Suprema Corte norte-americana. O texto foi reimpresso no capítulo 12 do livro *Toward a Feminist Theory of the State*[105] como parte da análise sobre como a dominação sexual se manifesta no Direito, argumento central de MacKinnon ao longo do livro.

Em nossa leitura, o texto tem duas ambições, sendo uma mais modesta e outra mais audaciosa. Essas duas ambições são, como se verá, em alguma medida independentes uma da outra e, em alguma medida, entrelaçadas. A primeira ambição é a de olhar de maneira crítica para a questão do aborto

[104] MACKINNON, Catharine. Roe v. Wade: A Study in Male Ideology. *In*: GARFIELD, Jay; HENNESSEY, Patricia (eds.). *Abortion*: Moral and Legal Perspectives. Amherst: University of Massachusetts Press, 1984, p. 46.

[105] MACKINNON, Catharine. *Toward a Feminist Theory of The State*. Cambridge (Mass.): Harvard University Press, 1989, p. 185.

e como ela estava sendo tratada naquele momento. A segunda ambição é a de posicionar a questão do aborto no contexto da sexualidade tal qual proposta na obra mais ampla da autora e utilizar a análise sobre aborto apresentada como evidência para sustentar sua crítica mais abrangente ao Estado Liberal. Nesse ponto, a autora afirma que a forma como o aborto foi legalizado nos Estados Unidos é mais uma demonstração de que as experiências e os interesses masculinos constroem eventos, definem o que é um problema e qual deve ser a sua solução.[106]

Aqui focamos na primeira ambição, na medida em que o nosso objetivo é contribuir para o debate sobre o aborto, e não para o estudo da teoria de MacKinnon de maneira geral.

No que se refere à análise mais restrita proposta por MacKinnon, a autora se engaja em uma crítica a *Roe v. Wade* em duas partes: na primeira parte, o fenômeno do aborto e o direito ao aborto são posicionados no contexto concreto vivido por mulheres, argumentando-se ser impossível olhar para a questão do aborto de forma destacada da sexualidade. A partir da visão adotada – qual seja, o feminismo radical –, a análise da sexualidade é análoga à da desigualdade entre os gêneros, uma vez que a sexualidade é o ponto nevrálgico da dominação feminina.[107] A questão do aborto é, portanto, entendida não como questão de liberdade individual, mas atrelada à desigualdade entre os gêneros.[108]

Na segunda parte, a autora olha criticamente para a argumentação proposta pela Suprema Corte norte-americana em *Roe v. Wade*. Apresentada uma crítica à escolha de sustentar o direito ao aborto com base na doutrina da privacidade, que reafirma a dicotomia público/privado, alvo da crítica feminista por ter consequências concretas severas para a vida das mulheres e ideológicas para a própria construção social de mulheres.[109]

[106] MACKINNON, Catharine. Roe v. Wade: A Study in Male Ideology. *In*: GARFIELD, Jay; HENNESSEY, Patricia (eds.). *Abortion*: Moral and Legal Perspectives. Amherst: University of Massachusetts Press, 1984, p. 49.

[107] MACKINNON, Catharine. *Toward a Feminist Theory of The State*. Cambridge (Mass.): Harvard University Press, 1989, p. 126.

[108] MACKINNON, Catharine. Roe v. Wade: A Study in Male Ideology. *In*: GARFIELD, Jay; HENNESSEY, Patricia (eds.). *Abortion*: Moral and Legal Perspectives. Amherst: University of Massachusetts Press, 1984, p. 45.

[109] MACKINNON, Catharine. Roe v. Wade: A Study in Male Ideology. *In*: GARFIELD, Jay; HENNESSEY, Patricia (eds.). *Abortion*: Moral and Legal Perspectives. Amherst: University of

O enquadramento do aborto como questão de privacidade nem bem adere à realidade vivida por mulheres, nem bem promove a sua emancipação – no caso do aborto e da reprodução, da sexualidade de forma mais ampla e de muitas outras questões.

As ideias são complexas, então, é necessário destrinchar o argumento, prestando atenção a cada ponto.

Na primeira parte, a autora desenvolve três pontos principais:

1. *Em primeiro lugar, MacKinnon realiza uma crítica à concepção liberal sobre o aborto, com base na ideia de que a visão sobre os fatos que a permeiam está equivocada.*

Segundo MacKinnon, a visão liberal tradicional do aborto é moldada e limitada por uma leitura construída a partir da experiência dos homens. A visão liberal é a de que o sexo é, via de regra, uma atividade na qual dois indivíduos – neutros a gênero – iguais decidem se engajar. Como se trata de um ambiente de livre escolha, a relação sexual e a concepção que dela resulta são vistas como fatos biológicos e são presumidas fruto de escolhas voluntárias. A concepção involuntária é aquela que ocorre por um erro em um ambiente de sexo voluntário ou aquela que ocorre em um ambiente de sexo involuntário, fugindo à regra. Para os casos em que há concepção involuntária, o aborto é visto como forma de reestabelecimento da livre escolha.[110] A conceptualização liberal, segundo MacKinnon, assume que as mulheres, de maneira geral, controlam significativamente o sexo, e prega que o direito ao aborto é necessário para que mulheres possam controlar os seus corpos e participar da sexualidade tanto quanto os homens.

Em oposição à visão liberal, MacKinnon afirma que a concepção se dá no âmbito da sexualidade, que é vista, a partir da teoria feminista que

Massachusetts Press, 1984, p. 45. Em sua análise, a autora deixa de lado duas questões que considera importantes: primeiro, o que o aborto representa para os homens como homens. O aborto confronta os homens com a possibilidade de sua própria não existência e representa o seu potencial de não continuidade no mundo. Segundo, a discussão sobre retidão moral do aborto, que a autora considera estar atrelada não à inexistência de vida do feto, mas à possibilidade de mulheres tomarem decisões sobre vida ou morte.

[110] MACKINNON, Catharine. Roe v. Wade: A Study in Male Ideology. *In*: GARFIELD, Jay; HENNESSEY, Patricia (eds.). *Abortion*: Moral and Legal Perspectives. Amherst: University of Massachusetts Press, 1984, p. 46.

informa o argumento, como um local de assimetria de poder e dominação, e não como uma atividade que envolve indivíduos livres e iguais. A sexualidade, tal qual a conhecemos, é hierarquizada, e a dominação feminina é erotizada. Não significa dizer que, individualmente, todas as mulheres não consintam com o sexo ou não o apreciem, mas sim que a sexualidade não é biologicamente construída. Aquilo que se assume como impulsos sexuais biológicos – mulheres gostam de ser dominadas, homens gostam de dominar; mulheres se excitam pela iniciativa e pelo controle masculino, enquanto homens se excitam pela passividade e pela conquista – são, na verdade, impulsos socialmente construídos, a partir do ponto de vista daqueles que detêm poder na sociedade, e trata-se, também, de um local de reprodução desse poder.[111]

2. *A partir de sua descrição, a autora argumenta que os fatos por ela expostos indicam que a gravidez indesejada não ocorre por acidente, mas sim por desigualdades que permeiam a sexualidade que antecede a gravidez.*

Em vista do ambiente hierarquizado da sexualidade, entre outras coisas, mulheres se sentem, segundo a autora, compelidas a preservar a aparência de que o sexo estaria sob controle dos homens – prática essa que, reiterada, vira realidade. Isso significa o caso não só da falta expressa de consentimento, mas também da falta de consentimento não expressa, a própria forma como a relação se constrói, o seu ritmo e até o romance envolvido na relação sexual.[112] Uma manifestação da desigualdade, central para o argumento da autora, é o uso de contraceptivos ser prejudicado pelo seu significado social, qual seja, o de que houve planejamento e disponibilidade para o intercurso por parte da mulher, bem como a negação da espontaneidade do ato.[113] Na sexualidade assim entendida, quando uma mulher pede para usar um preservativo, ela não está apenas

[111] MACKINNON, Catharine. Roe v. Wade: A Study in Male Ideology. *In*: GARFIELD, Jay; HENNESSEY, Patricia (eds.). *Abortion*: Moral and Legal Perspectives. Amherst: University of Massachusetts Press, 1984, p. 47.

[112] MACKINNON, Catharine. Roe v. Wade: A Study in Male Ideology. *In*: GARFIELD, Jay; HENNESSEY, Patricia (eds.). *Abortion*: Moral and Legal Perspectives. Amherst: University of Massachusetts Press, 1984, p. 47.

[113] MACKINNON, Catharine. Roe v. Wade: A Study in Male Ideology. *In*: GARFIELD, Jay; HENNESSEY, Patricia (eds.). *Abortion*: Moral and Legal Perspectives. Amherst: University of

pedindo para que se use um preservativo, ela está rompendo com a lógica da dominação, e romper com essa lógica é, muitas vezes, custoso demais.[114] Em vista disso, a autora afirma que

> sexo não se assemelha muito à liberdade quando parece normativamente menos custoso para uma mulher arriscar uma gravidez indesejada e o procedimento doloroso, muitas vezes traumático, ilegal e perigoso do que exigir que o sexo não ocorra ou o uso de um preservativo.[115]

Segundo MacKinnon, quando uma mulher não tem controle total sobre quando parar o sexo, seja para propor o uso do preservativo, seja por qualquer outro motivo, não podemos simplesmente assumir que todo sexo é uma escolha. Seja o sexo em si, seja a forma que ele toma, sejam suas consequências. O aborto, portanto, não pode ser visto como alheio à sexualidade, mas inerente a esta, da forma como foi socialmente construída, o que, geralmente, é abstraído no debate. Por ser algo inerente à sexualidade, a questão do aborto está relacionada a inúmeras desigualdades que ocorrem na esfera privada e deve ser tratada como tal.

3. *Por fim, a partir da sua reflexão sobre os fatos descritos e da sua conclusão de que a concepção indesejada e o aborto são fruto de desigualdade, a autora argumenta que a visão de que o aborto é um problema individual a ser resolvido no âmbito da liberdade não é emancipatória, mas sim subordinatória.*

A autora critica a descrição dos fatos que subjaz a argumentação liberal, mas quais são as implicações disso para o debate jurídico sobre o aborto? Para responder a essa pergunta, segundo a autora, devemos antes nos questionar sobre o significado da descriminalização do aborto de forma desatenta ao contexto da sexualidade. Se o aborto existe em um contexto

Massachusetts Press, 1984, p. 47. Mackinnon cita casos em que o fato de a mulher estar usando diafragma leva ao entendimento de que o que aconteceu foi sexo consentido, não estupro.

114 Para sustentar essa afirmação, MacKinnon cita o trabalho da historiadora feminista Kristin Luker: *Taking Chances*: Abortion and the Decision Not to Contracept. Berkley: University of California Press, 1975.

115 MACKINNON, Catharine. Roe v. Wade: A Study in Male Ideology. *In*: GARFIELD, Jay; HENNESSEY, Patricia (eds.). *Abortion*: Moral and Legal Perspectives. Amherst: University of Massachusetts Press, 1984, p. 47.

de uma desigualdade que tem implicações diretas para a falta de controle da mulher sobre o acesso ao seu corpo – que, dentro do pensamento maior do feminismo radical, impacta diretamente na subordinação e na construção da mulher –, quando entendido de forma alheia ao contexto do qual faz parte, o aborto torna-se apenas mais uma forma de acesso ao corpo feminino. Olhando para o aborto de forma contextualizada, percebe-se que ele deve ser entendido em conformidade com o direito das mulheres de realmente controlarem o acesso ao seu corpo e à sua sexualidade. Se isso não ocorrer, a liberação do aborto torna-se apenas uma forma de garantir que o acesso ao corpo feminino seja ainda mais irrestrito.[116] Olhar para o aborto como completamente apartado da sexualidade possibilita que ele seja descriminalizado e que as mulheres, ao menos em teoria, passem a participar com menos restrições da sexualidade, mas, novamente, não reflete criticamente sobre os termos em que as mulheres efetivamente participarão da sexualidade. A autora argumenta que, se vista como questão de liberdade, a descriminalização do aborto é, em alguma medida, subordinatória.[117]

Esse argumento é muito polêmico, pois deu margem à interpretação de que MacKinnon seria contra a descriminalização do aborto.[118] Em realidade, nesse ponto, o argumento que a autora visa sustentar é o de que o liberalismo cria os instrumentos para a continuidade da dominação sexual. A descriminalização do aborto seria um mecanismo para aumentar a participação das mulheres na vida sexual, tal qual moldada pelos homens e vista como questão de liberdade, tornando obscuras todas as relações de poder que fazem com que mulheres tenham que recorrer a abortos em primeiro lugar.[119] Ou seja, MacKinnon quer dizer que, da forma como

[116] MACKINNON, Catharine. Roe v. Wade: A Study in Male Ideology. *In*: GARFIELD, Jay; HENNESSEY, Patricia (eds.). *Abortion*: Moral and Legal Perspectives. Amherst: University of Massachusetts Press, 1984, p. 51.

[117] MACKINNON, Catharine. Roe v. Wade: A Study in Male Ideology. *In*: GARFIELD, Jay; HENNESSEY, Patricia (eds.). *Abortion*: Moral and Legal Perspectives. Amherst: University of Massachusetts Press, 1984, p. 49.

[118] PETCHESKY, Rosalind. Abortion as "Violence against Women": A Feminist Critique. *Radical America*, [*s. l.*], v. 18, p. 64, mar.-jun. 1984.

[119] MACKINNON, Catharine. Roe v. Wade: A Study in Male Ideology. *In*: GARFIELD, Jay; HENNESSEY, Patricia (eds.). *Abortion*: Moral and Legal Perspectives. Amherst: University of Massachusetts Press, 1984, p. 50.

a questão tem sido tratada – em termos liberais –, a descriminalização do aborto não consegue ser realmente emancipatória para mulheres. O emancipatório não é só poder fazer aborto – o emancipatório é não precisar fazer aborto.

Na segunda parte, MacKinnon desenvolve um ponto: o direito à privacidade utilizado em *Roe* para sustentar a descriminalização do aborto reafirma a dicotomia público/privado. Para a autora, a ideia de privacidade assume a existência de duas esferas: uma pública, na qual o Estado tem mais poder para regular relações humanas, e uma privada, que demanda a abstenção de intervenção por parte do Estado. Ou seja, a esfera privada é considerada o ambiente de interação entre indivíduos livres e iguais. Para a autora, a divisão entre público e privado é arbitrária e ideológica – ou seja, não é algo "natural" – e contribui para a subordinação feminina. A privacidade, nesse contexto, é garantida a quem detém o poder, mas não à parte mais fraca. Ao assumir uma igualdade que não existe no ambiente privado, a doutrina da privacidade apenas "traduz valores sociais à retórica dos direitos individuais".[120] Nesse contexto, o Estado não apenas se abstém de intervir em danos materiais sofridos por mulheres (como abuso sexual marital, por exemplo), mas também auxilia na perpetuação da desigualdade que nasce da e perpetua desigualdades.[121]

No que se segue, focaremos em interpretar o texto à sua melhor luz, em vista de contrapontos expostos por outras autoras feministas. Nesta seção, preocupamo-nos em olhar especificamente para três pontos: como se dá a construção de conhecimento de baixo para cima, o papel da sexualidade para o argumento e a necessidade de se aceitar a tese mais ampla proposta pela autora sobre sexualidade para aderir ao argumento específico sobre aborto e o argumento no qual a autora critica a privacidade, que envolve também um olhar para como essa crítica é construída de baixo para cima.

[120] MACKINNON, Catharine. Roe v. Wade: A Study in Male Ideology. *In*: GARFIELD, Jay; HENNESSEY, Patricia (eds.). *Abortion*: Moral and Legal Perspectives. Amherst: University of Massachusetts Press, 1984, p. 49.

[121] MACKINNON, Catharine. Roe v. Wade: A Study in Male Ideology. *In*: GARFIELD, Jay; HENNESSEY, Patricia (eds.). *Abortion*: Moral and Legal Perspectives. Amherst: University of Massachusetts Press, 1984, p. 51.

4.2. Interpretação à melhor luz

4.2.1. O argumento no contexto mais amplo da obra de MacKinnon

A nosso ver, a crítica de MacKinnon a *Roe v. Wade* se encaixa na obra mais ampla da autora de algumas maneiras. Primeiro, pela tentativa de aplicação do método, ou seja, de olhar para a questão do aborto de maneira contextualizada, levando em consideração a forma como o fenômeno é experienciado. Utilizando o método, MacKinnon posiciona o aborto como parte da sexualidade desigual, de maneira geral, e, de maneira específica, tenta demonstrar como desigualdades que permeiam a sexualidade impactam a forma como ocorre a gravidez indesejada. Ou seja, a sexualidade tem um papel relevante em seu argumento.

No que se refere à análise do Direito, MacKinnon o faz de maneira radical, ou seja, refletindo sobre como um princípio – qual seja, a privacidade – que se propõe como neutro é, na realidade, construído a partir de experiências masculinas – como o fato de homens experienciarem o ambiente privado como uma esfera de liberdade – e também de interesses masculinos – ou seja, o de reforçar a dicotomia público/privado que permeia o princípio da privacidade, a fim de manter o ambiente privado sob o seu controle. Da mesma forma, MacKinnon defende que, ao contrário do que ocorre com homens, o ambiente privado é experienciado por mulheres como um ambiente não de liberdade, mas sim de assimetria de poder e opressão. Consequentemente, o reforço dessa doutrina seria ruim, na medida em que, com o afastamento do Estado, a opressão feminina apenas seria reproduzida e reforçada.

Por fim, há também a manifestação da ideia de necessidade de transformação estrutural. MacKinnon sustenta que, da maneira (masculina) como estava sendo tratada, ou seja, como questão de liberdade, a legalização do aborto seria apenas uma forma de inclusão de mulheres na sexualidade, tal qual experienciada por homens. Para a autora, a possibilidade de aborto seria positiva, mas, nesses termos, não permitiria o questionamento sobre como a sexualidade é moldada por hierarquias de poder e as reproduz.

No que se segue, discutimos sua crítica a partir de críticas também feministas à sua obra de maneira ampla, tentando refletir sobre eventuais fragilidades e apresentar uma interpretação do argumento que possibilite a superação ou a mitigação dessas fragilidades, buscando apresentá-lo à sua melhor luz.

4.2.2. As fontes da construção de conhecimento de baixo para cima

Conforme exposto anteriormente, o método de construção de conhecimento de baixo para cima é tão fundamental para trabalhos feministas em Direito que sua adoção pode definir a qualidade do trabalho e, no limite, até o caráter feminista dele. A avaliação do trabalho de MacKinnon por outras autoras feministas é ambivalente. De um lado, a autora é vista como a introdutora desse método, importado de outras áreas de conhecimento, na academia feminista em Direito, e como quem mais consistentemente o aplicou em seu trabalho.[122] Enquanto é bastante aceita a ideia de que o seu trabalho inicial sobre assédio sexual é construído de baixo para cima, seu trabalho posterior – principalmente o seu trabalho com maior nível de abstração sobre a estrutura de dominação patriarcal – recebeu críticas.[123]

Não é exagero dizer que a ideia de que o conhecimento feminista emancipatório é aquele aderente à realidade, que bem reflete experiências femininas, é um consenso entre teóricas feministas do Direito.[124] O que não é consenso é a medida em que MacKinnon de fato constrói o seu conhecimento de baixo para cima e como ela o faz. Ainda que MacKinnon sustente sua tese de que a sexualidade é moldada pelo poder, o que torna a ideia de consentimento problemática na experiência feminina, autoras questionaram o seu uso de dados estatísticos com pouco potencial de universalização.[125] Ainda, MacKinnon afirma que sua tese é construída com base em relatos de mulheres, mas tem seu trabalho questionado na medida em que não oferece detalhes sobre suas fontes.[126]

Refletindo especificamente sobre a crítica de MacKinnon a *Roe v. Wade*, devemos então nos perguntar: ela oferece provas suficientes para sustentar sua tese?

Na primeira parte de seu argumento, a autora se propõe a posicionar o aborto na vida das mulheres, de forma a sustentar que a visão liberal

[122] LITTLETON, Christine. Feminist Jurisprudence: The Difference Method Makes. *Stanford Law Review*, [*s. l.*], v. 41, n. 3, p. 752, fev. 1989; CAIN, Patricia. Feminist Jurisprudence: Grounding the Theories. *Berkeley Women's Law Journal*, [*s. l.*], v. 4, p. 198, 1988.

[123] CAIN, Patricia. Feminist Legal Scholarship. *Iowa Law Review*, [*s. l.*], v. 77, p. 21, 1991.

[124] CAIN, Patricia. Feminist Jurisprudence: Grounding the Theories. *Berkeley Women's Law Journal*, [*s. l.*], v. 4, p. 195, 1988.

[125] BARTLETT, Katharine. MacKinnon's Feminism: Power on Whose Terms? *California Law Review*, [*s. l.*], v. 75, p. 1564, 1987.

[126] CAIN, Patricia. Feminist Legal Scholarship. *Iowa Law Review*, [*s. l.*], v. 77, p. 21, 1991.

que permeia *Roe* não leva em consideração experiências concretas de mulheres que demonstram como a desigualdade permeia a reprodução. Na segunda parte, MacKinnon afirma que a doutrina da privacidade não só não corresponde à realidade de mulheres, mas também preserva uma ideologia nociva, que mantém o Estado afastado de um ambiente desigual, perpetuando a desigualdade.

No que se refere à parte descritiva, MacKinnon se dedica a posicionar o direito ao aborto na experiência das mulheres, argumentando que este é parte inseparável da sexualidade (o que, para a autora, é uma experiência constituída pela desigualdade).[127]

MacKinnon inicia seu argumento dizendo que liberais e conservadores compartilham da visão de que mulheres controlam o sexo – do qual a gravidez deriva –, mas que "investigações feministas sugerem o contrário". Segundo a autora, na realidade, o sexo não pode ser considerado livre, porque o "feminismo" descobriu uma série de fatos que indicam que a linha entre o que mulheres querem e o que mulheres fazem no sexo é muito tênue – assim, a relação sexual não pode ser "presumida igualmente determinada". As aspas foram atribuídas aos termos anteriores propositalmente, na medida em que chama a atenção o caráter genérico e evasivo do sujeito que descobriu os fatos que passam a ser tomados como verdadeiros pela autora. Lido de maneira descontextualizada, o texto deixa a leitora perplexa. Quais são as "investigações feministas"? Quem é o "feminismo"? A perplexidade é tão grande que essas referências genéricas levantam suspeitas sobre a credibilidade dos fatos que sustentam a descrição que se segue.

MacKinnon é muito evasiva e não oferece citações. Contudo, existem duas formas de interpretar o que ela faz. Uma forma de interpretar essa passagem é a de que a autora não apresenta dado nenhum que comprove sua tese, o que desqualifica o que se segue. Outra forma de interpretar é de que a autora não foi cuidadosa, inconsciente ou conscientemente (não importa para esta análise). Essa segunda interpretação é melhor, tendo em vista o contexto no qual o texto se insere. Lendo-o de maneira contextualizada, uma interpretação possível é de que a autora esteja se

[127] MACKINNON, Catharine. Roe v. Wade: A Study in Male Ideology. *In*: GARFIELD, Jay; HENNESSEY, Patricia (eds.). *Abortion*: Moral and Legal Perspectives. Amherst: University of Massachusetts Press, 1984, p. 45.

referindo ao seu trabalho mais amplo, acadêmico e não acadêmico, e a todo trabalho acadêmico e não acadêmico de outras pessoas que o ancoram.

No tempo que antecedeu a publicação do texto sobre *Roe* (1984), a autora já havia publicado obras a respeito de temas como assédio sexual e estupro.[128] Em ambos os casos, MacKinnon se refere constantemente a dados concretos – advindos da sua experiência como advogada, de estatísticas e de trabalhos acadêmicos empíricos. O seu trabalho sobre assédio sexual não enfrenta muita polêmica, na medida em que tem o escopo relativamente reduzido de oferecer explicações e soluções para o caso específico do assédio sexual. O seu estudo sobre estupro, até então, fazia parte do seu trabalho teórico com maior grau de abstração e ambição. Entretanto, ainda que as conclusões mais amplas e ambiciosas extraídas de sua análise sobre estupro sejam muito contestadas, o trabalho é ancorado na realidade e não é necessário aderir à sua interpretação ampla sobre os fatos que observa para se aderir à interpretação mais restrita de que assédio sexual e estupro demonstram que desigualdades de poder permeiam a sexualidade – ao menos em alguma medida.[129]

Após fazer a primeira afirmação mais geral de que investigações feministas sugerem que o sexo seja permeado por desigualdades, o que afeta a tomada de escolhas de mulheres nesse âmbito, MacKinnon tenta concretizar essa afirmação no caso do aborto. A autora afirma que a sexualidade é construída de maneira que o que é considerado "sensual" é a iniciativa masculina e a submissão feminina. Nesse contexto, a interrupção dessa dinâmica na hora da relação sexual para o uso de preservativos é custosa para mulheres. Outro exemplo é o do significado social negativo do uso de contraceptivos.[130] Ou seja, o não uso de preservativos não é nem uma livre escolha, nem fruto de uma ordem expressa por parte do homem necessariamente, mas algo mais sutil, que fica na zona cinzenta entre

[128] MACKINNON, Catharine. *Sexual Harassment of Working Women*: A Case of Sex Discrimination. New Haven, Conn.: Yale University Press, 1979; MACKINNON, Catharine. *Feminism, Marxism, Method, and the State*: Toward a Feminist Jurisprudence in The Canon of American Legal Thought. Princeton, N. J.: Princeton University Press, 1983, p. 647 em diante.

[129] A intenção da autora, principalmente no trabalho sobre estupro, era ambiciosa, mas sua intenção não importa tanto para o tipo de interpretação que propomos aqui.

[130] MACKINNON, Catharine. Roe v. Wade: A Study in Male Ideology. *In*: GARFIELD, Jay; HENNESSEY, Patricia (eds.). *Abortion*: Moral and Legal Perspectives. Amherst: University of Massachusetts Press, 1984, p. 47.

consentimento e não consentimento, já que é consciente, porém moldado por uma construção sexual do que é ou deve ser o sexo.

Para sustentar suas afirmações, a autora se reporta a dados apresentados em um estudo levado a cabo pela socióloga Kristin Luker em 1975, que conduziu entrevistas com mulheres que realizaram abortos em uma clínica de São Francisco. Na pesquisa, a autora descobriu que três quartos das mulheres que tinham passado pelo procedimento o fizeram em razão do fenômeno cunhado como *contraceptive risk taking*. As mulheres tomadoras de risco do estudo eram aquelas que sabiam da existência de contraceptivos, já os haviam utilizado em algum momento, mas que, no período no qual se deu a gravidez ou no momento da relação sexual, não os tinham utilizado. De forma a entender esse fenômeno, Luker conduziu entrevistas com tomadoras de risco, e um de seus resultados foi que muitas mulheres não utilizavam contraceptivos por seus significados sociais, como vergonha, estigma e uma certa postura passiva na decisão de utilizá-los ou não, deixando a escolha nas mãos do homem – mesmo sabendo dos riscos.[131] Segundo a autora, essa lógica estaria relacionada às pressões contraditórias sofridas por mulheres, que impunham que mulheres fossem "sexuais, mas não tão sexuais, sexualmente responsivas, mas apenas na hora certa, com o homem certo e responsáveis, mas sem parecer sexualmente agressivas".[132]

Como se vê, MacKinnon se reporta a dados mais amplos (não expostos e muito menos explorados de maneira suficiente neste texto) e a dados mais restritos (restritos a ponto de se questionar se são suficientes para sustentar o argumento). Para chegar a uma conclusão quanto a isso, entretanto, devemos nos perguntar se esses fatos são suficientes para sustentar o argumento que a autora quer fazer *nesse ponto específico*, tendo em vista o *tipo de trabalho acadêmico que propõe*. Para responder a essa questão, todavia, é necessário que se olhe não apenas para o conteúdo da argumentação,

[131] Não tivemos acesso ao livro citado por MacKinnon (LUKER, Kristin. *Taking Chances*: Abortion and the Decision Not to Contracept. Berkeley: University of California Press, 1975), mas tivemos acesso a um artigo em que Luker apresenta de forma resumida as conclusões de sua pesquisa: LUKER, Kristin. Contraceptive Risk Taking and Abortion: Results and Implications of a San Francisco Bay Area Study. *Studies in Family Planning*, [*s. l.*], v. 8, n. 8, p. 190-196, ago. 1977.

[132] LUKER, Kristin. Contraceptive Risk Taking and Abortion: Results and Implications of a San Francisco Bay Area Study. *Studies in Family Planning*, [*s. l.*], v. 8, n. 8, p. 192, ago. 1977.

mas também para a forma como a autora argumenta, o tipo de evidência, o estilo de escrita e o propósito do texto no mundo. Ou seja, o texto deve ser julgado a partir das normas, regras e convenções específicas do gênero.[133]

Se uma classificação é necessária, o texto se aproxima de um ensaio acadêmico. Isso pois o foco desse tipo de produção é a exposição coerente e consistente de uma ideia, de maneira mais livre do que o que se espera de um artigo. A autora não expõe achados – talvez por isso passe de maneira tão superficial por eles –, mas reflete sobre o que eles dizem a respeito do mundo. O texto não é fruto de um trabalho empírico desenvolvido pela autora que visa investigar como mulheres experienciam o aborto. Ou seja, não se trata de um texto no qual a autora expõe dados encontrados a partir de uma metodologia rígida de pesquisa. Trata-se, ao contrário, de um texto argumentativo, no qual, a partir de algo observado (mesmo sem querer), é proposta uma reflexão. É claro que analisar a qualidade da exposição de certos fatos continua a ser necessário, mas, nesse tipo de texto, o ônus recai mais sobre a ideia do que sobre os dados e a metodologia para a sua coleta.

Quando MacKinnon propõe posicionar o aborto na realidade de mulheres, ela o faz para problematizar as visões liberais e conservadoras tradicionais sobre aborto, que têm como base, justamente, a ideia de que mulheres controlam as condições da concepção sempre. A partir daí, a autora argumenta que a visão liberal que permeia *Roe v. Wade* não consegue defender bem o direito ao aborto, porque ela não questiona a desigualdade que gera a necessidade do aborto em primeiro lugar. Como se vê, não se trata de um argumento muito ambicioso – do tipo "a sexualidade é a raiz da opressão feminina" –, mas sim de um argumento mais modesto de que, em alguma medida, escolhas são moldadas de forma que se coloca em revista a assunção de que sexo é sempre 100% livre. Tendo isso em vista, os dados apresentados nesse ponto específico parecem suficientes.

4.2.3. A essencialização da sexualidade e a falta de agência sexual

No primeiro parágrafo do ensaio, MacKinnon deixa bastante clara a sua intenção de argumentar que "o aborto é parte da sexualidade, assumindo que a análise feminista da sexualidade é a nossa análise de desigualdade de

[133] HO, Tally. The Academic Essay. [*S. d.*]. Disponível em: https://www.dartmouth.edu/~engl5vr/guidelines.htm#:~:text=The%20academic%20essay%20is%20merely,norms%2C%20rules%2C%20and%20conventions. Acesso em: 6 nov. 2020.

gênero".[134] Nesse ponto, a autora se refere em nota de rodapé ao seu artigo "Feminism, Marxism, Method and The State",[135] no qual articula pela primeira vez o que significa entender a sexualidade como desigualdade. Na obra de MacKinnon, a sexualidade oprime mulheres de maneira estrutural, independentemente de como a mulher que participa da relação se sente sobre isso. A hierarquia, no pensamento da autora, coloca em xeque a ideia de consentimento. O problema do consentimento em relações sexuais não está apenas nas situações em que mulheres são expressamente coagidas por meio de violência física, mas também na forma pela qual a sexualidade, as suas normas e os seus padrões são construídos do ponto de vista do poder.[136] Isso se dá tanto na (não) liberdade de se engajar em uma relação sexual – o que escancara o caráter tênue da linha entre sexo consentido e estupro – quanto em outras situações. Assim como a sexualidade é moldada pelo poder, o poder é moldado pela sexualidade construída a partir do "ponto de vista" masculino, na medida em que este erotiza a dominação, tornando-a algo natural e inevitável.

Conforme apresentado anteriormente, a visão de sexualidade proposta por MacKinnon foi extremamente criticada em outros contextos. Em primeiro lugar, pela universalização de uma experiência única de sexualidade.[137] Em segundo lugar, pela existência de dúvida sobre o real ancoramento da teoria na realidade, por insuficiência de dados que confirmem a sua teoria no ponto específico da sexualidade.[138] Em terceiro lugar, e mais importante para a leitura do argumento que a autora tenta fazer nesse momento do texto, pela ideia de que mulheres não teriam

[134] MACKINNON, Catharine. Roe v. Wade: A Study in Male Ideology. *In*: GARFIELD, Jay; HENNESSEY, Patricia (eds.). *Abortion*: Moral and Legal Perspectives. Amherst: University of Massachusetts Press, 1984, p. 45.

[135] MACKINNON, Catharine. *Feminism, Marxism, Method, and the State*: Toward a Feminist Jurisprudence in The Canon of American Legal Thought. Princeton, N. J.: Princeton University Press, 1983.

[136] MACKINNON, Catharine. *Feminism Unmodified*. Cambridge (Mass.): Harvard University Press, 1987, p. 88.

[137] HARRIS, Angela. Race and Essentialism in Feminist Legal Theory. *Stanford Law Review*, [*s. l.*], v. 42, n. 3, p. 598, fev. 1990.

[138] BARTLETT, Katharine. MacKinnon's Feminism: Power on Whose Terms? *California Law Review*, [*s. l.*], v. 75, p. 1564, 1987; CAIN, Patricia. Feminist Legal Scholarship. *Iowa Law Review*, [*s. l.*], v. 77, p. 21, 1991.

nenhuma agência na sexualidade. Essa crítica aparece muitas vezes na forma da ideia de que MacKinnon entende que todo sexo heterossexual é uma forma de estupro,[139] na ideia de que MacKinnon nega a possibilidade de que mulheres encontrem satisfação na sexualidade, na ideia de que mulheres que encontram são colaboracionistas da dominação[140] e na ideia de que mulheres não contam com nenhum grau de agência sexual.[141]

A validade dessas críticas é contestada por alguns motivos, entre eles pelo fato de MacKinnon preocupar-se com uma análise estrutural, e não com os sentimentos de mulheres sobre o sexo, e pelo fato de que o objetivo da autora é problematizar a sexualidade, e ressaltar os pontos positivos poderia tirar o foco de sua mensagem.[142] Entretanto, o objetivo desta obra não é refletir sobre o trabalho mais amplo de MacKinnon, e, por essa razão, dirimir a querela sobre o reconhecimento ou não de agência sexual na obra da autora não é necessário aqui. Nosso trabalho tem como propósito compreender sobre como a obra de MacKinnon sobre aborto deve ser interpretada à melhor luz, ou seja, queremos saber o que se extrai (ou não) de bom dela e, tendo em vista as críticas expostas anteriormente, temos que nos questionar sobre em que medida o aproveitamento do argumento específico sobre aborto do texto depende da aderência integral de sua obra mais ampla, assumindo que as críticas supracitadas estejam corretas.

De forma a ponderar sobre os impactos de críticas antiessencialistas e críticas à impossibilidade de agência feminina na sexualidade no argumento de MacKinnon sobre aborto, devemos antes refletir sobre como a sexualidade aparece na argumentação e qual é o seu papel em cada ponto.

A primeira parte da argumentação tenta posicionar o aborto na sexualidade. Conforme exposto anteriormente, MacKinnon aponta que investigações feministas sugerem que a sexualidade é desigual. Essa

[139] ESTRICH, Susan. Teaching Rape Law. *The Yale Law Journal*, [*s. l.*], v. 102, p. 509-520, 1992; SCHWARTZ, Louis. With a Gun and Camera through Darkest CLS-Land. *Stanford Law Review*, Palo Alto, v. 36, n. 1/2, p. 413, jan. 1984; ROSS, Andrew. Politics without Pleasure. *Yale Journal of Law & the Humanities*, [*s. l.*], v. 1, p. 201, 1988.

[140] ROSS, Andrew. Politics without Pleasure. *Yale Journal of Law & the Humanities*, [*s. l.*], v. 1, p. 201, 1988.

[141] ROSS, Andrew. Politics without Pleasure. *Yale Journal of Law & the Humanities*, [*s. l.*], v. 1, p. 201, 1988;

[142] OLSEN, Frances. Feminist Theory in Grand Style. *Columbia Law Review*, [*s. l.*], v. 89, n. 5, p. 1159, jun. 1989.

afirmação é ampla e depende que se adira à sua concepção de sexualidade inerentemente desigual. Entretanto, a autora faz também um esforço para demonstrar como desigualdades que permeiam a sexualidade têm papel relevante em como gravidezes indesejadas acontecem. Nesse ponto, o argumento de MacKinnon é restrito à apresentação de dados (fundamentados) que mostram como mulheres – pelo menos naquele contexto – muitas vezes (não todas) deixavam de tomar cuidados por fatores relacionados à desigualdade. Esse dado é restrito e não demanda que se aceite a caracterização ampla que a autora faz da sexualidade. Ou seja, é possível que outras experiências femininas contradigam o argumento de MacKinnon. Uma feminista poderia dizer, por exemplo, que acidentes acontecem ou até mesmo que acidentes acontecem mais do que fatores relacionados à desigualdade. Entretanto, essa contraposição não mina o argumento que MacKinnon visa fazer nessa parte específica do texto.

Entendemos que não é necessário aderir ao pensamento mais amplo de MacKinnon sobre sexualidade para concordar com seu argumento mais restrito sobre o aborto ser um problema relacionado, ao menos em alguma medida, a desigualdades que permeiam a gravidez indesejada. Isso pois a afirmação de que o aborto é um fenômeno permeado por desigualdades se sustenta pelos fatos específicos apresentados por MacKinnon sobre como desigualdades operam no momento da concepção, fatos esses construídos com base em experiências específicas.

A intenção da autora poderia ser a de que sim, a aderência ao seu pensamento de forma ampla seria inerente à sua crítica a *Roe*. Entretanto, esse atrelamento não é necessário para a sustentação do argumento, já que basta a assertiva mais modesta de que existem desigualdades que permeiam a forma como a gravidez indesejada ocorre. Nesse sentido, críticas à visão de sexualidade proposta por MacKinnon de maneira geral não afetam necessariamente o valor do argumento, se o adotarmos em uma versão mais modesta.

O argumento descritivo de que a sexualidade – ambiente no qual se dá a gravidez indesejada – é permeada por desigualdades desemboca em um argumento normativo. A autora defende que, ao ser tratada como questão de liberdade, sem que se leve o papel da desigualdade em consideração, a legalização do aborto torna-se subordinatória. Isso pois a desigualdade que cria a necessidade de se fazer um aborto em primeiro lugar não é questionada. Novamente, entendemos que o argumento não é impregnado por desafios antiessencialistas, na medida em que os fatos utilizados para sustentar a existência de desigualdades são específicos e suficientes para apoiar a argumentação.

Contudo, esse argumento acende uma luz vermelha quanto a questionamentos relacionados à agência, pois pode ser lido como se a autora quisesse dizer que a legalização do aborto seria ruim para mulheres, pois contribuiria para o aumento de sua subordinação. MacKinnon diz expressamente que, mesmo sendo defendida como questão de liberdade, a legalização do aborto é positiva, já que confere um alívio imediato para mulheres que não querem/podem ter filhos em um mundo de desigualdades; entretanto, o argumento poderia ser mal utilizado ou manipulado, conforme sugerem os argumentos na chave da agência parcial. Contudo, o uso da argumentação de forma a proibir o aborto seria cínico, na medida em que o que anima o argumento é, justamente, a busca pela emancipação feminina. Infelizmente, não é possível controlar más intenções e manipulações do texto, mas é possível defender que a visão que entende que MacKinnon é contra o aborto está equivocada, tendo em vista o contexto geral no qual se insere essa parte de sua argumentação.

No que se refere ao último ponto do texto, de que a abordagem liberal de *Roe* teria refletido experiências e interesses masculinos na preservação da hierarquia de poder e seria negativa para mulheres por reforçar o afastamento do Estado da vida privada, legitimando a sexualidade desigual, entendemos haver um entrelaçamento maior entre o argumento em si e a ideia de sexualidade que permeia o argumento da autora, deixando esse ponto vulnerável a críticas. Entretanto, o ponto será mais bem explorado mais à frente, em que nos dedicaremos a olhar especificamente para a crítica à privacidade tal qual levada a cabo por MacKinnon.

Em conclusão, entendemos que a aderência ao argumento amplo de MacKinnon sobre sexualidade não é necessária, de forma que ele não padece perante críticas antiessencialistas e de agência parcial. Isso se for entendido de maneira mais restrita – entendendo-o não como um argumento totalizante sobre como a sexualidade ocorre na vida de todas as mulheres, mas sim como um argumento que joga luz sobre o fato de que desigualdades podem ter um papel importante na forma como gravidezes indesejadas ocorrem. Ademais, o argumento mais amplo, de que não levar em consideração essas desigualdades tem um potencial subordinatório, na medida em que as naturaliza, também se sustenta sem que se adira ao entendimento de que a sexualidade é sempre nociva. Em contrapartida, entendemos que o argumento de MacKinnon de que a abordagem liberal tem tendências subordinatórias pode ser manipulado ou mal aplicado, levando a resultados paternalistas e ainda mais subordinatórios. Entretanto, essa leitura não se sustenta tendo em vista o contexto geral do argumento.

4.2.4. A ideologia da divisão público/privado e o direito à privacidade

Conforme apresentado anteriormente, para algumas autoras, MacKinnon universaliza a experiência feminina, o que mina muitas de suas conclusões.[143]

As críticas apresentadas se dirigem à parte da obra de MacKinnon com maior nível de abstração: a sua descrição da realidade das mulheres, a sua descrição da opressão e a sua explicação para a opressão. Por questionarem os alicerces da teoria ampla de MacKinnon, críticas como essas acendem uma luz vermelha nos braços do trabalho em que a autora analisa casos concretos a partir de sua teoria do Estado, como seu estudo sobre aborto, que nos interessa aqui. É necessário, portanto, revisar a argumentação da autora, à luz das críticas antiessencialistas.

MacKinnon critica a abordagem da privacidade adotada em *Roe v. Wade*, por esta legitimar a divisão entre público e privado que seria prejudicial para mulheres, na medida em que o ambiente doméstico é o local principal da subordinação feminina. É onde ocorre a violência doméstica, a violência sexual e a gravidez indesejada. Ainda, a autora argumenta que entender o aborto como questão de liberdade individual é fruto de uma visão masculina sobre a sexualidade que anima a conceptualização jurídica da questão. Em linhas gerais, a sexualidade é experienciada por homens como uma questão biológica, enquanto, para mulheres, é experienciada em um ambiente de desigualdade. Nesses primeiros escritos existem algumas questões que, à luz de críticas antiessencialistas, fragilizam o argumento.

A primeira delas é a assertiva de que a doutrina da privacidade seria negativa por reforçar a divisão ideológica entre público e privado. MacKinnon não foi a primeira nem a única feminista a criticar essa divisão ideológica, tampouco foi a única a pontuar como essa ideologia

[143] CAIN, Patricia. Feminist Jurisprudence: Grounding the Theories. *Berkeley Women's Law Journal*, [*s. l.*], v. 4, p. 197, 1988.

era reforçada pelo Direito norte-americano.[144] A crítica feminista a essa divisão ideológica foi central para o feminismo por muitos anos, e algumas feministas chegaram ao extremo de afirmar que se trata, no limite, da grande pauta do feminismo.[145]

Muitas feministas afirmaram que a divisão entre público e privado é ideológica e serve para perpetuar a subordinação de mulheres. Na esfera pública, do trabalho, aos indivíduos são impostos limites, para que a convivência seja possível. Na esfera privada, da família, assume-se que há consentimento e escolha, o que justifica o entendimento dessa esfera como a esfera da liberdade.[146] Assim, a intervenção do Estado seria destrutiva para a harmonia, e a sua ausência garantiria que os seres humanos se realizassem plenamente.

Investigações feministas como a apresentada por MacKinnon, entretanto, sugerem o caráter utópico dessa forma de enxergar as interações humanas.[147] Na realidade, existe assimetria de poder entre as pessoas, o que gera e fortalece a dominação dos mais fracos na esfera privada, esta que é, para muitas mulheres, o ambiente da violência doméstica, do estupro, do trabalho não remunerado. Ao se manter afastado, o Estado apenas contribui para a manutenção desse estado de coisas.[148] Em razão disso,

[144] TAUBE, Nadine; SCHNEIDER, Elizabeth. Women's Subordination and the Role of Law. *In:* WEISBERG, D. Kelly (org.). *Feminist Legal Theory:* Foundations. Philadelphia: Temple University Press, 1993, p. 9.

[145] PATEMAN, Carole. *Feminist Critiques of the Public/Private Dichotomy.* Cambridge: Polity Press, 1989, p. 118.

[146] OKIN, Susan. Gênero, o público e o privado. *Revista Estudos Feministas,* Florianópolis, v. 16, n. 2, p. 306, maio-ago. 2008.

[147] COPELON, Rhonda. From Privacy to Autonomy: The Conditions for Sexual Reproductive Freedom. *In*: FRIED, Marlene. *From Abortion to Reproductive Freedom*: Transforming a Movement. Boston, MA: South End Press, 1990, p. 33; FIRESTONE, Shulamith. *The Dialect of Sex.* Nova York: William Morrow, 1971. Inúmeras outras análises referentes a como a dicotomia público/privado impacta na vida de mulheres, nas mais diversas áreas de suas vidas, estão compiladas em: BOYD, Susan. *Challenging the Public/Private Divide*: Feminism, Law, and Public Policy. Toronto: University of Toronto Press, 1997. Essa crítica é aceita também por feministas, como Frances Olsen (The Myth of State Intervention in the Family. *University of Michigan Journal Law Reform,* [*s. l.*], v. 18, 1985), que não visam "explodir" o conceito de privacidade, mas o reformulam para que possa ser protetivo às mulheres.

[148] MACKINNON, Catharine. *Feminism Unmodified.* Cambridge (Mass.): Harvard University Press, 1987, p. 97.

o direito à privacidade, que, pelo menos a princípio, parece um enorme ganho, é visto como um mecanismo abstrato e supostamente neutro, que serve para legitimar, juridicamente, a subordinação de mulheres. A privacidade pertence ao indivíduo com poder: assume que indivíduos são iguais, mas não permite que essa assunção seja realidade.[149]

Ademais, o ambiente privado não só foi problematizado por ser o local onde inúmeras mulheres sofreram abusos semelhantes, mas é também o que torna esses abusos experiências aparentemente pessoais.[150] Para autoras críticas da ideologia da dicotomia público/privado, esta é o que se encontrou na base, por muitos anos, da atomização de algumas mulheres e, assim, da impossibilidade de percepção de que alguns problemas não eram pessoais, mas sim políticos. Ou seja, eram problemas de grupo, moldados por assimetrias de poder.[151]

A dicotomia público/privado era de fato uma realidade na vida de mulheres brancas de classe média – artificial, mas, ainda assim, real –, já que estas estavam confinadas ao âmbito da família e tratava-se de um ambiente de abusos materiais. Entretanto, as críticas apresentadas foram colocadas em xeque por feministas negras que, em virtude de suas experiências diferentes, não compartilhavam, necessariamente, das críticas elaboradas por feministas brancas e não nutriam os mesmos sentimentos sobre as conclusões de feministas brancas.

Em primeiro lugar, a própria divisão conceitual entre público e privado foi criticada por ser inútil para pensar a vida de mulheres negras. Para Patricia Hill Collins, o arquétipo branco, de classe média alta – da casa privada que abriga um casal heterossexual com sua família nuclear de estrutura hierárquica, inserida em uma divisão clara entre o homem que trabalha fora e a mulher que cuida da casa –, que configura o "privado", não seria compatível com a vida de muitas mulheres negras. Ao contrário, a realidade de muitas mulheres negras era muitas vezes a da privação econômica, do trabalho fora de casa, da maternidade solo e da codivisão

[149] MACKINNON, Catharine. Reflections on Sex Equality under Law. *The Yale Law Journal*, [*s. l.*], v. 100, n. 5, p. 1311, 1991.

[150] MACKINNON, Catharine. Reflections on Sex Equality under Law. *The Yale Law Journal*, [*s. l.*], v. 100, n. 5, p. 1311, 1991.

[151] OKIN, Susan. Gênero, o público e o privado. *Revista Estudos Feministas*, Florianópolis, v. 16, n. 2, p. 312, maio-ago. 2008.

de espaços com a família estendida.[152] Da mesma maneira, a divisão clara, pressuposta pela divisão entre o ambiente público do trabalho remunerado e o ambiente privado do trabalho não remunerado abusivo, não correspondeu, historicamente, à realidade das mulheres negras: por anos, mulheres negras norte-americanas trabalharam de maneira não remunerada na esfera pública, exerceram trabalho não remunerado considerado emancipatório na esfera privada e exerceram trabalhos domésticos remunerados nas casas de outras pessoas.[153]

Em segundo lugar, algumas feministas questionaram que o valor atribuído por mulheres brancas à esfera privada e à privacidade não reflete o valor que esse ambiente teria para estas.[154] Ademais, na história de muitas mulheres negras o ambiente privado – na medida em que existisse –, ainda que muito precário, era muitas vezes um local de proteção da intervenção dos brancos em sua privacidade, de resistência e de realização. [155]

A autora bell hooks,[156] por exemplo, afirma que, em um mundo de racismo e violência, a casa era o espaço onde ocorria tudo que realmente importava na vida: o calor e o conforto do abrigo, o alimento do corpo e da alma, o aprendizado da dignidade e da integridade do ser e o reforço da fé. E mais: era o domínio de mulheres fortes, principais responsáveis pelo aprendizado.[157]

O trabalho não remunerado, visto por muitas feministas brancas como fonte de exploração, era visto por muitas mulheres negras como empoderador – especialmente em comparação com seus trabalhos levados a cabo fora de casa, a serviço de pessoas brancas. Era o trabalho não só de cuidado material, mas de cuidado espiritual, de resistência à dominação.[158]

[152] HILL COLLINS, Patricia. *Pensamento feminista negro*. São Paulo: Boitempo, 2018, p. 103.

[153] HILL COLLINS, Patricia. *Pensamento feminista negro*. São Paulo: Boitempo, 2018, p. 103.

[154] HILL COLLINS, Patricia. *Black Feminist Thought*: Knowledge, Consciousness, and the Politics of Empowerment. 2. ed. Nova York: Routledge, 2000, p. 51.

[155] HILL COLLINS, Patricia. *Black Feminist Thought*: Knowledge, Consciousness, and the Politics of Empowerment. 2. ed. Nova York: Routledge, 2000, p. 47; HOOKS, bell. *Talking Back*: Thinking Feminist, Thinking Black. Boston, MA: South End Press, 1999, p. 42.

[156] A autora não utiliza letras maiúsculas em seu nome.

[157] HOOKS, bell. Homeplace: A Site of Resistance. *In*: HOOKS, bell. *Yearning*: Race, Gender and Cultural Politics. Boston, MA: South End Press, 1990, p. 41-42.

[158] HOOKS, bell. Homeplace: A Site of Resistance. *In*: HOOKS, bell. *Yearning*: Race, Gender and Cultural Politics. Boston, MA: South End Press, 1990, p. 42.

Isso coloca em xeque a assertiva de que o ambiente privado é necessariamente o ambiente do isolamento, da atomização e da não consciência da própria exploração. Se, para mulheres brancas, o espaço público era o que possibilitava a tomada de consciência de que o pessoal era político, para mulheres negras, o espaço privado era o espaço da dimensão política de conscientização onde o poder maior era de mulheres.[159] bell hooks não nega que o papel de cuidado foi atribuído a mulheres pelo sexismo, mas, por outro lado, nega sua relevância, tendo em vista o valor desse trabalho.[160]

Essa visão contrasta com a de que o ambiente privado seria o ambiente da expropriação e da atomização, que permeia o argumento de MacKinnon, e, consequentemente, com o valor que a autora atribui à privacidade. Isso não quer dizer que essas feministas não problematizassem também o trabalho como exaustivo e a existência de assimetrias de poder, nem que sustentassem uma visão romantizada do empoderamento feminino pelo trabalho não remunerado de cuidado, mas sim que consideravam a perspectiva demonizadora do privado incompatível com sua visão mais ambivalente desse espaço. bell hooks argumenta, por exemplo, que a opressão de mulheres negras no ambiente doméstico passou a ocorrer quando esse ambiente começou a "imitar" os padrões socialmente aceitos como "bons" das casas de mulheres brancas, adotando, por exemplo, o ideal de família nuclear hierarquizada. Nesse momento, o lar passou a perder seu valor empoderador. O problema, entretanto, não era o lar em si, mas a sua reestruturação conformativa aos padrões brancos.[161] Esse ponto de vista está presente também no pensamento da autora Iris Young, que argumenta que o conceito de casa não é estático, mas fluido, sendo sujeito a reconstruções e reinterpretações.[162]

Como se vê, mulheres brancas de classe média e mulheres negras e trabalhadoras norte-americanas tinham experiências muito distintas

[159] HOOKS, bell. Homeplace: A Site of Resistance. *In*: HOOKS, bell. *Yearning*: Race, Gender and Cultural Politics. Boston, MA: South End Press, 1990, p. 46.

[160] HOOKS, bell. Homeplace: A Site of Resistance. *In*: HOOKS, bell. *Yearning*: Race, Gender and Cultural Politics. Boston, MA: South End Press, 1990, p. 42.

[161] HOOKS, bell. Homeplace: A Site of Resistance. *In*: HOOKS, bell. *Yearning*: Race, Gender and Cultural Politics. Boston, MA: South End Press, 1990, p. 47.

[162] YOUNG, Iris Marion. House and Home: Feminist Variations on a Theme. *In*: YOUNG, Iris Marion. *Intersecting Voices*. Dilemmas of Gender, Political Philosophy, and Policy. Princeton, N. J.: Princeton University Press, 1997, p. 160.

não só do que significava o ambiente privado, como também do valor atribuído à privacidade. Isso significa que o argumento de MacKinnon quanto a esse ponto é essencialista e deve ser jogado fora? Acreditamos que sim e que não. As experiências de mulheres negras mostram como a visão do privado adotada por MacKinnon não corresponde à realidade de todas as mulheres. Entretanto, talvez a solução não seja jogar fora a crítica ao ambiente privado e à privacidade, mas conferir-lhe uma *nuance* maior. Autoras como Frances Olsen nos ajudam a reformular o valor do ambiente privado e da privacidade, reconhecendo seus perigos, em linha com o argumento de MacKinnon, sem, contudo, negar-lhe valor, em linha com o que autoras como bell hooks e Hill Collins argumentam.[163] Ou seja, lido à luz das críticas apresentadas, o argumento de MacKinnon pode ser mais bem interpretado não como uma assertiva universal sobre o valor do privado, mas sim como um alerta para os seus perigos.

No Brasil, por exemplo, independentemente de como mulheres se sentem sobre o ambiente doméstico, é um fato que esse local abriga grande parte da violência sofrida por elas, e, portanto, a ideia de que se trata sempre de um ambiente de pessoas livres e iguais não é corroborada por dados. Isso significa que a ausência do Estado é muito perigosa e que a privacidade pode e deve ser problematizada como um princípio abstrato que esconde inúmeras formas de abuso.

É importante ressaltar que, quando falamos em *nuance*, não aderimos ao que Harris chama de *nuance theory*, que se trata, em linhas gerais, de assumir uma universalização e, a partir daí, destacar exceções (por exemplo: o ambiente doméstico é ruim, mas algumas mulheres negras o consideram valioso). Ao contrário, nosso argumento é de que a crítica de MacKinnon à privacidade é uma forma de olhar para a questão. Uma forma importante, mas uma forma.[164]

Nossa leitura até agora é a de que o argumento de MacKinnon pode ser lido não como uma assertiva universal, mas como uma visão crítica à ideia liberal de que a privacidade seria necessariamente boa. Porém, mesmo que se assuma a versão forte do argumento de MacKinnon, que

[163] OLSEN, Frances. Constitutional Law: Feminist Critiques of the Public/Private Distinction. *Constitutional Commentary*, [*s. l.*], v. 10, p. 327, 1993.

[164] HARRIS, Angela. Race and Essentialism in Feminist Legal Theory. *Stanford Law Review*, [*s. l.*], v. 42, n. 3, p. 595, fev. 1990.

sim, a nosso ver é essencialista, ainda assim temos que nos perguntar se o essencialismo mina o argumento. A literatura antiessencialista há muito se apegou à ideia de que o essencialismo seria ruim e conservador, enquanto o antiessencialismo seria bom e progressista. Essa visão, entretanto, foi criticada por autoras antiessencialistas como uma visão "essencialista" do "essencialismo", como algo inerentemente ruim. Para autoras críticas da atribuição necessária de virtudes ao antiessencialismo, essa avaliação deveria ser contextual. Para tal, análises sobre o essencialismo devem se perguntar como este se desenvolveu em determinado pensamento, em qual contexto ele ocorre, quem o está mobilizando e para quais fins. Em linhas gerais, o essencialismo da visão antiessencialista seria apenas e tão somente uma barreira para discussões.[165]

A caracterização do ambiente privado de MacKinnon desemboca na sua crítica do uso do direito à privacidade utilizado em *Roe* para descriminalizar o aborto. Assim, a partir da perspectiva antiessencialista do antiessencialismo, não basta apenas refletirmos sobre os valores do ambiente privado e o valor da privacidade como valor jurídico em abstrato, mas também devemos nos perguntar se o enquadramento da privacidade é bom para o caso específico do aborto, o que pode ser iluminado também por outras críticas feministas ao enquadramento da privacidade adotado no caso.

Em 1973, a Suprema Corte dos Estados Unidos declarou a inconstitucionalidade de uma lei do estado do Texas que proibia o aborto, por sua incompatibilidade com o direito à privacidade, no caso *Roe v. Wade*.[166] A descriminalização levada a cabo nesse julgamento se baseou no direito à privacidade, que já havia sido estabelecido pela corte anteriormente, em casos relacionados ao uso de contraceptivos.[167] Na opinião da corte, a criminalização do aborto seria uma invasão indevida do Estado na vida e nas escolhas pessoais das mulheres.

165 FUSS, Diana. *Essentially Speaking*: Feminism, Nature & Difference. Nova York: Routledge, 1989, p. 11.

166 MACKINNON, Catharine. *Sex Equality*. 2. ed. Nova York: Foundation Press, 2007, p. 1010.

167 Em *Griswold v. Connecticut* 381 U.S. 479 (1965), a corte entendeu ser inconsistentes com a privacidade proibições ao uso de contraceptivos por pessoas casadas. Em *Eisenstadt v. Baird* 405 U.S. 438 (1972), a corte estendeu o alcance de *Griswold* para pessoas solteiras.

Algumas feministas[168] articulavam o direito ao aborto como direito à igualdade, argumentando que a sociedade teria organizado suas instituições com base na suposição de que mulheres seriam cuidadoras primárias não participantes da sociedade e que, para que mulheres pudessem participar propriamente do mercado de trabalho, da política e de outras dimensões da cidadania, precisariam poder controlar a hora de ter filhos.[169] Outras, por sua vez, estavam mais interessadas em fazer passar a *Equal Rights Amendment* e, para poderem contar com apoio dos estados, tiveram de optar por afastar a igualdade de gênero de discussões sobre aborto.[170]

A decisão abriu portas para que outras demandas progressistas fossem litigadas perante a corte. Movimentos pela liberdade sexual da população de Lésbicas, *Gays*, Bissexuais, Transexuais, *Queer*, Intersexuais, Assexuais (LGBTQIA+) e de trabalhadoras do sexo, por exemplo, beneficiaram-se do precedente ou da retórica da privacidade.[171] Entretanto, a decisão também deu ensejo a uma rica produção bibliográfica, crítica da argumentação utilizada e empenhada em propor uma que conseguisse lidar com a questão do aborto em toda a sua complexidade.[172] É importante mencionar algumas

[168] Mulheres negras deixaram de participar ativamente desse debate, por seu ceticismo em relação à possível relação entre descriminalização do aborto e políticas eugenistas (DAVIS, Angela. Racism, Birth Control and Reproductive Rights. *In*: FRIED, Marlene. *From Abortion to Reproductive Freedom*: Transforming a Movement. Boston, MA: South End Press, 1990, p. 23).

[169] SIEGEL, Reva. Reasoning from the Body: A Historical Perspective on Abortion Regulation and Questions of Equal Protection. *Stanford Law Review*, [*s. l.*], v. 44, n. 2, p. 349-377, jan. 1992. Por mais que os argumentos se refiram à igualdade, Loretta Ross os enquadra como argumento "*pro-choice*", que é diferente do argumento de igualdade como antissubordinação que defendemos aqui (ROSS, Loretta. Conceptualizing Reproductive Justice Theory: A Manifesto for Activism. *In*: ROSS, Loretta *et al.* (ed.). *Radical Reproductive Justice*: Foundation, Theory, Practice, Critique. Nova York: The Feminist Press at CUNY, 2017, p. 173).

[170] SIEGEL, Reva. Constitutional Culture, Social Movement Conflict and Constitutional Change: The Case of the de Facto ERA. *California Law Review*, [*s. l.*], v. 94, n. 5, p. 1372, out. 2006.

[171] ZIEGLER, Mary. *Beyond Abortion*: Roe v. Wade and the Battle for Privacy. Cambridge: Harvard University Press, 2018, p. 44.

[172] Outras críticas incluem a possibilidade de *backlash*: ROSEMBERG, Gerald. *The Hollow Hope*: Can Courts Bring about Social Change? Chicago: The University of Chicago Press, 1991.

das críticas feministas mais contundentes, na medida em que elas formam a base para os argumentos jurídicos normativos que delas partiram.[173]

A primeira e mais constante crítica – também presente no trabalho de MacKinnon – se dá ao caráter "negativo" do princípio da privacidade, que reflete a ideia de proteção do indivíduo contra invasões indevidas do Estado, e não impõe ao Estado nenhum dever de promover a concretização do direito ao aborto. A ausência de dever positivo prejudicava sobremaneira mulheres que não detinham meios de arcar financeiramente com um procedimento de aborto.[174] Alguns anos depois, no caso *Harris v. McRae*,[175] a corte decidiu que o Estado não teria o dever de concretizar o direito ao aborto, reforçando a crítica. Essa decisão impactou sobremaneira mulheres que não dispunham dos meios financeiros para a realização do procedimento.

A privacidade, como direito de matriz liberal, também foi criticada por não problematizar, esconder e legitimar desigualdades que permeiam a reprodução como um todo. Por exemplo, algumas feministas negras questionam o fato de que, para mulheres negras, a abordagem da privacidade é pior, não só por seu caráter negativo, mas por obscurecer o fato de que problemas reprodutivos sofridos especificamente por mulheres negras – como a esterilização forçada – são fruto de assimetrias de poder.[176]

[173] Críticas à privacidade não são unânimes entre autoras feministas. Anita Allen (The Proposed Equal Protection Fix for Abortion Law: Reflections on Citizenship, Gender, and the Constitution. *Harvard Journal of Law & Public Policy*, [*s. l.*], v. 18, n. 21, p. 419-455, 1995), por exemplo, defende a privacidade como melhor forma de se lidar com a questão do aborto, ou então Elizabeth Schneider (The Synergy of Equality and Privacy in Women's Rights. *The University of Chicago Legal Forum*, [*s. l.*], n. 1, p. 137-154, 2002), que sustenta que o aborto deve ser visto como questão atinente tanto à igualdade como à privacidade.

[174] WEST, Robin. From Choice to Reproductive Justice: De-Constitutionalizing Abortion Rights. *The Yale Law Journal*, [*s. l.*], v. 118, n. 7, p. 1394-1432, maio 2009; GINSBURG, Ruth Bader. Some Thoughts on Autonomy and Equality in Relation to Roe v. Wade. *North Carolina Law Review*, [*s. l.*], v. 63, n. 2, p. 383, 1985; HARDING, Sandra. Beneath the Surface of the Abortion Debate: Are Women Fully Human. *In*: CALLAHAN, Sidney; CALLAHAN, Daniel (eds.). *Abortion*: Understanding Differences. Nova York: Plenum Press, 1984, p. 203; MACKINNON, Catharine. *Toward a Feminist Theory of The State*. Cambridge (Mass.): Harvard University Press, 1989, p. 187.

[175] *Harris v. McRae*, 448 U.S., 297.

[176] ROBERTS, Dorothy. *Killing the Black Body*: Race, Reproduction, and the Meaning of Liberty. Nova York: Pantheon Books, 1997 (em geral).

Da mesma forma, a abordagem da privacidade é questionada por obscurecer a injustiça social que perpassa a maternidade, quando mulheres decidem ter filhos. O aborto como liberdade individual faz crer que ter um filho ou não é uma escolha e que, qualquer dano que adviesse daí, seria um risco assumido pela mãe. A "privatização" da maternidade a iguala a qualquer outra escolha. Trata-se de uma "escolha de estilo de vida dentre tantas outras que vêm com um custo alto" - como comprar um barco, por exemplo.[177]

Ao darmos à mulher o direito de privacidade em sua "escolha" - ou seja, ao conferir a ela a "opção de saída" -, a maternidade se torna uma *commodity*, e, assim, as condições nas quais a mulher optou por ter um filho se tornam legítimas. Nesse contexto, a mulher apenas optou por entrar em um negócio a longo prazo que envolve custos altíssimos - de sua inteira responsabilidade. A pobreza, a falta de apoio, o cansaço, o abandono e qualquer outra consequência ruim que advenha da maternidade são um problema só dela, como é problema do dono do barco pagar pela gasolina.[178]

Em vista disso, em um mundo no qual os custos da maternidade são altíssimos, não é possível dizer que a mulher tenha uma escolha verdadeira - até quando o aborto está disponível e a retórica da liberdade e privacidade de escolha também mascara isso.[179] A privacidade perpetua o mito de que a (não) escolha pelo aborto é livre, quando, na realidade, ela é moldada por inúmeras situações sociais. A privacidade isola a questão do aborto e exime o governo de se envolver nas condições materiais e sociais nas quais escolhas reprodutivas são tomadas.[180]

[177] WEST, Robin. From Choice to Reproductive Justice: De-Constitutionalizing Abortion Rights. *The Yale Law Journal*, [*s. l.*], v. 118, n. 7, p. 1411, maio 2009.

[178] WEST, Robin. From Choice to Reproductive Justice: De-Constitutionalizing Abortion Rights. *The Yale Law Journal*, [*s. l.*], v. 118, n. 7, p. 1411, maio 2009; COPELON, Rhonda. From Privacy to Autonomy: The Conditions for Sexual Reproductive Freedom. *In*: FRIED, Marlene. *From Abortion to Reproductive Freedom*: Transforming a Movement. Boston, MA: South End Press, 1990, p. 38.

[179] WEST, Robin. From Choice to Reproductive Justice: De-Constitutionalizing Abortion Rights. *The Yale Law Journal*, [*s. l.*], v. 118, n. 7, p. 1412, maio 2009.

[180] COPELON, Rhonda. From Privacy to Autonomy: The Conditions for Sexual Reproductive Freedom. *In*: FRIED, Marlene. *From Abortion to Reproductive Freedom*: Transforming a Movement. Boston, MA: South End Press, 1990, p. 38.

Outra crítica é o fato de o direito à privacidade não desafiar os preconceitos sociais envolvidos na criminalização do aborto. Assim como no caso em que a homossexualidade foi descriminalizada, a lógica é a de que "não gostamos, mas tudo bem se você não fizer em público".[181] É claro que esse é, justamente, o apelo da abordagem da privacidade, qual seja, o fato de ela ser não combativa e se propor supostamente neutra. Interessantemente, a descriminalização do aborto em termos de privacidade era encampada por ativistas em polos completamente opostos no espectro ideológico: de um lado, feministas que lutavam pelo direito ao aborto; de outro, conservadores a favor de controle social – principalmente o controle do nascimento de crianças negras –; ainda, libertários, que prezavam pelo reforço do direito de "ser deixado em paz", o que implicaria não só a ausência estatal, mas também a impossibilidade de se demandar qualquer tipo de auxílio ao Estado – posição que nega não só auxílio financeiro para o procedimento de aborto como também qualquer pedido de qualquer outro auxílio.[182] O fato de a privacidade não confrontar preconceitos sociais que envolvem o aborto inclusive animou a decisão em *Harris v. McRae*, em que a corte decidiu que seria constitucional negar financiamento para procedimentos de aborto e prover financiamento para procedimentos relacionados a nascimentos.[183]

A retórica da privacidade influencia também a forma como mulheres falam sobre aborto. Na verdade, a forma como mulheres deixam de falar sobre aborto por sentirem vergonha, já que a privacidade não confere uma base moral que valide a decisão pelo aborto. Isso tem efeitos não apenas íntimos, mas também políticos, na medida em que a pauta deixa de ser articulada.[184] Como se vê, MacKinnon não foi a única a criticar a

[181] COPELON, Rhonda. From Privacy to Autonomy: The Conditions for Sexual Reproductive Freedom. *In*: FRIED, Marlene. *From Abortion to Reproductive Freedom*: Transforming a Movement. Boston, MA: South End Press, 1990, p. 36.

[182] COPELON, Rhonda. From Privacy to Autonomy: The Conditions for Sexual Reproductive Freedom. *In*: FRIED, Marlene. *From Abortion to Reproductive Freedom*: Transforming a Movement. Boston, MA: South End Press, 1990, p. 33.

[183] COPELON, Rhonda. From Privacy to Autonomy: The Conditions for Sexual Reproductive Freedom. *In*: FRIED, Marlene. *From Abortion to Reproductive Freedom*: Transforming a Movement. Boston, MA: South End Press, 1990, p. 38.

[184] ROSS, Loretta. Raising our Voices. *In*: FRIED, Marlene. *From Abortion to Reproductive Freedom*: Transforming a Movement. Boston, MA: South End Press, 1990, p. 139-146.

abordagem da privacidade. Sua crítica parte de uma visão que universaliza a experiência do ambiente privado; entretanto, entendemos que pode ser útil se entendida de forma mais sutil e menos contundente. Não é preciso aderir à visão de que o ambiente privado é necessariamente ruim para todas as mulheres para admitir que algumas mulheres encontram nesse ambiente formas de subordinação. Ademais, a crítica da privacidade como enquadramento para lidar com direitos reprodutivos é compartilhada com outras feministas que também enxergam perigos no enquadramento da privacidade, também pelo não questionamento e até pela legitimação de desigualdades. Isso não significa dizer que a privacidade não tenha valor nenhum.

Conforme expusemos anteriormente, tanto a intimidade quanto a privacidade são experienciadas de formas diferentes e têm valores diferentes, que variam de acordo com o contexto. O que o argumento de MacKinnon nos ensina, entretanto, é que a privacidade pode ter problemas relacionados a desigualdades e a hierarquias. Ou seja, violações à privacidade não ocorrem por acaso, mas sim, e muitas vezes, em virtude de desigualdades e assimetria de poder. Da mesma forma, o argumento de MacKinnon nos faz refletir criticamente sobre a utilização da privacidade como justificativa para o caso específico do aborto, na medida em que esta esconderia os problemas de desigualdade que perpassam o fenômeno do aborto. Uma forma de não jogar o princípio fora, mas, ao mesmo tempo, mitigar seus problemas, é, justamente, essa problematização.

4.3. As contribuições do argumento

Nesta seção, problematizamos a crítica de MacKinnon tecida a *Roe v. Wade* a partir de críticas feitas por autoras feministas. Chegamos à conclusão de que, apesar de MacKinnon fazer assertivas amplas e que não se sustentam no contexto do texto, seu argumento central de que o aborto é um fenômeno que ocorre, pelo menos em algumas situações, em razão de desigualdades existentes na sociedade se sustenta com base nos dados que traz. Entendemos também que não é necessário aderir à sua crítica à sexualidade como epicentro da subordinação para aceitar o argumento de que, em alguma medida, a sexualidade é permeada por desigualdades, o que influencia a gravidez indesejada, que muitas vezes leva à necessidade de se fazer um aborto. Em linhas gerais, para escapar de vulnerabilidades como aquelas que emergem de contrapontos antiessencialistas e relacionados à agência parcial, o argumento de MacKinnon deve ser entendido de maneira bastante restrita, e devemos conferir uma *nuance* maior e uma ambição menor às suas críticas.

É possível que MacKinnon leia nossas conclusões e se sinta ultrajada. É possível que discorde de tudo e diga que sua intenção no texto era, justamente, mostrar como o seu argumento sobre aborto está intrinsecamente relacionado ao seu pensamento maior, que a gravidez indesejada é sempre fruto de desigualdade e que a abordagem liberal é nociva para todas as mulheres sempre e em todos os contextos. Entretanto, nossa interpretação independe da opinião de MacKinnon sobre seu próprio texto. Entendemos que uma versão mais restrita – blindada de críticas antiessencialistas e de agência parcial – não só é possível, como também mantém as maiores contribuições trazidas pela autora para o debate sobre o aborto.

Primeiro, faz emergir a ideia de que *algumas* desigualdades permeiam o aborto, o que torna a abordagem liberal problemática por obscurecer assimetrias de poder existentes. Segundo, problematiza a divisão ideológica entre público e privado, que pode ser nociva, principalmente no caso específico do aborto – *mesmo que ela não seja necessariamente nociva em todos os casos.* Talvez a maior contribuição, entretanto, seja a contextualização do aborto como parte da sexualidade, o que tem o potencial de problematizar a pretensão de universalidade da experiência do aborto como algo atinente somente à liberdade individual e à privacidade da abordagem liberal. A crítica de MacKinnon a *Roe* é melhor lida, a nosso ver, não como a apreciação de inúmeros lados sobre uma controvérsia, mas como a criação de um novo lado que ajude a redefinir a controvérsia em si.[185] Isso não significa que não existam contradições e fissuras a serem exploradas. O valor desse tipo de trabalho está em seus aspectos instrumentais, mas também, e talvez principalmente, em seu potencial dialético e criativo.[186] Nossa leitura pode minar contribuições que o texto possa ter para o trabalho mais amplo da autora, mas, como já foi dito, nosso objetivo é buscar contribuir para o debate sobre o aborto.

[185] OLSEN, Frances. Feminist Theory in Grand Style. *Columbia Law Review*, [*s. l.*], v. 89, n. 5, p. 1177, jun. 1989.

[186] OLSEN, Frances. Feminist Theory in Grand Style. *Columbia Law Review*, [*s. l.*], v. 89, n. 5, p. 1172, jun. 1989.

Capítulo 5
Interpretação à Melhor Luz de "Reflections On Sex Equality Under Law"

5.1. O argumento

> "More than a body part but less than a person, where it is, is largely what it is. From the standpoint of the pregnant woman, it is both me and not me."[187]

O argumento apresentado no capítulo anterior era uma crítica ao tratamento jurídico de *Roe v. Wade*. Este, por outro lado, trata-se de um argumento propositivo, no qual MacKinnon defende que a criminalização do aborto viola a igualdade. Como exposto anteriormente, a visão radical do direito significa olhar para como conceitos, valores e problemas jurídicos são definidos em termos masculinos, sem a consideração da perspectiva da mulher. O último argumento identificou como problema a visão de aborto como questão biológica e individual, que informa o seu tratamento jurídico baseado na privacidade. Essa visão é contraposta à ideia de que o aborto faz parte da reprodução e da sexualidade e que não pode ser visto de forma descontextualizada, sob o risco de se tornar

[187] Catharine Mackinnon (Reflections on Sex Equality under Law. *The Yale Law Journal*, [*s. l.*], v. 100, n. 5, p. 1316, 1991) citando Adrianne Rich (*Of Woman Born*: Motherhood as Experience and Institution. Nova York: Norton, 1976).

mais um mecanismo de subordinação. Por mecanismo de subordinação entende-se que, entendido como questão de privacidade, o aborto apenas se adequa à sexualidade desigual. Não há um desafio à lógica do acesso irrestrito ao corpo feminino, mas, tão somente, uma potencialização desta.

Esse argumento faz o mesmo exercício, mas olha para como a relação da mulher com o feto é conceptualizada na criminalização do aborto. MacKinnon propõe que a criminalização é fruto de uma visão (masculina) que vê a mulher e o feto como seres distintos com interesses distintos, o que leva à aproximação do aborto a situações como homicídio. Uma perspectiva contextualizada da relação entre mulher e feto, ou "a partir do ponto de vista feminino", mostra que essa relação é única e não se aproxima de qualquer outra, devendo ter tratamento jurídico próprio. Esse tratamento, por sua vez, deve levar em consideração a situação de desigualdade na qual mulheres engravidam, decidem ter ou não filhos e as consequências de ter filhos nesse ambiente.

MacKinnon defende que a reprodução sempre foi um *locus* particularmente importante de dominação feminina. Historicamente, mulheres sofreram as mais graves consequências em sua experiência reprodutiva, em todas as suas etapas. Por exemplo, a autora afirma que mulheres foram excluídas da vida pública e do mercado de trabalho, foram confinadas, sofreram violência e paternalismo.[188] De forma a construir um argumento pró-descriminalização do aborto na chave da igualdade, MacKinnon entende que a gravidez deve ser situada no contexto sociojurídico da desigualdade, refletindo-se, em primeiro lugar, sobre o que é a gravidez indesejada na vida de uma mulher, em um ambiente de desigualdade de gênero. Essa reflexão nunca perpassou o tratamento jurídico da questão do aborto, uma vez que percepções femininas foram sistematicamente excluídas da construção de valores e significados na sociedade.

O argumento propositivo de MacKinnon se divide em três partes. Na primeira parte, a autora afirma que a criminalização do aborto se propõe neutra, mas, ao contrário, é fruto de uma visão (masculina) sobre gravidez alheia à realidade das mulheres e do interesse (masculino) de se criminalizar o aborto. Na segunda parte, MacKinnon propõe que uma redefinição da relação entre mulher e feto gera a necessidade de um novo

[188] MACKINNON, Catharine. Reflections on Sex Equality under Law. *The Yale Law Journal*, [*s. l.*], v. 100, n. 5, p. 1309, 1991.

tratamento jurídico, tratamento esse que deve considerar o significado de uma gravidez na vida das mulheres. A conceptualização que MacKinnon propõe leva à conclusão de que o *status* jurídico do feto deve ser atribuído sempre levando em consideração a situação da mulher, e, em um mundo de desigualdades, a linha deve ser traçada no nascimento. Por fim, MacKinnon passa à tradução de sua análise radical do Direito em um argumento jurídico de que a criminalização viola a igualdade de gênero.

5.2. A visão masculina do Direito e as suas consequências para a criminalização do aborto

MacKinnon parte da ideia de que as experiências e os interesses das mulheres foram excluídos da produção de normas e significados na sociedade, incluindo a formulação jurídica do aborto. Mais especificamente, parte da ideia de que a visão de gravidez que subjaz a criminalização do aborto advém de um observador externo à gravidez, ou, em outras palavras, homens. Segundo a autora, homens não engravidam e, em razão disso, não havendo nenhuma experiência análoga à gravidez em suas vidas, sempre procuraram aproximá-la de outras relações. Entre elas, relações como as que se estabelecem entre empregado e empregador, homem abduzido e violinista célebre, cupins em um edifício, tumor em um corpo, uma parte do corpo como outra qualquer ou então uma pessoa e seu filho nascido. A visão da relação entre mulher e feto que se encontra na base da criminalização é a de que mulher e feto são seres diferentes, com interesses diferentes, o que aproxima o aborto de um homicídio. Essa visão, entretanto, não corresponde à realidade experienciada por mulheres. Ou seja, não corresponde ao "ponto de vista das mulheres".

MacKinnon argumenta que, como a relação entre a mulher e o feto não encontra correspondentes, ela precisa ser traduzida juridicamente de forma específica, para aderir à realidade de que um feto é um feto e isso significa algo diferente.[189] Reconceptualizar a gravidez a partir da relação única, entretanto, não é só essencial para que a realidade seja corretamente refletida, afinal, a realidade não tem implicações necessárias para o Direito. A reconceptualização jurídica da gravidez tem também, e principalmente,

[189] MACKINNON, Catharine. Reflections on Sex Equality under Law. *The Yale Law Journal*, [*s. l.*], v. 100, n. 5, p. 1314, 1991.

uma importância normativa: ela deve ocorrer para que se alcancem a igualdade e a emancipação.[190]

5.3. A conceptualização da gravidez a partir do "ponto de vista das mulheres" e o *status* jurídico do feto

O primeiro passo da reconceptualização do tratamento jurídico a ser conferido ao aborto deve ser posicioná-lo na experiência de mulheres. Olhando a gravidez de forma contextualizada, MacKinnon argumenta que esta é permeada por desigualdades em todas as suas etapas. Mulheres têm o controle sobre o acesso ao seu corpo sistematicamente negado, seja pela violência, seja pela socialização, seja pela falta de informação. A gravidez, em muitos casos, ocorre pela impossibilidade de acesso a contraceptivos ou pelo seu não uso deliberado. Após a gravidez, mulheres tendem a ser, segundo a autora, as cuidadoras primárias dos filhos (seus e de outras pessoas), muitas vezes sem apoio financeiro e emocional e, em muitos casos, tendo suas aspirações limitadas pela maternidade. No contexto de desigualdade, MacKinnon afirma que mulheres não conseguem ter filhos que querem, são obrigadas a ter filhos que não querem ter ou dos quais não podem cuidar. Em todas as etapas da procriação, mulheres são desvalorizadas socialmente.[191]

Para MacKinnon, a reprodução não é um fenômeno neutro, mas sim "genderizado", e, em razão disso, a relação que se dá entre mulher e feto deve ser reconsiderada. Ou seja, a autora defende que conceptualizações alheias à realidade de mulheres, construídas por analogias a outras situações completamente diferentes, devem ser deixadas de lado.[192] O que o feto é, juridicamente falando, sempre dependeu do *status* conferido a ele por homens, mas, para MacKinnon, o feto é um ser único, que não se assemelha nem a um adulto, nem a uma parte do corpo, nem a um violinista abduzido. Fetos são criados por relações sociais muitas vezes assimétricas, desenvolvem-se durante a gravidez – que tem seu

[190] MACKINNON, Catharine. Reflections on Sex Equality under Law. *The Yale Law Journal*, [*s. l.*], v. 100, n. 5, p. 1313, 1991.

[191] MACKINNON, Catharine. Reflections on Sex Equality under Law. *The Yale Law Journal*, [*s. l.*], v. 100, n. 5, p. 1312, 1991.

[192] MACKINNON, Catharine. Reflections on Sex Equality under Law. *The Yale Law Journal*, [*s. l.*], v. 100, n. 5, p. 1313, 1991.Tradução livre para *gendered*.

significado e seu valor socialmente construídos (por exemplo, mulheres grávidas podem ser colocadas em um pedestal, ou então atrair violência, ou então os dois ao mesmo tempo) – e depois nascem em um mundo de desigualdade entre os gêneros. Em todas as etapas, o feto não existe na mulher, o feto existe por conta da mulher, que, igualmente, tem sua vida determinada por desigualdades.

O *status* de pessoa não é um fato biológico que existe no mundo e, em seguida, é traduzido em Direito. Ao contrário, nasce com o Direito. Tendo em vista ser um fato socialmente construído, MacKinnon argumenta que o *status* do feto deve ser determinado levando em consideração sua relação com a mulher e o contexto no qual esta se dá. Nas palavras da autora, "mais do que uma parte do corpo e menos do que uma pessoa, onde o feto está é, em grande parte, o que ele é".[193] Isso não quer dizer que a mulher grávida seja apenas um lugar, ela é uma pessoa em um mundo desigual. O feto existe em relação a essa pessoa, e essa pessoa deve poder escolher sobre a manutenção da vida. MacKinnon defende que, ao contrário do que faz crer a conceptualização que permeia a criminalização do aborto, a relação entre a mulher e o feto não é de oposição de interesses, mas sim de conjunção. O aborto não é um homicídio, mas sim uma ação responsável que leva em consideração não interesses individuais, mas a unidade e seu contexto.

5.4. Consequências jurídicas

Para além do fato de MacKinnon entender que o *status* do feto deve ser determinado levando em consideração a situação da mulher, ela afirma que leis que criminalizam o aborto são inconstitucionais, uma vez que criminalizam um procedimento que só mulheres precisam, por serem mulheres. Esse não é um argumento biológico, de que mulheres biologicamente engravidam e, portanto, devem poder abortar, para que sejam tratadas da mesma forma que homens. Não é, tampouco, o argumento de que homens não engravidam, então mulheres devem poder abortar. Ao contrário, é um argumento que leva em consideração o fato de que o aborto só é necessário por causa da existência de desigualdade. É um argumento de que, mesmo que homens engravidassem, eles não precisariam abortar,

193 MACKINNON, Catharine. Reflections on Sex Equality under Law. *The Yale Law Journal*, [*s. l.*], v. 100, n. 5, p. 1316, 1991. Tradução livre de "More than a body part but less than a person, where it is, is largely what it is".

pois sua reprodução não seria marcada pela desigualdade. Esse também não é um argumento de igualdade de cidadania, ou seja, o de que mulheres devem poder abortar para participar igualmente da sociedade. É um argumento que questiona a própria existência da necessidade de abortar, o que, no limite, questiona as assimetrias de poder que existem na sociedade e seu impacto em todos os âmbitos das vidas das mulheres.

5.5. O argumento no contexto mais amplo da obra

No argumento de MacKinnon sobre aborto, a maior parte das radicalidades de sua obra está presente. Em primeiro lugar, a autora faz o esforço de posicionar o aborto no contexto feminino, tentando repensar o seu tratamento jurídico a partir do "ponto de vista das mulheres". O caráter subordinatório da sexualidade (ou seja, como esta é moldada e seu papel na subordinação) não aparece; entretanto, o argumento é parte de sua Teoria do Estado, na medida em que assume uma estrutura de poder masculina que, entre outras coisas, molda o Direito. Em sua explanação, MacKinnon aplica sua análise radical para investigar como categorias que se propõem neutras, como o "aborto", a relação entre a mulher e o feto que subjazem a norma e o *status* do feto, na realidade, refletem e perpetuam a dominação masculina. Por fim, a autora constrói seu argumento com base em sua concepção de igualdade substantiva, que desafia hierarquias sociais e não a desigualdade de tratamento e a desigualdade na participação na sociedade. O seu raciocínio, ao fim e ao cabo, expressa sua busca por mudanças estruturais, na medida em que MacKinnon não busca facilitar a inclusão de mulheres no mundo dos homens, mas sim escancarar como este mundo é subordinatório.

5.6. Interpretação à melhor luz

5.6.1. As fontes da construção de conhecimento de baixo para cima

A autora começa sua reflexão, novamente, tentando posicionar o controle reprodutivo na vida de mulheres. Nesse contexto, apresenta os seguintes fatos para defender que a reprodução feminina é moldada, em todas as suas etapas, por desigualdade:

- *Muitas das desvantagens que acometem mulheres advêm da sua capacidade de engravidar.*
- *Mulheres são demitidas de seus trabalhos.*

- *Mulheres são excluídas da vida pública.*
- *Mulheres apanham.*
- *Mulheres são tratadas de maneira paternalista.*
- *Mulheres são confinadas.*
- *Mulheres são pornografadas por engravidarem.*
- *Mulheres são submetidas a desigualdades em todas as etapas da procriação, o que inclui a fertilidade ou infertilidade, a concepção e a contracepção, a gravidez e o fim da gravidez, seja por aborto espontâneo, aborto voluntário, nascimento e criação dos filhos.*
- *Mulheres foram confinadas a papéis socialmente atribuídos, como a maternidade compulsória.*
- *Mulheres tiveram sua capacidade de ganhar dinheiro limitada.*
- *Mulheres não recebem assistência da sociedade.*
- *A licença-maternidade foi por muito tempo proibida.*
- *Quando a gravidez fica aparente, mulheres são tratadas como "obscenidades ambulantes".*
- *A violência doméstica pode aumentar com a gravidez.*[194]
- *A pornografia torna a gravidez um fetiche, gerando violência.*[195]
- *Mesmo que não tenham filhos, mulheres têm suas oportunidades limitadas em razão de papéis socialmente atribuídos, que atrelam sua vida à maternidade.*
- *Mulheres sistematicamente não controlam as condições nas quais engravidam.*
- *Mulheres sofrem abuso sexual.*
- *Mulheres têm dificuldades em controlar o acesso a seus corpos em razão de sua socialização.*
- *Leis contra abuso sexual não oferecem proteção.*
- *Contracepção é inadequada ou insegura, ou sádica, ou estigmatizada.*
- *A educação sexual é errada ou não disponível e até reforça a pressão para a maternidade compulsória.*

[194] HELTON, Anne; MCFARLANE, Judith; ANDERSON, Elizabeth. Battered and Pregnant: A Prevalence Study. *American Journal of Public Health*, [*s. l.*], v. 77, n. 10, p. 1337-1339, out. 1987; GELLES, Richard. *Family Violence*. [*S. l.*]: SAGE Publications, 1987; GELLES, Richard. *The Violent Home*. [*S. l.*]: SAGE Publications,1972; HILBERMAN, Elaine; MUNSON, Kit. Sixty Battered Woman. *Victimology*: An International Journal, [*s. l.*], v. 2, n. 3-4, p. 460-470, 1977-1978; GAYFORD, Jasper. Wife Battering: A Preliminary Survey of 100 Cases. *British Medical Journal*, [*s. l.*], p. 194-197, jan. 1975.

[195] Mackinnon cita Andrea Dworkin (*Men Possessing Women*. Londres: The Women's Press, 1981).

- *A pobreza e a dependência econômica minam a integridade física e a autodeterminação sexual.*
- *Mulheres são cuidadoras primárias, de filhos seus ou de outras pessoas.*
- *A estrutura social faz com que mulheres se dediquem exclusivamente aos filhos, o que reforça o papel socialmente atribuído.*
- *Homens não são igualmente prejudicados.*
- *Homens não são forçados a engravidar mulheres.*
- *Não é socialmente esperado que homens deixem tudo de lado para cuidar de filhos.*
- *Mulheres são impedidas de terem filhos que querem e forçadas a terem filhos que não querem.*

A lista segue por um bom tempo, mas, para a discussão que propomos aqui, já basta. O fato de MacKinnon se referir ao mundo dos fatos é inegável. No entanto, há algo que causa um grande estranhamento: a falta de citações. Conforme exposto na análise precedente, a falta de citações a dados ou a dados confiáveis é às vezes criticada, e suas conclusões são colocadas em xeque pela falta de "credibilidade" atribuída à forma como a autora recorre à realidade.

Se nos pautarmos pelo que a academia tradicional geralmente espera, o trabalho de MacKinnon realmente perde muito pela ausência de citações. Entretanto, devemos nos perguntar: dentro do que MacKinnon pretende fazer, quais as consequências da ausência de citações? Isso tem implicações para a aderência do seu trabalho à realidade, tal qual preconizada pelo método?

A primeira questão envolve discussões sobre o que é um trabalho acadêmico e o que se espera de um trabalho acadêmico. Os fatos nos parecem tão óbvios que citações pareceriam quase idiossincráticas. Entretanto, citações são importantes para que haja um controle e para aumentar a credibilidade do trabalho. Um autor conservador, por exemplo, poderia elaborar um trabalho na direção contrária, fazendo uma lista igualmente longa com fatos sobre como a reprodução não prejudica mulheres ou sobre como homens sofrem de forma exatamente igual. Em um embate entre MacKinnon e esse autor hipotético, a autora teria o ônus de comprovar a credibilidade de seus dados. Se ela tivesse citado dados e estatísticas, não precisaria defender o seu trabalho nesse tipo de discussão. Isso nos leva à conclusão de que temos a certeza de que

MacKinnon foi descuidada e, por esse descuido, pode ter o seu trabalho questionado.

A segunda pergunta é mais complexa. O trabalho de MacKinnon é ou não é aderente à realidade para fins de construção de conhecimento feminista, tendo em vista a falta de citações? Parece-nos que ele é. Por mais que o trabalho esteja sujeito a críticas quanto à veracidade e à credibilidade dos fatos que cita, ele de fato recorre ao mundo para, a partir daí, extrair suas conclusões sobre quais os problemas de desigualdade que permeiam a questão do aborto.

Essa segunda questão faz surgir uma reflexão que vai além do escopo desta obra, mas que vale ser mencionada. Em um trabalho acadêmico, a existência de citações determina se ele se reporta ou não à realidade? Nesta seção, não seria necessário expor a longa lista dos fatos apresentados por MacKinnon, mas escolhemos fazê-lo, a fim de propor para a leitora a mesma reflexão que surgiu para nós em nossa leitura. Em que medida as citações tornariam os fatos mais ou menos reais? Existe a questão da credibilidade acadêmica, mas e se as citações sobre esses fatos não estivessem disponíveis (aliás, não sabemos se MacKinnon dispunha de dados para confirmar as suas assertivas)?

Essa é uma reflexão particularmente importante para trabalhos feministas, que, por partirem da realidade de mulheres, não necessariamente contam com dados e estatísticas nem, muitas vezes, com a possibilidade de revelar as suas fontes. MacKinnon poderia ter perguntado para uma mulher que fez um aborto o que contou na sua decisão. Poderia ter baseado tudo o que disse nas experiências dessa mulher – em um esforço louvável em termos de metodologia feminista –, mas, pela impossibilidade de citá-la, as afirmações pareceriam frágeis a partir do que a academia espera. Em vista disso, a necessidade de citações, nesse sentido, não seria, pelo menos em alguma medida, uma barreira à construção de conhecimento feminista?

5.6.2. O caráter "masculino" do Direito e o "ponto de vista das mulheres"

Uma segunda crítica tecida ao trabalho de MacKinnon, fruto de perspectivas interseccionais, é à ideia da existência de um sistema único de opressão. Como apontado anteriormente, o trabalho de MacKinnon é muitas vezes desacreditado por ser essencialista, ou seja, por trabalhar com a noção de que uma experiência feminina unitária e essencial pode ser isolada e descrita de forma independente de componentes raciais, classe, sexualidade e outras realidades.[196]

É necessário fazer uma breve retomada do argumento filosófico-político mais amplo de MacKinnon e de como ele se relaciona às suas visões sobre o Direito. Para a autora, a desigualdade entre homens e mulheres não é uma questão de diferença. Ao contrário, trata-se de uma questão de hierarquia de poder, que constitui um verdadeiro sistema de dominação, no qual homens dominam e mulheres são dominadas. Esse sistema é quase perfeito[197] e opera por meio de princípios e *standards* abstratos, que, apesar de parecerem neutros ao gênero, são moldados pelo poder e o legitimam e racionalizam.[198] Isso ocorre em todas as esferas sociais, entre elas, no Direito. Para MacKinnon, apesar de o Direito parecer neutro, ele é, na verdade, moldado por experiências masculinas. Ou seja, a forma como homens experienciam o mundo perpassa a constituição de categorias e conceitos do Direito.

No texto de 1984, MacKinnon argumenta que a ideia de que o aborto é uma questão de liberdade individual e privacidade vem da experiência masculina de sexualidade. Homens vivem a sexualidade de forma livre e, em razão disso, enxergam a gravidez indesejada como um acidente. Esse acidente advém de um descuido, ou seja, um problema individual, e, portanto, o direito de abortar é um problema atinente à privacidade. MacKinnon argumenta que essa visão é incompatível com a realidade de mulheres e com a realidade da sexualidade. No pensamento da autora, a sexualidade é um ambiente constituído e que constitui a desigualdade. Nesse contexto, a gravidez indesejada não é apenas um fenômeno biológico, mas sim fruto de uma relação humana e assimétrica. Como consequência, a gravidez indesejada e o aborto não são problemas atinentes à privacidade, mas sim à igualdade.

No texto de 1991, no qual MacKinnon desenvolve o seu argumento propositivo na chave da igualdade, o conceito jurídico de aborto que

196 HARRIS, Angela. Race and Essentialism in Feminist Legal Theory. *Stanford Law Review*, [*s. l.*], v. 42, n. 3, p. 585, fev. 1990.

197 HALLEY, Janet. *Split Decisions*: How and Why to Take a Break from Feminism. Princeton, N. J.: Princeton University Press, 2006, p. 42; MACKINNON, Catharine. *Feminism Unmodified*. Cambridge (Mass.): Harvard University Press, 1987, p. 49.

198 BARTLETT, Katharine. MacKinnon's Feminism: Power on Whose Terms? *California Law Review*, [*s. l.*], v. 75, p. 1560, 1987.

compõe a proibição é visto como fruto da visão masculina do Direito. Homens não engravidam e não são subordinados e, portanto, não sabem o que uma gravidez em um ambiente de dominação significa na vida de uma mulher. A visão masculina é a de que a relação entre a mulher e o feto é uma relação entre dois seres separados e que, no caso de gravidezes indesejadas, causa interesses conflitantes. A autora posiciona a gravidez no contexto de desigualdade e afirma que, olhada dessa forma, a relação entre a mulher e o feto não é uma relação de oposição de interesses, mas sim de conjunção de interesses, na medida em que é moldada pela condição de desigualdade. Em resumo, no trabalho de MacKinnon, mulheres são dominadas e homens dominam, por meio de um sistema de dominação que opera, inclusive, pelo Direito, que se propõe neutro, mas não é.

O argumento proposto por MacKinnon, de que a descriminalização do aborto viola a igualdade, baseia-se em três assertivas principais:

1. O Direito, suas categorias e seus conceitos se propõem neutros, mas, na realidade, são moldados pelas experiências e pelos desejos daqueles que detêm o poder – no caso específico do pensamento da autora, homens brancos. O conceito de aborto é um exemplo, na medida em que a concepção de gravidez que permeia a norma proibitiva foi construída a partir do ponto de vista dos homens, como uma relação descontextualizada entre dois seres autônomos.
2. A gravidez deve ser reconceptualizada a partir do ponto de vista das mulheres, de sua experiência de que a relação entre a mulher e o feto é influenciada por desigualdades que perpassam toda a reprodução.
3. Se formos reconstruir a gravidez a partir do ponto de vista das mulheres, veremos que a criminalização do aborto viola a igualdade entre os gêneros, por perpetuar a subordinação delas.

Conforme exposto, a ideia de sistemas de opressão interligados coloca em xeque a ideia de um poder monolítico (masculino) a moldar o Direito; entretanto, ela não necessariamente mina o argumento de MacKinnon de que a visão de gravidez que permeia o aborto é alheia à forma como mulheres a experienciam na realidade. Não é necessário aderir à ideia de que o Direito é apenas masculino para ver como o "ponto de vista" da mulher sobre como se dá uma gravidez indesejada, sobre como escolhas são tomadas no âmbito reprodutivo e sobre sua relação com o feto é incompatível com a ideia de que o aborto é um atentado contra a vida, similar a um homicídio doloso.

O ponto que MacKinnon faz ao falar que o conceito de aborto é masculino não é – ou, à melhor luz, não deve ser lido como – dizer que homens entendem o aborto de uma maneira particular e é isso que prevalece na norma. O seu ponto mais interessante é que experiências foram excluídas da formulação da norma, o que, se assim entendido, abre portas para uma visão mais complexa sobre as forças de poder que a moldam. No limite, não importa necessariamente se a abstração é fruto de uma visão masculina – importa o fato de ser uma abstração, que se propõe neutra, mas que é, na realidade, excludente e subordinatória. Ou, pelo menos, essa é uma visão que poderia ser coerentemente adotada em uma reconstrução do argumento.

Isso nos leva ao segundo ponto. Após criticar a formulação abstrata da norma, MacKinnon propõe que a concepção de gravidez deve ser reformulada a partir do ponto de vista das mulheres. A ideia de "ponto de vista das mulheres", a princípio, acende muitas luzes vermelhas. Isso porque feministas antiessencialistas diriam que não existe um ponto de vista único e universal feminino.

O argumento de MacKinnon pode ser lido de duas maneiras. Em primeiro lugar, ele pode ser lido como imposição de uma visão subjetiva única a todas as mulheres sobre a gravidez, essencializando o significado da gravidez e da relação da mulher com o feto. Existem inúmeras autoras femininas – geralmente unificadas sob o guarda-chuva do feminismo cultural – que de fato trabalham com concepções subjetivas sobre o significado da gravidez para todas as mulheres.[199] Essa não é a melhor leitura do argumento, não só por ser muito problemática, mas também, e principalmente, por ser incompatível com o pensamento de MacKinnon como um todo. MacKinnon é estruturalista. Ela tem interesse em olhar para como um sistema opera na opressão feminina.[200]

[199] WEST, Robin. Jurisprudence and Gender. *University of Chicago Law Review*, [*s. l.*], v. 55, n. 1, p. 645, 1988.

[200] OLSEN, Frances. Feminist Theory in Grand Style. *Columbia Law Review*, [*s. l.*], v. 89, n. 5, p. 1167, jun. 1989.

A segunda leitura possível é de que o "ponto de vista das mulheres" significa, tão somente, olhar para mulheres em contexto. A preocupação de MacKinnon, a partir dessa leitura, não é olhar para o sentimento sobre a gravidez, mas para como a desigualdade molda a reprodução e as escolhas nela envolvidas, ou seja, olhar para a realidade de *status*.[201] Essa leitura é compatível com a proposta teórica de MacKinnon e é a melhor interpretação do argumento.

Feministas antiessencialistas diriam que, mesmo que essa seja a leitura, não existe um ponto de vista único. Mas isso importa para o argumento? A nosso ver, não – na medida em que MacKinnon não quer dizer que existe um único e último ponto de vista feminino sobre o aborto (aqui entendido como um contexto único no qual o problema do aborto está inserido), mas sim que, a partir da visão concreta que propõe, ela identifica problemas concretos que compõem o que ela chama de ponto de vista feminino. MacKinnon olha para o mundo e argumenta que existem inúmeras situações que se conectam no processo reprodutivo e que impactam na forma como a gravidez indesejada ocorre e suas implicações.

Em outras palavras, MacKinnon aplica seu método olhando para o concreto e identificando problemas jurídicos a partir dele. Dizer que o aborto é um problema de desigualdade não significa dizer que ele é sempre um problema de desigualdade. Contudo, ao ser um problema de desigualdade pelo menos em alguma medida, ele merecer ser tratado assim juridicamente. É importante ressaltar que MacKinnon não tem a pretensão de dizer que o argumento que propõe é o melhor para tratar da questão. Ela afirma que, a partir de uma realidade, há um problema e que este problema – de igualdade – pode ser resolvido pelo Direito, se este levar a igualdade a sério.

A estrutura e o propósito normativo do seu trabalho de 1991 são diferentes do que sugere no texto de 1984. Ali, a autora se propunha a avaliar a qualidade do argumento baseado na privacidade a partir de experiências femininas sobre o ambiente privado. Ao excluir visões distintas sobre o ambiente privado, o argumento de MacKinnon tinha o potencial de perder força. Aqui, se MacKinnon exclui a experiência de mulheres que não vivenciam a gravidez em um contexto de desigualdade, não há

201 MACKINNON, Catharine. Intersectionality as Method: A Note. *Signs*, [*s. l.*], v. 38, n. 4, p. 1028, 2013.

problema, tendo em vista que há algumas mulheres que experienciam a gravidez em tal contexto, e isso, por si só, dá bases para a construção do argumento jurídico.

Da mesma forma que observar algumas mulheres e chegar à conclusão de que a criminalização do aborto em nada afeta a sua igualdade (situação hipotética: a relação sexual foi livre e desimpedida, a gravidez resultou de um acidente real – digamos que o preservativo estourou. Se a mulher em questão decidisse ter o filho, teria total apoio do companheiro igualmente responsável pela gravidez, de sua família, do Estado. Ter o filho não implicaria nenhuma consequência negativa para a sua vida. O marido seria igualmente responsável pelo filho, e, inclusive, a mulher poderia contratar uma babá), mas afeta a sua liberdade, daria bases para a construção de um argumento pró-descriminalização do aborto com base na liberdade.

5.6.3. As mulheres do "ponto de vista das mulheres"

Conforme exposto anteriormente, o trabalho de MacKinnon foi muito criticado por excluir experiências femininas, o que, no limite, minou muitas de suas conclusões. Minar significa aqui limitar o potencial emancipatório, na medida em que algumas mulheres se beneficiam de certas formulações e outras não.

MacKinnon propõe que a relação entre a mulher e o feto seja reconceptualizada a partir do ponto de vista da mulher, o que, conforme argumentamos, deve ser lido como "a partir da situação na qual a mulher grávida se encontra". Mas quem são as mulheres cuja posição importa para a construção do argumento de MacKinnon? Essa pergunta é importante para autoras aderentes à teoria da interseccionalidade, na medida em que pode ampliar ou limitar o potencial emancipatório do argumento.

Nesse trabalho de MacKinnon, especificamente, é impossível saber de forma exata quem é a mulher que ela fala. Entretanto, as experiências às quais ela se refere para mostrar como a questão do aborto é uma questão de igualdade são, a nosso ver, intrinsecamente interseccionais, o que indica um olhar do concreto para o abstrato que reflete experiências inerentemente heterogêneas.[202] Ao tratar da questão do aborto, MacKinnon

[202] CARBADO, Devon; HARRIS, Cheryl. Intersectionality at 30: Mapping the Margins of Anti-Essentialism, Intersectionality and Dominance Theory. *Harvard Law Review*, [*s. l.*], v. 132, p. 2238, 2019.

fala de uma série de circunstâncias que, apesar de afetarem mulheres, são fruto de inúmeros fatores sociais. A autora traz à baila questões que acometem mulheres através de todos os marcadores sociais, como a violência sexual e a violência doméstica, mas traz também questões como a falta de escolaridade, a falta de informação, a dependência econômica, a esterilização forçada, o não acesso a meios contraceptivos, a falta de acesso à saúde pré-natal, a impossibilidade financeira e emocional de se ter um filho e as consequências subordinatórias de se ter uma criança sem apoio financeiro e emocional, sem nenhum tipo de assistência do Estado. Como se vê, as experiências citadas por MacKinnon não acometem aquelas mulheres que têm suas experiências moldadas por situações de privilégio e não de privações.

Essa forma de posicionar o aborto reflete o que militantes feministas negras há muito afirmam: só faz sentido falar de aborto se este estiver inserido na problemática maior da reprodução e de como esta é influenciada por estruturas interligadas de opressão. Esse argumento é amplamente desenvolvido por Loretta Ross em sua articulação do conceito de Justiça Reprodutiva,[203] construído por ativistas para escancarar as experiências reprodutivas de mulheres de cor e para teorizá-las. Segundo a autora, o isolamento do aborto de outras questões não permite enxergar o que influencia as escolhas reprodutivas das mulheres, que podem basear sua decisão nos serviços de saúde, moradia, violência, idade, finanças disponíveis, parceiro, educação, *status* de imigração ou outras considerações. Combinações de questões sociais e econômicas são importantes.[204]

[203] ROSS, Loretta. Conceptualizing Reproductive Justice Theory: A Manifesto for Activism. *In*: ROSS, Loretta *et al.* (ed.). *Radical Reproductive Justice*: Foundation, Theory, Practice, Critique. Nova York: The Feminist Press at CUNY, 2017, p. 234. A Justiça Reprodutiva, como maneira de se analisar e de se propor medidas efetivas que consigam afetar todas as mulheres, nasceu em oposição tanto ao conservadorismo quanto ao feminismo liberal, materializada na disputa "Pro-life v. Pro-choice". A negação do conservadorismo é óbvia, mas a oposição à conceptualização do aborto como questão de "escolha", que levou à descriminalização do aborto em termos de privacidade, deu-se pela visão de que ela traduziria apenas as experiências de mulheres privilegiadas. Em virtude do apagamento de suas experiências, mulheres negras precisavam de um enquadramento teórico novo, que conseguisse abarcar todas as estruturas interligadas de opressão que afetam e constituem a experiência reprodutiva de mulheres oprimidas por sistemas de opressão interseccionados.

[204] ROSS, Loretta. Conceptualizing Reproductive Justice Theory: A Manifesto for Activism. *In*: ROSS, Loretta *et al.* (ed.). *Radical Reproductive Justice*: Foundation, Theory, Practice, Critique.

Segundo ativistas que adotam a perspectiva da Justiça Reprodutiva, a reprodução se inicia muito antes da gravidez. Ela envolve o controle do acesso ao corpo, a existência de uma autonomia real para decidir engravidar ou não, a possibilidade real de se optar por um aborto seguro – seja materialmente, pela possibilidade de acesso e em termos de poder optar de maneira livre e informada – e também pela opção de ter filhos – sem ter essa escolha restrita por políticas de esterilização forçada ou por estereótipos sobre irresponsabilidade – e criá-los de maneira digna, com apoio estatal.[205]

Quando se fala sobre aborto no Brasil, a primeira questão interseccional que aparece no debate é o fato de que mulheres privilegiadas facilmente têm acesso ao procedimento de aborto seguro, enquanto mulheres negras, pobres, com baixa escolaridade têm de recorrer a clínicas clandestinas insalubres, onde correm risco constante de morte e de sequelas graves. No entanto, existem muitas outras situações que importam igualmente para o debate sobre aborto. Mulheres brancas, por exemplo, não são afetadas por políticas eugenistas, que se encontram por trás de práticas como a esterilização forçada. Também não são afetadas, por exemplo, pelo fato de o racismo influenciar sua escolha de ter filhos. Mulheres ricas, por exemplo, não sofrem com a falta de auxílio do Estado, já que podem pagar a educação e a saúde de seus filhos e podem pagar também para que outras mulheres tomem conta de seus filhos enquanto trabalham.

Isso não quer dizer que a criminalização do aborto não afete a vida de mulheres privilegiadas. Ideologias patriarcais têm um papel essencial na imposição histórica de papéis a mulheres privilegiadas relacionados à maternidade como fim natural das mulheres, que geram culpa, medo, julgamentos – externos e internos – e também mantêm a prática de

Nova York: The Feminist Press at CUNY, 2017, p. 237. Tradução livre de: "In abortion debates of privacy, women's rights, fetuses, and the law, the isolation of abortion from other social justice issues like violence against women fails to incorporate the intersecting issues that actually determine how a pregnant woman makes the decision to have a baby. She may base her decision on available healthcare, housing, violence, age, finances, her partner, education, immigration status, or other considerations. Combinations of social and economic issues matter".

[205] ROSS, Loretta. Conceptualizing Reproductive Justice Theory: A Manifesto for Activism. *In*: ROSS, Loretta *et al.* (ed.). *Radical Reproductive Justice*: Foundation, Theory, Practice, Critique. Nova York: The Feminist Press at CUNY, 2017, p. 234.

violência sexual e doméstica que, ao menos no Brasil, acomete todas as mulheres, ainda que de maneiras diferentes. Quer dizer, ao contrário, que, em algumas situações, o patriarcado interage com outros sistemas gerando experiências diferentes.[206] A interseccionalidade não é uma metodologia utilizada para separar mulheres e despolitizar o feminismo, mas sim para fortalecê-lo, tornando-o uma lente melhor para refletir sobre o mundo e uma base melhor para formulação de políticas.[207]

O fato de MacKinnon posicionar a reprodução como problema sistêmico a partir de uma visão contextualizada é valioso, ainda que não se reconheça expressamente a natureza interligada da opressão feminina. A autora não se refere a estruturas interligadas de opressão, mas as experiências concretas de onde ela retira suas conclusões são impregnadas por essas estruturas. Assim, a diversidade de experiências de mulheres passa a permear a conclusão que se retira, qual seja, a de que a criminalização do aborto é um problema de desigualdade. Da mesma forma que é possível que uma autora diga que vá fazer um trabalho interseccional expressamente e não o faça,[208] é possível que um trabalho feminista seja interseccional mesmo que não se diga – isso vai depender do método de construção de conhecimento de baixo para cima e de quais experiências são levadas em consideração.

Com algum cinismo, alguém poderia argumentar que a formulação de MacKinnon é excludente, na medida em que não considera mulheres que não têm sua experiência de maternidade impactada pela desigualdade. Para além do fato de que essa mulher talvez não exista na realidade, essa crítica não se aplica. Isso porque, ao abranger o mais, o argumento de MacKinnon acaba também abrangendo o menos. Lutar pela descriminalização do aborto em perspectiva interseccional não beneficia apenas mulheres

[206] D'ANGELO, Heloísa; GOMES, Joyce; SANTANA, Bianca. *Quatro Marias*: uma reportagem em quadrinhos sobre as realidades do aborto no Brasil. Trabalho de Conclusão de Curso. [*S. d.*]. Disponível em: https://quatromarias.com/quem-somos/. Acesso em: 6 fev. 2023.

[207] LORDE, Audre. Age, Race, Class and Sex: Woman Redefining Difference. *In*: LORDE, Audre. *Sister Outsider*: Essays and Speeches. Nova York: Crossing Press, 1984, p. 115. Tradução livre de: "[...] it is not those differences between us that are separating us. It is rather our refusal to recognize those differences and to examine the distortions that result from our misnaming them and their effects upon human behavior and expectation".

[208] HARRIS, Angela. Race and Essentialism in Feminist Legal Theory. *Stanford Law Review*, [*s. l.*], v. 42, n. 3, p. 592, fev. 1990.

não privilegiadas, mas considera todas. Nas palavras da ativista e autora feminista negra radical Mia MacKenzie, "[a] supremacia branca coloca mulheres no topo da ladeira de privilégios. Então, quaisquer direitos que mulheres de cor ganhem, mulheres brancas ganham cem vezes mais".[209] O contrário, entretanto, não é verdadeiro. Mulheres cujas experiências de opressão são constituídas pelo racismo e pela pobreza, por exemplo, não obrigatoriamente se beneficiam do aborto se este for concedido levando em conta apenas as necessidades de mulheres privilegiadas.[210]

A autora interpreta as situações concretas e a sua correlação – e, consequentemente, toda a problemática da criminalização do aborto – como um problema de desigualdade, por só afetar mulheres, por serem mulheres em um mundo de desigualdade entre os gêneros. Nessa visão, não há o reconhecimento expresso de que as etapas da reprodução não são moldadas apenas pelo patriarcado, mas sim por estruturas interligadas de opressão. *Mulheres são oprimidas por serem mulheres.* Ou seja, apesar de MacKinnon construir o seu argumento olhando para a situação concreta de mulheres, levando em consideração situações inerentemente

[209] MACKENZIE, Mia. "How Can White Women Include Women of Colour in Feminism?" Is a Bad Question. Here's Why. 2015. Disponível em: https://www.bgdblog.org/2015/09/how-can-white-women-include-women-of-color-in-feminism-is-a-bad-question-heres-why/. Acesso em: 6 set. 2023. MacKenzie explica: "Feminismos de mulheres de cor, sendo inerentemente mais complexos e, assim, mais úteis aos objetivos feministas, significam que, quando mulheres de cor lutam pelo patriarcado, em todas as formas que o fazemos, mulheres brancas também se beneficiam. A supremacia branca coloca mulheres no topo da ladeira de privilégios. Então, quaisquer direitos que mulheres de cor ganhem, mulheres brancas ganham cem vezes mais". Tradução livre de: "Women of color feminisms being inherently more complex, and therefore more useful to feminist goals, means that when women of color fight patriarchy, in all the ways that we do, white women also benefit. White supremacy puts white women higher up on the ladder of privilege".

[210] MACKENZIE, Mia. "How Can White Women Include Women of Colour in Feminism?" Is a Bad Question. Here's Why. 2015. Disponível em: https://www.bgdblog.org/2015/09/how-can-white-women-include-women-of-color-in-feminism-is-a-bad-question-heres-why/. Acesso em: 6 set. 2023. Nesse mesmo texto, a autora argumenta que a pergunta do título é ruim, porque apaga a participação incessante de mulheres negras na construção do movimento e sugere que o feminismo é o domínio de mulheres brancas e que estas têm o poder de escolher quem participa ou não. A autora coloca que a luta de mulheres negras existe desde sempre e que, por beneficiar, necessariamente, todas as mulheres, a pergunta certa seria: "quando as mulheres brancas se tornarão dignas dos benefícios que obtêm do trabalho das feministas de cor?".

interseccionais, o argumento é o de que há uma violação da igualdade de gênero.

A assertiva de que mulheres são oprimidas por serem mulheres pode, a nosso ver, ser interpretada de duas formas – que não dependem tanto do trabalho da autora, mas sim da ideia de "mulher" à qual a própria intérprete adere. Se considerarmos mulheres como uma categoria isolada, de fato o argumento de MacKinnon padece de essencialismo. Essa é uma interpretação recorrente, que decorre do trabalho mais amplo da autora sobre o patriarcado.[211] No entanto, é possível conferir um significado distinto ao termo, adotando uma visão não essencial da palavra "mulher", como constituído por uma estrutura de opressões interligadas.

Em realidade, abstraindo o trabalho mais amplo de MacKinnon e focando em seu texto de 1991 sobre aborto, é possível interpretar que, quando ela fala em gênero, sua visão já é multidimensional. Ou seja, quando fala que mulheres são oprimidas por serem mulheres, ela não quer dizer mulheres em sentido essencial. Isso se dá pois, para MacKinnon, a adoção da visão de igualdade – antissubordinatória – que ela propõe nega abstrações e olha para indivíduos de maneira contextualizada.[212] Essa investigação do sentido originário do texto, entretanto, não é necessária para o tipo de interpretação que adotamos aqui. Independentemente da intenção original do texto, o argumento pode ser reconstruído para atribuir um significado não fixo e complexo a "mulheres".

5.6.4. A criminalização do aborto como problema de igualdade de *gênero*

A descrição da realidade concreta de mulheres e a sua interpretação desembocam em um argumento jurídico baseado na igualdade de gênero. Porém, se o aborto for de fato visto como um problema de estruturas interligadas de opressão e não apenas de opressão patriarcal (tal qual propomos em nossa interpretação construtiva), não seria possível dizer que o argumento de igualdade, tal qual formulado por MacKinnon, omite

211 SMITH, Ben. Intersectional Discrimination and Substantive Equality: A Comparative and Theoretical Perspective. *The Equal Rights Review*, [s. l.], v. 16, p. 74, 2016.

212 MACKINNON, Catharine. Reflections on Sex Equality under Law. *The Yale Law Journal*, [s. l.], v. 100, n. 5, p. 1291, nota 46, 1991.

diferenças internas ao grupo?[213] Ou seja, assim como MacKinnon criticou a abordagem da privacidade, por esta omitir relações de poder, apresentar a criminalização do aborto como questão de igualdade entre os gêneros não estaria igualmente errado? Para analisar essa questão, é necessário olhar de forma mais detida para a visão de igualdade adotada por MacKinnon. Argumentamos que, mesmo que na visão da autora a criminalização do aborto seja apenas entendida como um problema de gênero – gênero entendido como uma visão abstrata e isolada –, a sua visão de igualdade permite uma (eventual) reconstrução interseccional e antiessencialista.

Existem inúmeras formas de se falar juridicamente sobre igualdade, e todas elas estão ligadas a determinações que formam a fonte de um dever.[214] O argumento de MacKinnon se baseia em uma visão de igualdade antissubordinatória. Para elaborar de maneira completa essa ideia, devemos apresentar as concepções de igualdade às quais esta se contrapõe, discutindo-as criticamente.

A primeira e talvez mais premente forma de se falar em igualdade é aquela que se baseia na máxima "iguais devem ser tratados de maneira igual e diferentes, de maneira diferente", que se apoia na visão de igualdade que privilegia a consistência de tratamento. Essa forma de se falar em igualdade é o que se considera a igualdade formal. Isso porque o tratamento igual não necessariamente leva em consideração diferenças que têm impactos relevantes para a igualdade. Por exemplo, é possível tratar dois cidadãos de maneira igual na taxação, por seu simples *status* de cidadãos, mas, se não considerarmos as condições financeiras materiais de cada um, estaremos, na verdade, gerando desigualdades.

Essa é a concepção que baseia o liberalismo e, consequentemente, o feminismo liberal, criticado por praticamente todas as outras correntes feministas. Isso porque o igual tratamento entre homens e mulheres, que não considera a diferença de poder que de fato existe entre estes, apenas perpetua a desigualdade. Isso é ilustrado na crítica à abordagem que considera o aborto uma questão de liberdades individuais e privacidade. Essa concepção não leva em conta todas as especificidades sociais que

213 SMITH, Ben. Intersectional Discrimination and Substantive Equality: A Comparative and Theoretical Perspective. *The Equal Rights Review*, [*s. l.*], v. 16, p. 74, 2016.

214 WESTEN, Peter. *Speaking of Equality*: An Analysis of the Rhetorical Force of "Equality" in Moral and Legal Discourse. Princeton: Princeton University Press, 1990, p. 60.

envolvem o aborto e que influenciam a escolha da mulher, mesmo quando o aborto é legalizado. Por exemplo, não reflete sobre a falta de informação ou de condições materiais de se concretizar o direito ao aborto.[215]

O primeiro problema identificado da igualdade formal é a definição do que configura igualdade e diferença, que baseará a consequência normativa. Ao longo da história, inúmeras diferenciações entre grupos foram levadas a cabo, a partir dos mais variados critérios. A mais óbvia de todas é a diferença que perdurou desde a Antiguidade até os tempos modernos, de que homens brancos livres detentores de propriedade eram titulares de benefícios, por serem considerados racionais, enquanto mulheres, negros e escravos, não. O critério da racionalidade era arbitrário e justificava diferenças que tinham impactos reais na forma de tratamento das pessoas.

O problema da abordagem, entretanto, é a falta de certeza sobre igualar ou diferenciar indivíduos, advindo da arbitrariedade dos critérios. Olhando para o caso do aborto, tanto a sua criminalização quanto a sua descriminalização podem ser alcançadas a partir da visão da consistência de tratamento.

Olhando a partir da situação material das mulheres, é possível dizer que a proibição do aborto viola sua liberdade. Como homens e mulheres são igualmente detentores de liberdades individuais, devem ser tratados de maneira igual no que se refere a escolhas reprodutivas. Como homens e mulheres são iguais, devem ser tratados de maneira igual. Já olhando a partir da Biologia, homens e mulheres apresentam diferenças relevantes. Notadamente, mulheres engravidam e homens, não. A partir disso, não é difícil ver como estes podem ser tratados diferentemente no que concerne ao aborto. Como mulheres engravidam, infelizmente devem ser tratadas de modo diferente em relação aos seus direitos, para que o feto seja protegido. Homens, por sua vez, não engravidam e, portanto, não precisam suportar esse ônus. Nesse caso, a diferença serve para justificar o tratamento jurídico distinto entre ambos. Por mais que resultados positivos possam ser alcançados, essa formulação de igualdade é perigosa, pois pode também levar a resultados negativos.

[215] As críticas tecidas a essa concepção são muito maduras e extrapolam os meios feministas (FREDMAN, Sandra. *Discrimination Law*. 2. ed. Oxford: Oxford University Press, 2011, p. 8).

O segundo problema identificado por autores é o fato de a visão de igualdade da consistência não oferecer nenhuma baliza para identificar o que é justo. Ou seja, pessoas podem ser tratadas de forma igualmente boa ou igualmente má. Isso se verifica, por exemplo, na situação absurda de os cidadãos serem tratados de forma igual perante a lei, mas a lei prever que todos os cidadãos devam ser submetidos a trabalhos forçados. Isso se verifica também em situações mais comuns, como a necessidade de que todos os cidadãos tenham o direito de receber de seus empregadores um salário mínimo, mas o salário mínimo ser incompatível com a dignidade. Outra manifestação do problema se dá, por exemplo, quando, de forma a tratar cidadão de maneira igual, o governo piora a situação de todos.[216] No caso do aborto, esse problema se manifesta de maneira cínica no argumento de que, para evitar questões de igualdade no caso do aborto, a lei criminaliza tanto homens quanto mulheres. Ou então o argumento clássico de, se mulheres querem igualdade, é necessário que homens e mulheres estejam sujeitos ao alistamento compulsório. Todos passam a ter desvantagens igualmente.[217]

O terceiro problema se traduz na necessidade de essa formulação de igualdade demandar, necessariamente, uma comparação entre pessoas. A comparação se dá em termos universais e tem como base a diferença ou a semelhança.[218] Ou seja, desconsiderando características que tenham influenciado injustamente a diferença que leva ao tratamento diferente, assume-se que o tratamento igual levará à igualdade. Não é à toa que os *standards* são sempre a classe dominante. Negros precisam ser tratados como brancos, mulheres como homens, minorias religiosas como religiões dominantes, pobres como ricos.[219]

Falando especificamente de gênero, a partir da concepção da consistência de tratamento, mulheres e homens devem ser considerados iguais e assim tratados, e, portanto, mulheres devem ter acesso àquilo a que homens têm e homens acesso àquilo que mulheres têm (quando é o caso).

[216] FREDMAN, Sandra. *Discrimination Law*. 2. ed. Oxford: Oxford University Press, 2011, p. 10.

[217] MACKINNON, Catharine. *Feminism Unmodified*. Cambridge (Mass.): Harvard University Press, 1987, p. 35.

[218] FREDMAN, Sandra. *Discrimination Law*. 2. ed. Oxford: Oxford University Press, 2011, p. 12.

[219] MACKINNON, Catharine. *Feminism Unmodified*. Cambridge (Mass.): Harvard University Press, 1987, p. 34.

No entanto, o *standard* masculino nunca tem a sua origem indagada. Diz-se apenas: somos iguais e devemos ser tratados igualmente, ou somos diferentes e temos que ser tratados diferentemente, mas nunca se questiona o que cria a diferença em primeiro lugar. O que cria a diferença – até as que parecem naturais, como as biológicas – é a assimetria de poder existente na sociedade.[220]

Um bom exemplo é o fato de que mulheres que se encontram em trabalhos domésticos de baixa remuneração dificilmente encontram homens similarmente situados a quem se comparar. Isso porque trabalhos mal remunerados são, geralmente, femininos. A estrutura social que coloca mulheres nesses trabalhos não é questionada. Isso também ocorre com a liberdade sexual. Mulheres devem ter igual acesso à sexualidade, mas a forma como esta é construída não é questionada. Não é ponderado que a liberdade sexual demanda não só a igualdade na participação, mas a igualdade na mudança das regras do jogo.[221]

Outro exemplo bom é o da guarda de crianças. Recentemente, o Superior Tribunal de Justiça (STJ) julgou um caso no qual uma criança indígena foi adotada por uma família não indígena, sem a participação da Fundação Nacional dos Povos Indígenas (Funai) – o que seria uma violação da lei. O STJ julgou o caso a partir do princípio "neutro" do melhor interesse do menor, o que levou à conclusão de que a criança estaria melhor com a família não indígena, que lhe provia afeto, boas condições materiais, estabilidade e educação.[222]

Apesar de o princípio parecer neutro, ele é, na verdade, construído a partir daquilo que é valioso para o grupo dominante. A presença da Funai no processo serve justamente para mitigar essa tendência e expressar se a família indígena estaria provendo o necessário para o menor, a partir dos *standards* indígenas. Como a Funai não participou do processo, entretanto, o pai que pedia a retomada da guarda já entrou na corte perdendo. A família indígena e a família não indígena foram tratadas de forma igual, uma vez que se aplicou um princípio neutro para a resolução do caso.

[220] MACKINNON, Catharine. *Feminism Unmodified*. Cambridge (Mass.): Harvard University Press, 1987, p. 32-45.

[221] MACKINNON, Catharine. *Feminism Unmodified*. Cambridge (Mass.): Harvard University Press, 1987, p. 32-45.

[222] REsp 1.566.808/MS, Rel. Min. Marco Aurélio Bellize.

Entretanto, não se discutiu o que estava por trás do que se considerava o "melhor" para o menor.[223]

No caso do tratamento igual que gera resultados desiguais por causa do *standard* desigual, fica fácil perceber o problema. Contudo, ele também ocorre quando mulheres não se assemelham a homens e precisam ser tratadas diferentemente. Um caso interessante é o do Bolsa Família. Nesse programa, mulheres são "privilegiadas", porque se assume que são as chefes da família (o que, no Brasil, é verdade). O resultado beneficia mulheres e suas famílias, mas não se questiona o porquê de mulheres serem as chefes de família em famílias pobres e o motivo de precisarem do Bolsa Família em primeiro lugar. Essa crítica não é a mesma crítica conservadora de que "tratamentos especiais" como esse ou como quotas raciais são apenas "paliativos". No caso específico do aborto, isso se manifesta no problema da ausência de homens similarmente situados a mulheres grávidas. A visão de igualdade como comparação e consequente tratamento consistente não consegue evidenciar nem lidar com questões relacionadas à gravidez.

No limite, a comparação demanda que mulheres sejam iguais ou diferentes de homens. Isso faz com que as mulheres que mais se parecem com homens em seu *status* privilegiado – por exemplo, mulheres brancas, de classe média alta, que tiveram acesso à educação e conseguem se inserir no mercado de trabalho – sejam tratadas igualmente e que mulheres que mais se diferenciam de homens em seu *status* sejam tratadas diferentemente. Ou seja, quanto maior a desigualdade de *status*, menos a igualdade como consistência consegue acessar os problemas e lidar com eles.

O quarto problema da concepção de igualdade como tratamento consistente é o fato de ela não impor nenhum dever de promoção de igualdade em relação àqueles que são diferentes. Como exposto, as diferenças que muitas vezes se pressupõe naturais ("mulheres preferem não entrar no mercado de trabalho, ou trabalharem menos") são criadas por assimetrias de poder, não questionadas pela abordagem da consistência. Como não há discussão, não há a visão de que algo deve ser mudado. Um exemplo é o da mulher que tem uma função de remuneração menor. Pelo seu cargo, ela pode ganhar menos, mas a igualdade demandaria que ela

[223] REsp 1.566.808/MS. O voto dissidente da ministra Nancy Andrighi levou em consideração, justamente, essa distinção.

fosse paga de acordo com o real valor do seu trabalho.[224] Os trabalhos levados a cabo por mulheres são, muitas vezes, desvalorizados por serem "femininos", quando, na verdade, mereceriam igual valor daqueles trabalhos considerados "masculinos". A igualdade demanda não só que se permita que mulheres participem do mundo dos homens, mas também que o próprio valor dos trabalhos seja equalizado.

A igualdade como consistência trabalha com a racionalidade entre meios e fins. E, nessa concepção, apenas demanda que a igualdade ou a diferença no tratamento seja racional. Se não houver justificativa racional, o tratamento diferenciado não é permitido. Se houver justificativa racional, ele é permitido. Essa forma de pensar pode levar a resultados positivos. No caso de quotas raciais, por exemplo, o alcance da igualdade entre negros e brancos nas universidades é considerado uma justificativa racional que permite o tratamento diferenciado. Porém, essa concepção de igualdade não tem um caráter emancipatório real, na medida em que não considera desigualdades que não vêm do tratamento diferenciado, mas da diferença de *status* entre grupos sociais.[225]

Por último, autoras aderentes à ideia de interseccionalidade argumentam que essa visão de igualdade é inerentemente essencialista, na medida em que incorre no que a autora Kimberlé Crenshaw chamou de modelo *single-axis*,[226] ou a exigência de que se escolha uma "caixa" de identidade (raça, gênero ou deficiência), apagando diferenças.[227] Ele é visto como um mecanismo de subordinação, uma vez que omite como as categorias ("diferenças") são construídas em primeiro lugar.[228] Nada impede que uma demanda se baseie em múltiplas categorias (uma pessoa pode argumentar que foi discriminada com base em sua raça, em seu gênero e em sua idade, por exemplo); essa formulação também não seria

[224] FREDMAN, Sandra. *Discrimination Law*. 2. ed. Oxford: Oxford University Press, 2011, p. 13.

[225] MOREIRA, Adilson. *Pensando como um negro*: ensaio de hermenêutica jurídica. São Paulo: Contracorrente, 2019, p. 249.

[226] CRENSHAW, Kimberlé. Demarginalizing the Intersection of Race and Sex: A Black Feminist Critique of Antidiscrimination Doctrine, Feminist Theory and Anti-Racist Politics. *University of Chicago Legal Forum*, [*s. l.*], n. 1, p. 139-167, 1989.

[227] IYER, Nitya. Categorical Denials: Equality, Rights and the Shaping of Social Identity. *Queen's Law Journal*, [*s. l.*], v. 19, p. 193, 1993.

[228] SMITH, Ben. Intersectional Discrimination and Substantive Equality: A Comparative and Theoretical Perspective. *The Equal Rights Review*, [*s. l.*], v. 16, p. 82, 2016.

adequada para tratar da questão levando em consideração as diferenças intragrupo. Isso porque as desigualdades são apresentadas de uma maneira aditiva, ou cumulativa, e não realmente interligadas, o que também não seria adequado para lidar com como as desigualdades se constroem.[229]

Essas críticas são contundentes e nos levam a questionar o próprio termo "diferença". Existe mesmo diferença na sociedade, ou a "diferença" que é relevante para a igualdade é, na verdade, uma forma de subordinação? O fato de tratamento diferente ser sempre prejudicial e ocorrer em detrimento daquele grupo que detém menos poder é um indicativo de que temos que nos preocupar com a dominação. No entanto, se não consideramos o grupo na equação, a dominação permanece escondida. A igualdade demanda que se olhe para grupos em contexto, de forma que o *status* de subordinação permanente seja reconhecido e devidamente abordado.[230]

Uma alternativa a essa concepção é a igualdade de resultados. Essa concepção se distancia do foco da diferenciação e das motivações para a diferenciação e se vira para os impactos de certa medida àqueles que são objeto desta. O potencial igualitário ou não igualitário de uma prática é, portanto, medido pelos resultados alcançados,[231] que são utilizados para avaliar a desigualdade ou a igualdade gerada por uma medida. Olhar para os resultados é uma forma de verificar os impactos materiais de uma medida, sendo, portanto, uma formulação que visa garantir a igualdade material.

Essa concepção é indiferente à existência de uma prática evidentemente discriminatória, o que é positivo na medida em que dificilmente uma prática será abertamente discriminatória – ainda que práticas desse tipo ainda existam. Também, é indiferente à existência ou não de um tratamento diferente. Muitas desigualdades são causadas por dinâmicas sociais e não por tratamentos diferentes.[232]

229 SMITH, Ben. Intersectional Discrimination and Substantive Equality: A Comparative and Theoretical Perspective. *The Equal Rights Review*, [*s. l.*], v. 16, p. 80, 2016.

230 MOREIRA, Adilson. *Pensando como um negro*: ensaio de hermenêutica jurídica. São Paulo: Contracorrente, 2019, p. 243.

231 FREDMAN, Sandra. *Discrimination Law*. 2. ed. Oxford: Oxford University Press, 2011, p. 15.

232 MOREIRA, Adilson. *Pensando como um negro*: ensaio de hermenêutica jurídica. São Paulo: Contracorrente, 2019, p. 248.

A criminalização do aborto, por exemplo, trata homens e mulheres diferentemente, mas é possível argumentar – o que aceitamos, pelo amor ao argumento (não a esse, obviamente) – que a diferença biológica é uma justificativa racional para a diferença de tratamento e que a proteção da vida é um fim legítimo que também justifica a discriminação. Como argumento, olhando a questão de maneira mais profunda, vemos que a diferença biológica importa menos para a criminalização do que as visões discriminatórias, baseadas em supostos papéis sociais das mulheres, e que o interesse em proteger a vida não condiz com outras práticas sociais; entretanto, essas conclusões não são evidentes.

Os resultados, por outro lado, são objetivamente medidos e identificados e deixam muito claro que o impacto da proibição do aborto recai sobre as mulheres. Um impacto que, como defendido anteriormente, não é o de apenas nove meses de gravidez (ainda que, para nós, esse resultado já seria plenamente suficiente).

MacKinnon, entretanto, problematiza a questão quanto à definição dos resultados almejados com a imposição de determinada prática ou medida. Isso pois ela pode incorrer nos mesmos erros da formulação do tratamento consistente, na medida em que não questiona, necessariamente, as estruturas de poder que moldam o que seria um resultado desejável.[233] Resultados positivos podem ser assimilacionistas, ou seja, os resultados podem beneficiar mulheres, mas apenas as integrando em um sistema que não deixa de ser opressivo.[234] Um exemplo disso é o resultado da ADPF 54/DF. A decisão foi benéfica para milhares de gestantes que tiveram a possibilidade de terminar uma gravidez em caso de anencefalia, mas justamente essas mulheres não poderiam ser mães em razão da inviabilidade do feto por razões atribuídas ao acaso. Assim, a autorização de interromper a gravidez não rompeu com a ideia de que mulheres não podem decidir se querem ser mães – lógica essa que subjaz a gravidez compulsória.[235]

[233] FREDMAN, Sandra. *Discrimination Law*. 2. ed. Oxford: Oxford University Press, 2011, p. 16.

[234] MACKINNON, Catharine. *Toward a Feminist Theory of The State*. Cambridge (Mass.): Harvard University Press, 1989, p. 215.

[235] PENTEADO, Taís. The Abortion Jurisprudence in Brazil: An Analysis of ADPF 54 from Feminist Equality-Based Perspectives. *International Journal of Constitutional Law*, [s. l.], v. 19, n. 5, p. 1664-1682, nov. 2021.

Ainda, resultados podem ser diferentes, mas não necessariamente ruins. Homens, por exemplo, podem ser sub-representados em certas áreas de trabalho, mas o simples fato de números mostrarem isso não significa que o resultado seja problemático.[236]

Por exemplo, homens são minoria no ensino infantil e em enfermagem. Isso não significa que sejam discriminados. Nesse caso, uma perspectiva de resultados não consegue nem dizer, por si só, que isso é ou não é um problema. O fato de mulheres negras no Brasil serem a maioria das trabalhadoras domésticas também não indica tratamento diferente. O fato de mulheres pobres de todas as raças serem a maioria das pessoas em situação de prostituição no mundo e de os homens serem quase a totalidade de consumidores também não indica necessariamente um resultado discriminatório ou tratamento diferenciado.

O problema, nesses casos, é o fato de estruturas sociais fazerem com que homens se direcionem menos para áreas de cuidado, que mulheres negras sejam direcionadas para o trabalho doméstico por diversas forças sociais que se sobrepõem e o fato de o mundo permitir a venda de corpos e de que mulheres pobres sejam os corpos. Contudo, os resultados, por si sós, não conseguem identificar que existe um problema. O problema só pode ser identificado se os resultados forem olhados de forma integrada às estruturas sociais.

Ademais, a igualdade de resultados consegue alcançar efeitos visíveis de uma norma, mas não resultados mais sutis. Em casos de quotas sociais para universidade, por exemplo, é possível notar um aumento no número de pessoas menos favorecidas em universidades, porém, olhar para os resultados dificilmente capta todo o esforço desproporcional que essas pessoas tiveram que empregar para poder acompanhar o ritmo imposto pela universidade.[237]

Essas críticas são relevantes. Uma forma de levá-las em consideração é conferir parâmetros para julgar o que seria um resultado positivo e quais os problemas de resultados negativos, como faz a concepção delineada a seguir, que foge à crítica pelo seu caráter não agnóstico. Para

[236] COLKER, Ruth. The Anti-Subordination Principle: Applications. *Wisconsin Women's Law Journal*, [*s. l.*], v. 3, p. 67, 1987.

[237] COLKER, Ruth. The Anti-Subordination Principle: Applications. *Wisconsin Women's Law Journal*, [*s. l.*], v. 3, p. 67, 1987.

que a igualdade de resultados seja de fato emancipatória, devemos nos questionar sobre quais resultados devemos buscar. A resposta para essa pergunta só pode ser dada pela utilização de um princípio mediador que nos diga o que é desigualdade e o que é igualdade.

A igualdade como antissubordinação nasceu como alternativa à concepção da igualdade como consistência de tratamento e é aquela advogada por Catharine MacKinnon. Ao contrário da igualdade como consistência, que parte de um postulado ("tratar iguais de maneira igual e diferentes de maneira diferente") e depois o aplica à realidade, a concepção da antissubordinação faz o caminho inverso: parte da realidade social, identifica a substância da desigualdade concreta e, a partir daí, propõe um princípio mediador que possibilite o alcance efetivo da igualdade substantiva.[238]

A igualdade antissubordinatória é construída a partir da perspectiva do grupo subordinado. No âmbito feminista, essa é apenas uma faceta do método feminista que anima todas as construções teóricas do campo e quer dizer, basicamente, que teorizações e, por óbvio, construções e soluções jurídicas devem partir da "reconstituição crítica coletiva dos significados da experiência social feminina, como ela é de fato vivida".[239] A vantagem do método é, antes de mais nada, a sua instância crítica, que evita que a ordem social dominante se perpetue e se reafirme. Para essa perspectiva, a unidade relevante de análise é o grupo. Essa centralidade do grupo não é facilmente reconhecida em sistemas liberais, na medida em que o poder, nesse sistema, é exercitado por meio da ideologia do individualismo.[240]

O problema enfrentado por mulheres que sofreram violência doméstica, por exemplo, não é o fato de serem tratadas diferentemente, mas o de sofrerem violência doméstica,[241] que ocorre não por diferenciação no tratamento, mas por uma subordinação sistêmica, que envolve desde a

238 FISS, Owen. Groups and the Equal Protection Clause. *Philosophy and Public Affairs*, [*s. l.*], v. 5, n. 2, p. 151, 1976; MACKINNON, Catharine. *Feminism Unmodified*. Cambridge (Mass.): Harvard University Press, 1987, p. 32 em diante.

239 MACKINNON, Catharine. *Toward a Feminist Theory of The State*. Cambridge (Mass.): Harvard University Press, 1989, p. 40.

240 BARTLETT, Katharine. Feminism and Economic Inequality. *Law and Inequality: A Journal of Theory and Praxis*, [*s. l.*], v. 35, p. 281, 2017.

241 MACKINNON, Catharine. Reflections on Sex Equality under Law. *The Yale Law Journal*, [*s. l.*], v. 100, n. 5, p. 1281-1328, 1991.

agressividade dos homens, a construção de relações heterossexuais como hierarquias até a divisão entre público e privado – que, no Brasil, por exemplo, tenta ser superada pela entrada incondicionada do Estado na relação. Também envolve o próprio fato de essa relação jurídica que triangula Estado, mulher e homem ter sido criada sem levar em consideração a perspectiva da mulher que sofre a violência[242] e do fato de, concretamente, o Estado não conseguir realizar medidas de proteção efetivas.

As mais variadas formas de desigualdade entre os gêneros, como a criminalização do aborto, são moldadas pela assimetria de poder, que atua de forma tão profunda que constrói o significado das diferenças entre os gêneros e os arranjos jurídicos baseados nessas diferenças.[243] Ou seja, no limite, a desigualdade não é uma coincidência que acontece nas mulheres, as mulheres é que acontecem na desigualdade.

A concepção da igualdade como consistência parte da ideia de que há igualdade e, em seguida, há uma diferenciação irracional que distorce a igualdade. A partir da visão da antissubordinação, primeiro há desigualdade, na medida em que há assimetria de poder, e em seguida a assimetria de poder constrói uma diferenciação social que, posteriormente, é alocada de acordo com o sexo. Valores e experiências concretas subordinatórias são mutuamente constitutivos, de forma que a subordinação só pode ser devidamente eliminada com o desmantelamento da hierarquia no plano concreto, mas também no plano dos valores e dos significados.[244]

Assim, uma concepção jurídica só consegue abordar bem as desigualdades se partir da identificação de hierarquias sociais e, com base nessa identificação, conseguir desafiá-las. A hierarquia (muitas vezes chamada de sistema de castas, ou subordinação, ou dominação)[245] é a substância

[242] Esse problema foi identificado pela professora Marta Machado.

[243] CHEN, Chao-Ju. Catharine MacKinnon and Equality Theory. *In*: WEST, Robin; GRANT BOWMAN, Cynthia (eds.). *Research Handbook on Feminist Jurisprudence*. Northampton, MA: Edward Elgar, 2019, p. 48.

[244] MACKINNON, Catharine. *Toward a Feminist Theory of The State*. Cambridge (Mass.): Harvard University Press, 1989, p. 215.

[245] BELL, Derrick. And We Are Not Saved: The Elusive Quest for Racial Justice. [*S. l.*]: Basic Books, 1987; KARST, Kenneth. *Belonging to America*: Equal Citizenship and the Constitution. New Haven: Yale University Press, 1989; MACKINNON, Catharine. *Feminism Unmodified*. Cambridge (Mass.): Harvard University Press, 1987; MACKINNON, Catharine. *Sexual Harassment of Working Women*: A Case of Sex Discrimination. New Haven, Conn.: Yale University Press, 1979; TRIBE, Laurence. *American Constitutional Law*, 1978; LAWRENCE III, Charles.

da desigualdade. É o que guia a avaliação dos problemas e que oferece direções para a sua superação. Olhar a hierarquia é olhar para a realidade e deixar de lado as abstrações.

A ideia de que a hierarquia é a substância da desigualdade e que, portanto, a igualdade deve buscar acabar com hierarquias não é isenta de críticas. Uma dessas críticas é a de que o entendimento de que há uma única substância para a igualdade torna-a tão abstrata quanto qualquer outra. Isso porque a igualdade é multidimensional, mas será mais bem compreendida se olhada de forma concreta, levando em consideração as maneiras como deve ser abordada.

Em uma formulação recente, a igualdade só pode ser bem abordada se forem levados em consideração: (i) a reparação de desvantagens; (ii) a contenção de preconceitos, estigmas, estereótipos, humilhações e violências baseadas em determinada característica; (iii) o aumento da voz e da participação daqueles excluídos; e (iv) a acomodação da diferença e o alcance de mudanças estruturais.[246]

A ideia da multidimensionalidade da igualdade é muito útil. De fato, a desigualdade se manifesta de diversas formas. Acontece, entretanto, que essa ideia não se contrapõe à de que a substância da desigualdade é a hierarquia – apesar de se propor como crítica a ela. Ambas as ideias trabalham em níveis diferentes. Enquanto a primeira trabalha com formas de manifestação da desigualdade, a segunda trabalha com a essência da desigualdade.

Prova disso é o fato de que, para abordar a desigualdade em todas as suas dimensões, temos que ter um norte para verificar se essas dimensões acontecem.[247] Pode existir desvantagem não desigual. Em casos de quotas raciais, pessoas brancas sofrem uma desvantagem, mas não se trata de uma desigualdade no sentido subordinatório. Da mesma forma, preconceitos e estigmas não são necessariamente subordinatórios – só o são quando

The Id, the Ego, and Equal Protection: Reckoning with Unconscious Racism. *Stanford Law Review*, [*s. l.*], v. 39, n. 2, p. 317-388, jan. 1987; BALKIN, Jack. The Constitution of Status. *The Yale Law Journal*, [*s. l.*], v. 106, n. 8, p. 2313-2374, jun. 1997; SIEGEL, Reva. Why Equal Protection No Longer Protects: The Evolving Forms of Status-Enforcing State Action. *Stanford Law Review*, [*s. l.*], v. 49, n. 5, p. 1111-1148, maio 1997.

246 FREDMAN, Sandra. Substantive Equality Revisited. *International Journal of Constitutional Law*, [*s. l.*], v. 14, n. 3, jul. 2016.

247 MACKINNON, Catharine. Substantive Equality Revisited: A Reply to Sandra Fredman. *International Journal of Constitutional Law*, [*s. l.*], v. 14, n. 3, p. 739-746, jul. 2016.

há uma ligação entre o estereótipo e a subordinação.[248] Em linhas gerais, mudanças estruturais devem partir, antes de mais nada, do reconhecimento das estruturas e de seus problemas. E isso só pode ser feito devidamente a partir do ponto de vista da antissubordinação.

Nesse enquadramento, se a hierarquia é a substância da desigualdade, a igualdade seria alcançada com a superação da hierarquia. Porém, como articular essa passagem juridicamente, diante de problemas concretos? A resposta, dada por juristas adeptos da igualdade como antissubordinação, é a aplicação de um princípio mediador: o princípio da antissubordinação.[249]

O princípio da antissubordinação difere de princípios tradicionais por sua aderência à realidade.[250] Trata-se de uma perspectiva baseada em grupo, que se fundamenta no olhar sobre como certos grupos foram tratados de forma desigual historicamente e como ainda o são. A desigualdade subordinatória é alcançada por meio da análise sócio-histórica contextualizada, que mostra que o tratamento excludente de negros e brancos, homens e mulheres, pobres e ricos, heterossexuais e homossexuais não tem o mesmo peso. Primeiro, olha-se para a realidade de forma crítica, pois isso permite que soluções jurídicas não sejam apenas reprodutoras das assimetrias de poder existentes na sociedade.[251]

Uma conclusão exemplificativa lógica desse posicionamento é a de que, enquanto a igualdade como consistência trata ações afirmativas como "tratamento especial" ou como uma discriminação "permitida", a partir da perspectiva da antissubordinação, ações afirmativas não são vistas como discriminação em primeiro lugar.[252] Isso emerge quando deixamos de lado a insistência na intenção que motiva determinada diferenciação.

[248] BARTLETT, Katharine. Feminism and Economic Inequality. *Law and Inequality: A Journal of Theory and Practice*, [s. l.], v. 35, p. 274, 2017.

[249] FISS, Owen. Groups and the Equal Protection Clause. *Philosophy and Public Affairs*, [s. l.], v. 5, n. 2, p. 150, 1976; COLKER, Ruth. The Anti-Subordination Principle: Applications. *Wisconsin Women's Law Journal*, [s. l.], v. 3, p. 67, 1987.

[250] MACKINNON, Catharine. Substantive Equality Revisited: A Reply to Sandra Fredman. *International Journal of Constitutional Law*, [s. l.], v. 14, n. 3, p. 740, jul. 2016.

[251] MACKINNON, Catharine. Substantive Equality: A Perspective. *Minnesota Law Review*, [s. l.], v. 96, p. 1-27, 2011.

[252] MACKINNON, Catharine. Substantive Equality: A Perspective. *Minnesota Law Review*, [s. l.], v. 96, p. 1-27, 2011; MOREIRA, Adilson. *Pensando como um negro*: ensaio de hermenêutica jurídica. São Paulo: Contracorrente, 2019.

Uma motivação pode ser ruim ou pode ser boa, mas, de qualquer forma, ela dá a impressão de que o mundo é igual e que, excepcionalmente, uma diferenciação é feita a partir de uma diferenciação boa ou ruim. Quando observamos a sociedade de forma concreta, vemos que o problema é sistêmico e independe de intenções e até de diferenciações conscientes.[253] Ao olharmos para o sistêmico, podemos não só oferecer boas soluções jurídicas para as desigualdades, mas também alterar as circunstâncias das quais elas emergem. Analisar quotas raciais pelo viés do tratamento "especial" é restrito em seu potencial; a perspectiva da antissubordinação traz para a discussão uma série de outras questões.

A partir da perspectiva antissubordinatória, é possível perceber que o tratamento excludente ou prejudicial apenas é um problema a partir do momento em que se torna parte – é fruto de ou perpetua – de um esquema maior de subordinação de grupo.[254] Da mesma forma, resultados excludentes são enxergados como problemáticos quando relacionados à subordinação sistêmica. Ou seja, olhar para hierarquias permite dizer quais os impactos que devem ser observados em primeiro lugar e quais resultados devem ser alcançados.[255] Aliás, analisar a desigualdade a partir de hierarquias não só confere substância à perspectiva dos resultados, mas também demonstra que, apesar de necessária, não é suficiente – mesmo em sua forma substantiva. Isso pois desigualdades podem afetar uma única pessoa, sem deixar de ser fruto de um sistema de subordinação.[256]

A perspectiva da subordinação faz emergir desigualdades que não aparecem necessariamente na forma de tratamento inconsistente. É o caso, por exemplo, do trabalho doméstico, como já exposto anteriormente. Homens e mulheres podem ser trabalhadores domésticos. A lei não proíbe que homens trabalhem nessa área. Muito pelo contrário, a linguagem da lei é neutra, referindo-se a "trabalhador doméstico". Entretanto, a grande

[253] MACKINNON, Catharine. Substantive Equality: A Perspective. *Minnesota Law Review*, [*s. l.*], v. 96, p. 8, 2011.

[254] COLKER, Ruth. The Anti-Subordination Principle: Applications. *Wisconsin Women's Law Journal*, [*s. l.*], v. 3, p. 64, 1987.

[255] MACKINNON, Catharine. Substantive Equality: A Perspective. *Minnesota Law Review*, [*s. l.*], v. 96, p. 7, 2011.

[256] MACKINNON, Catharine. Substantive Equality: A Perspective. *Minnesota Law Review*, [*s. l.*], v. 96, p. 13, 2011.

maioria dos "trabalhadores" domésticos é mulher, negra, pobre, de baixa escolaridade, muitas vezes migrante.

A racialização genderizada (ou a genderização racializada) do trabalho doméstico não é uma diferença, mas sim uma desigualdade. É fruto de e reproduz assimetrias de subordinação desse grupo, na medida em que o trabalho doméstico é mal remunerado, pouco valorizado e, em muitas situações, permite abusos que não ocorreriam tão facilmente em ambientes não domésticos. Trabalhadoras domésticas são geralmente excluídas previamente. A elas não são dadas muitas outras oportunidades. Assim, o fato de mulheres pobres e negras serem a maioria nessa área é uma questão de hierarquia, que só é captada em análise sócio-histórica concreta.

Se pensarmos em termos de liberdade, seria possível dizer que essas mulheres escolheram trabalhar onde trabalham e que são pagas como qualquer outro trabalhador. Se olharmos em termos de diferença de tratamento, veríamos que o trabalho é "neutro a gênero" pela letra da lei. Entretanto, se olharmos para a situação concreta, tendo em vista a existência de hierarquias sociais, a questão emerge como questão de igualdade.

Isso também ocorre com o aborto. Se olharmos da perspectiva da liberdade, é possível dizer que o aborto deve ser permitido. Se observarmos do ponto da diferença de tratamento, é possível ver que homens e mulheres são tratados diferentemente, mas a escolha pela legalização ou não pode ser defendida de maneira "racional". Porém, conforme argumenta MacKinnon, se olharmos para a situação de forma concreta, a partir da lente da subordinação, vemos que a criminalização do aborto emerge, inegavelmente, como questão de igualdade.

Conforme exposto, inúmeras autoras e autores são adeptos dessa concepção de igualdade. Entretanto, MacKinnon argumenta que essa visão também pode ser assimilacionista se não dermos um passo adiante. A perspectiva da antissubordinação tem como substância o desmantelamento da hierarquia, mas o que é a hierarquia e o que o seu desmantelamento demanda? O que significa fazer com que pessoas subordinadas deixem de ser cidadãos de segunda classe? Para MacKinnon, a hierarquia não se encontra, novamente, na possibilidade de participação em um mundo desigual, ou seja, o desmantelamento dos impedimentos do sucesso de mulheres em um mundo construído em termos masculinos, mas sim a transformação radical dos termos.[257] Isso aparece em seu argumento sobre aborto no desafio da própria concepção do que é o aborto.

Porque a visão de MacKinnon se diferencia de todas as outras, a partir daqui, vamos chamá-la de "igualdade substantiva", termo que, ao longo dos anos, passou a ser adotado pela autora.[258]

Feita essa exposição, voltemos ao argumento de MacKinnon sobre aborto. Em seu texto de 1991, em linha com o seu trabalho mais amplo, a autora avança a sua interpretação com base em uma visão de igualdade antissubordinatória, defendendo que a criminalização viola a igualdade de gênero. Ou seja, sua visão do problema concreto se baseia em um argumento jurídico focado em gênero. Dizer que se trata de um problema de gênero é um problema? Não necessariamente.

O que importa no argumento não é a qualificação da igualdade como igualdade de gênero, mas sim a visão de igualdade que ela aplica. Essa visão, ao contrário do que ocorre no modelo aristotélico, no qual as categorias são estáticas, é uma abordagem jurídica de textura aberta que permite examinar as estruturas subjacentes de desigualdade e as hierarquias de poder. Se a análise de estruturas convergentes é o ponto nevrálgico de análises interseccionais, a abordagem de igualdade proposta por MacKinnon não só é com ela compatível, mas é também a única que oferece um instrumental com potencial emancipatório.[259]

Em vista disso, a visão de igualdade proposta por MacKinnon, que permeia o seu argumento, não é limitadora; a estrutura dele permite que o gênero seja entendido como uma categoria complexa.[260] A perspectiva interseccional não nega a existência de problemas semelhantes.[261] Da mesma forma, essa perspectiva não tem o objetivo de inviabilizar a possi-

[257] MACKINNON, Catharine. *Feminism Unmodified.* Cambridge (Mass.): Harvard University Press, 1987, p. 44.

[258] MACKINNON, Catharine. Substantive Equality Revisited: A Reply to Sandra Fredman. *International Journal of Constitutional Law*, [*s. l.*], v. 14, n. 3, p. 739-746, jul. 2016.

[259] SMITH, Ben. Intersectional Discrimination and Substantive Equality: A Comparative and Theoretical Perspective. *The Equal Rights Review*, [*s. l.*], v. 16, p. 81, 2016.

[260] TORRES, Gerald. Sex Lex: Creating a Discourse. *Tulsa Law Review*, [*s. l.*], v. 46, n. 1, p. 55, 2010; BUTLER, Cheryl Nelson. A Critical Race Feminist Perspective on Prostitution & Sex Trafficking in America. *Yale Journal of Law and Feminism*, [*s. l.*], v. 27, n. 1, p. 115, 2015.

[261] SMITH, Ben. Intersectional Discrimination and Substantive Equality: A Comparative and Theoretical Perspective. *The Equal Rights Review*, [*s. l.*], v. 16, p. 81, 2016.

bilidade de se falar em termos de grupo. Autoras como Joanne Conaghan entendem que sim, na medida em que se foca na identidade, criam-se subgrupos e o aspecto que prevalece é a diferença, e não a semelhança.[262] Essa visão, entretanto, é rechaçada por autoras que argumentam que o reconhecimento de diferenças não mina o conceito de grupo, mas, tão somente, visa reformular a própria noção do grupo. Dizer, por exemplo, que mulheres são diferentes apenas reformula o significado de "mulheres", não nega a possibilidade de existência do grupo, se este for entendido de forma fluida e não estável.[263]

O Direito é um instrumento que demanda categorizações. Experiências precisam ser simplificadas para que sejam organizadas de forma inteligível.[264] Isso não significa, entretanto, que as categorias sejam imutáveis e que novos significados não possam ser a elas atribuídos.[265] Esse tipo de esforço é exemplificado, por exemplo, em um trabalho recente, no qual Crenshaw e MacKinnon propõem uma emenda à Constituição que tenha como base um entendimento interseccional de categorias. Para tal, na redação da emenda, as autoras tornam explícito o papel da diversidade na constituição da desigualdade de gênero.[266]

Ou seja, a visão de igualdade proposta por MacKinnon é compatível com a metodologia da interseccionalidade e comporta eventual reconstrução interseccional. Essa reconstrução, no entanto, demanda que a própria intérprete ressignifique categorias constitucionais como "sexo" e adote uma perspectiva interseccional.

[262] CONAGHAN, Joanne. Intersectionality and the Feminist Project in Law. *In*: COOPER, Davina (ed.). *Intersectionality and Beyond*: Law, Power and the Politics of Location. Intersectionality and Law. Londres: Routledge, 2009, p. 35.

[263] SMITH, Ben. Intersectional Discrimination and Substantive Equality: A Comparative and Theoretical Perspective. *The Equal Rights Review*, [*s. l.*], v. 16, p. 75, 2016.

[264] HARRIS, Angela. Race and Essentialism in Feminist Legal Theory. *Stanford Law Review*, [*s. l.*], v. 42, n. 3, p. 586, fev. 1990; MINOW, Martha. Feminist Reason: Getting It and Losing It. *Journal of Legal Education*, v. 38, n. 1-2, p. 47, mar.-jun. 1988.

[265] FINLEY, Lucinda. The Nature of Domination and the Nature of Women: Reflections on Feminism Unmodified (Review Essay). *Northwestern University, School of Law Northwestern University Law Review*, [*s. l.*], v. 82, n. 2, p. 384, 1988.

[266] MACKINNON, Catharine; CRENSHAW, Kimberlé. Reconstituting the Future: An Equality Amendment. *The Yale Law Journal*, [*s. l.*], v. 129, p. 343-364, 2019.

5.6.5. Agência e igualdade

A teoria de Estado de MacKinnon é uma teoria do poder e de como este molda consciências e, portanto, escolhas.[267] Retomando o que já foi dito, MacKinnon trabalha com a ideia de um sistema abrangente, internamente coerente e sempre presente de dominação masculina. Uma das consequências desse sistema é o fato de que consciências femininas são moldadas de acordo com o poder, e, assim, a dominação é perpetuada como um fato do mundo.[268] Para a autora, a ideia da mulher que escolhe livremente é uma invenção ideológica do liberalismo.[269] Conforme trabalhado anteriormente, em virtude do seu foco no que convencionou chamar de "consentimento parcial",[270] MacKinnon foi muito criticada por minimizar a autonomia de mulheres.

Algumas autoras desafiaram o trabalho de MacKinnon, seja por acreditar na existência de autonomia psicológica, política ou transcendental – negando a base empírica do argumento da autora –, seja por apresentar preocupações sobre consequências à caracterização da mulher como vítima. Essas críticas são importantes para a discussão do trabalho de MacKinnon como um todo, mas o que nos interessa aqui é refletir sobre o que a vitimização pode significar no caso do argumento da autora sobre aborto, tendo em vista especificidades presentes nesse fenômeno específico. De fato, o argumento de MacKinnon tem como plano de fundo a desigualdade que impacta a autonomia reprodutiva de mulheres, o que acenderia uma luz vermelha para a crítica da agência parcial. Isso significa dizer, entretanto, que as críticas de fato fragilizam o argumento? Entendemos que sim e que não.

Primeiro, o não. Entendemos que a existência de formas de agência política e transcendental não afeta o argumento, na medida em que

[267] BARTLETT, Katharine. MacKinnon's Feminism: Power on Whose Terms? *California Law Review*, [*s. l.*], v. 75, p. 1559, 1987; HALLEY, Janet. *Split Decisions*: How and Why to Take a Break from Feminism. Princeton, N. J.: Princeton University Press, 2006, p. 41.

[268] OLSEN, Frances. Feminist Theory in Grand Style. *Columbia Law Review*, [*s. l.*], v. 89, n. 5, p. 1168, jun. 1989.

[269] MACKINNON, Catharine. *Feminism Unmodified*. Cambridge (Mass.): Harvard University Press, 1987.

[270] MACKINNON, Catharine. Gender in Constitutions. *In*: ROSENFELD, Michel; SAJÓ, András (eds.). *The Oxford Handbook of Comparative Constitutional Law*. Oxford: Oxford University Press, 2012, p. 404.

este se direciona à possibilidade ou não de terminar uma gravidez especificamente, e não de transformar a sociedade em termos mais amplos. O trabalho de MacKinnon sobre aborto também não nega a possibilidade de agência psicológica, na medida em que não trata de como mulheres se sentem internamente de forma individualizada sobre a reprodução como um todo e o aborto em particular, mas sim de como fatos restringem suas escolhas. Feministas da agência parcial poderiam dizer que, ao fazer isso, MacKinnon vitimiza mulheres.

Soluções propostas por feministas críticas de MacKinnon nesse ponto geralmente envolvem o desafio à pretensão totalizante de MacKinnon e a propositura de um olhar contextualizado para a agência. A autora feminista Elizabeth Schneider, por exemplo, propõe que a dicotomia agência/vitimização é simplista e enganosa, na medida em que não corresponde à forma como mulheres de fato experienciam situações de (não) autonomia no dia a dia. Para evitar esse erro, a autora defende a necessidade de se refletir sobre o tema de maneira contextual, olhando para situações concretas, tentando observar a interação entre escolhas moldadas por opressões sem deixar de reconhecer a agência e a resistência de mulheres.[271] A abordagem proposta pela autora Martha Mahoney é similar. A autora propõe que a abordagem da dominação seja complementada por uma ênfase maior a como mulheres exercem agência, mesmo em ambientes desfavoráveis.[272]

Essas autoras enxergam a solução na atribuição de *nuances* à teoria de MacKinnon. Entretanto, entendemos que essa solução não contradiz o trabalho de MacKinnon no caso específico do aborto, porque, apesar da linguagem forte e do foco na desigualdade, o trabalho de MacKinnon em sua *estrutura* comporta a autonomia. Em seu trabalho sobre aborto, a conclusão não é de que mulheres precisam de proteção, mas sim de que precisam, justamente, de autonomia. Ainda, não se trata nem sequer de um trabalho que propõe que o aborto é uma forma de proteção – ou seja, mulheres são prejudicadas e, portanto, precisam do aborto para participar de forma igualitária na sociedade, em uma estrutura parecida com

[271] SCHNEIDER, Elizabeth. Feminism and the False Dichotomy of Victimization and Agency. *New York Law School Law Review*, [*s. l.*], v. 38, p. 397, 1993.

[272] MAHONEY, Martha. Legal Images of Battered Women: Redefining the Issue of Separation. *Michigan Law Review*, [*s. l.*], v. 90, p. 41, 1991.

argumentos de ação afirmativa (o que MacKinnon, em outros trabalhos, chama de abordagem do tratamento especial[273]). Trata-se, por outro lado, de um argumento sobre como o problema do aborto existe em razão de desigualdades estruturais e o que ocorre também com a criminalização, que é moldada por estruturas de poder que permeiam a norma. Ou seja, é um argumento que propõe o desmantelamento de hierarquias, e não a proteção.

A nosso ver, a visão de agência parcial é compatível com a da situação de mulher que aparece no argumento de MacKinnon. A diferença parece, ao contrário, de enfoque. Enquanto MacKinnon foca na desigualdade parcial, essas autoras focam na autonomia parcial. Como bem colocou a professora Luciana Gross em uma discussão no Grupo de Estudos de Direito e Gênero da FGV, parece uma questão de "copo meio cheio e copo meio vazio".

Consideramos que as críticas empíricas não prejudicam o trabalho de MacKinnon, na medida em que ele foca, justamente, no enquadramento da agência parcial. Passemos agora à crítica que propõe que *narrativas* vitimistas podem gerar manipulação, a apropriação por contra movimentos ou resultados paternalistas. Apesar de entendermos que a estrutura do argumento de MacKinnon não se sustenta na vitimização, já que ela não propõe a descriminalização do aborto como forma de proteção, a narrativa que permeia o argumento é carregada em sua tentativa de demonstrar como a reprodução contém desigualdades que restringem escolhas (*vide* seção 5.6.1), o que pode, sim, levar a uma manipulação.

Entendemos que essa crítica é particularmente importante para o caso do aborto. Isso porque não é incomum que argumentos de vitimização sejam utilizados para defender a criminalização do aborto ou outras medidas no âmbito da reprodução. Por exemplo, há quem defenda que a criminalização é medida de proteção a mulheres. Da mesma maneira, a ideia de que há uma falta de agência na escolha pelo aborto (mulheres são desamparadas, não têm estrutura familiar, apoio financeiro, etc.) muitas vezes leva ao condicionamento do procedimento a medidas paternalistas de "proteção", como o aconselhamento ou a proibição de abortos tardios.

[273] MACKINNON, Catharine. *Toward a Feminist Theory of The State.* Cambridge (Mass.): Harvard University Press, 1989, p. 215.

No que se refere ao primeiro ponto, alguns casos ocorridos no Brasil recentemente elucidam o perigo da narrativa da proteção.[274] Uma decisão judicial de 2017 de um município do Estado de São Paulo determinou a esterilização de uma mulher em situação de rua contra sua vontade, a fim de promover sua proteção, "de acordo com os [...] preceitos constitucionais que consagram a saúde como dever do Estado e direito de todos".[275] Além disso, em 2019, uma revista feminista brasileira publicou um artigo falando sobre métodos seguros para fazer um aborto induzido. A Ministra da Mulher, Família e Direitos Humanos, nomeada pelo Presidente Bolsonaro, respondeu ao artigo afirmando que se tratava de uma "apologia irresponsável a um crime, que pode colocar mulheres e meninas em risco".[276] Por fim, no início de agosto de 2020, uma menina de 10 anos do estado do Espírito Santo, que havia sido abusada sexualmente por seu tio, recorreu ao Judiciário para obter autorização para a realização de um aborto. O juiz concedeu a autorização, mas, quando a menina chegou ao hospital, os gestores negaram o pedido, pois as condições da gravidez não eram compatíveis com os critérios técnicos de peso e semanas de gestação estabelecidos como forma de proteção à gestante para esse tipo de procedimento.[277]

Nos Estados Unidos, a mesma tendência foi identificada pela autora Reva Siegel.[278] Em uma retomada histórica, Siegel argumenta que a

[274] Os mesmos exemplos foram utilizados pela autora desta obra em um artigo intitulado "The Abortion Jurisprudence in Brazil: An Analysis of ADPF 54 from Feminist Equality-Based Perspectives" (*International Journal of Constitutional Law*, [*s. l.*], v. 19, n. 5, p. 1664-1682, nov. 2021), p. 14, para a defesa de argumento similar.

[275] BRASIL. Tribunal de Justiça do Estado de São Paulo Comarca de Mococa (2. Vara). *Ação Civil* 10011521-57.2017.8.26.0360, Mococa, Juiz Djalma Moreira Gomes Junior. Julgamento: 27 de junho de 2017. Disponível em: https://www.migalhas.com.br/arquivos/2018/6/art20180612-11.pdf. Acesso em: 14 mar. 2023.

[276] DIMOULIS, Dimitri; PENTEADO, Taís. É crime defender um direito fundamental? O aborto, a revista 'AzMina' e a ministra Damares. *Estadão*, Blog do Fausto Macedo, 27 set. 2019. Disponível em: https://www.estadao.com.br/politica/blog-do-fausto-macedo/e-crime-defender-um-direito-fundamental/. Acesso em: 14 mar. 2023.

[277] CARRETTO, Glacieri. A história da menina estuprada que engravidou e foi chamada de assassina". *A Gazeta*, 19 ago. 2020. Disponível em: https://www.agazeta.com.br/es/cotidiano/a-historia-da-menina-estuprada-que-engravidou-e-foi-chamada-de-assassina-0820. Acesso em: 6 fev. 2023.

[278] SIEGEL, Reva. The Right's Reasons: Constitutional Conflict and the Spread of Women Protective Antiabortion Argument. *Duke Law Journal*, [*s. l.*], v. 57, p. 1641-1692, 2008.

campanha liderada por médicos baseava-se na ideia de que mulheres sofreriam com o aborto, na medida em que negaria a sua natureza voltada à maternidade.[279] Mais recentemente, no caso *Gonzalez v. Carhart*, julgado em 2007, a corte entendeu que restrições ao aborto eram possíveis não só como medida de proteção à vida do feto, mas também como proteção à mulher, considerando que muitas mulheres se arrependem de levar a cabo o procedimento.[280] Da mesma forma, os argumentos de movimentos antiaborto que defendiam o banimento do aborto na Dakota do Sul em 2006, bem como de grupos que defendiam a reabertura de *Roe*, em razão de novas evidências, foram permeados por argumentos baseados na proteção feminina.[281]

Discussões sobre o aborto no Brasil e no mundo são acompanhadas pelo discurso da proteção. Entendemos que a manipulação de narrativas ou a apropriação legítima por contra movimentos não é passível de ser controlada. No que se refere à utilização da proteção como argumento jurídico no Judiciário, não conseguimos apresentar uma posição final, mas podemos propor uma reflexão/avaliação provisória: o argumento jurídico de MacKinnon oferece certa blindagem ao paternalismo e à utilização da proteção como argumento com potencial de levar a resultados não emancipatórios. Isso porque ele é baseado na concepção de igualdade antissubordinatória.

Nos últimos anos, MacKinnon começou a chamar o seu argumento de argumento da igualdade substantiva. Entendemos que essa nomenclatura capta melhor o ânimo de igualdade tal qual proposto pela autora, que é o de conferir um conteúdo ao princípio da igualdade: o combate a hierarquias de poder. Conforme exposto anteriormente, esse não é um argumento de igualdade de tratamento, igualdade de resultados nem de igualdade como participação igualitária na sociedade tal qual ela é, mas sim um argumento que desafia as estruturas da sociedade. Ou seja, para a autora, a participação igualitária não é apenas a assimilação de mulheres no mundo como ele é, mas sim uma mudança deste mundo, o que demanda não

[279] SIEGEL, Reva. Reasoning from the Body: A Historical Perspective on Abortion Regulation and Questions of Equal Protection. *Stanford Law Review*, [*s. l.*], v. 44, n. 2, p. 261-381, jan. 1992.

[280] *Gonzales v. Carhart*, 127 S. Ct. 1610 (2007), p. 1634.

[281] SIEGEL, Reva. The Right's Reasons: Constitutional Conflict and the Spread of Women Protective Antiabortion Argument. *Duke Law Journal*, [*s. l.*], v. 57, p. 1641-1692, p. 1643, 2008.

apenas uma reflexão sobre o que o mundo deve ser (quais *standards* devem ser modificados, por exemplo), mas também um olhar crítico sobre como categorias do Direito são moldadas e o que elas reproduzem. Vejamos como isso ocorre no caso específico do aborto.

Em primeiro lugar, MacKinnon propõe uma reconceptualização da norma que considere a situação da mulher. Isso leva à conclusão de que a atribuição de *status* de pessoa do feto deve ser definida pela situação da mulher, e, portanto, a autora propõe que o nascimento demarque a personalidade. Não porque o feto passa a ter uma troca oxicarbônica independente da mulher (critério biológico),[282] mas sim porque as desigualdades impactam a gravidez até o final e também o que dela se segue. Isso tem uma primeira repercussão importante: regulamentações que propõem que o aborto só pode ser feito até determinado marco temporal contradizem o que a igualdade antissubordinatória demanda.

Em segundo lugar, conforme apontado anteriormente, porque o argumento de MacKinnon não só questiona como a norma não leva em consideração experiências e interesses femininos, mas também se baseia no fato de que o aborto existe, como problema social, em virtude de desigualdades estruturais que fazem com que mulheres precisem recorrer a ele em primeiro lugar. O desafio de estruturas demanda também que se olhe criticamente para medidas paternalistas, como o aconselhamento ou a imposição de lapso de tempo entre o requerimento e o procedimento, por exemplo.[283] Quando analisamos a questão do aborto pensando na igualdade como igual participação na sociedade, medidas paternalistas emergem, muitas vezes, sob a justificativa da necessidade de proteção

[282] Entendimento encampado pelo ministro Marco Aurélio na ADI 3.510/DF (BRASIL. Supremo Tribunal Federal [Tribunal Pleno]. *Ação Direta de Inconstitucionalidade 3.510/DF*. Constitucional. Ação Direta de Inconstitucionalidade. Lei de Biossegurança. Impugnação em bloco do art. 5º da Lei n. 11.105, de 24 de março de 2005 (Lei de Biossegurança). Pesquisas com células-tronco embrionárias. Inexistência de violação do direito à vida. Constitucionalidade do uso de células-tronco embrionárias em pesquisas científicas para fins terapêuticos. [...]. Relator: Min. Ayres Britto. Brasília, DF, 28 maio 2008. Disponível em: https://redir.stf.jus.br/paginadorpub/paginador.jsp?docTP=AC&docID=611723. Acesso em: 17 mar. 2023).

[283] Medidas parecidas são adotadas na Alemanha (ALEMANHA, Tribunal Federal Alemão, 88 BVerfGE 203; Reforma ao Código Penal de 1995), em Portugal (PORTUGAL, Lei n. 16/2007), na França (Código de Saúde Pública, Lei n. 2001-588/2001 e Código Penal) e na Bélgica (BÉLGICA, Código Penal de 1867 [reforma de 1990]).

feminina e como formas de concretizar materialmente sua participação na sociedade. Desde medidas execráveis, como a esterilização forçada da mulher de Mococa, até medidas às vezes consideradas positivas, como aconselhamento, são justificadas pela necessidade de garantia de que mulheres participarão da sociedade da melhor maneira possível.[284]

Se não adotarmos a perspectiva da igualdade substantiva, não teremos como traçar uma linha entre intervenções positivas e intervenções negativas. Todavia, no enquadramento da igualdade substantiva, a linha é sempre a superação real de hierarquias sociais.[285] A partir dessa linha, medidas como esterilização forçada devem ser proibidas. Medidas como o aconselhamento, por outro lado, não devem ser necessariamente proibidas, especialmente tendo em vista que políticas de aconselhamento podem ter formas diferentes, como a de desaconselhar o aborto, de conferir informações enviesadas ou de apenas informar a mulher para que esta faça escolhas.[286] Entretanto, ao mesmo tempo, devem ser pensadas levando em consideração o seu papel no desmantelamento ou não de estruturas sociais.

Por exemplo, a utilização da igualdade substantiva como princípio norteador demandaria que se refletisse sobre como suposições sobre papéis socialmente atribuídos às mulheres moldam políticas como essas e até que ponto medidas paternalistas – mesmo que consideradas positivas, para a participação de mulheres na sociedade – são, na verdade, uma reatualização do controle patriarcal sobre a mulher. Da mesma forma, demandaria uma reflexão sobre políticas alternativas que ajudassem a diminuir a necessidade de se realizar um aborto em primeiro lugar, e não a realização do aborto em si.[287] Não temos a pretensão de conferir uma

[284] SIEGEL, Reva. Dignity and the Politics of Protection: Abortion Restrictions under Casey/Carhart. *The Yale Law Journal*, [*s. l.*], v. 117, n. 8, p. 1784, jun. 2008. Disponível em: https://digitalcommons.law.yale.edu/cgi/viewcontent.cgi?article=2131&context=fss_papers. Acesso em: 27 out. 2020.

[285] MACKINNON, Catharine. Substantive Equality Revisited: A Reply to Sandra Fredman. *International Journal of Constitutional Law*, [*s. l.*], v. 14, n. 3, p. 740, jul. 2016.

[286] SIEGEL, Reva. Dignity and the Politics of Protection: Abortion Restrictions under Casey/Carhart. *The Yale Law Journal*, [*s. l.*], v. 117, n. 8, p. 1753, jun. 2008. Disponível em: https://digitalcommons.law.yale.edu/cgi/viewcontent.cgi?article=2131&context=fss_papers. Acesso em: 27 out. 2020.

[287] SIEGEL, Reva. Dignity and the Politics of Protection: Abortion Restrictions under Casey/Carhart. *The Yale Law Journal*, [*s. l.*], v. 117, n. 8, p. 1715, jun. 2008. Disponível em: https://

avaliação final sobre o assunto do aconselhamento especificamente, mas, tão somente, de propor um enquadramento para que se reflita sobre o assunto.[288]

5.7. As contribuições do argumento

Na presente seção, refletimos criticamente acerca do argumento propositivo de Catharine MacKinnon sobre o aborto à luz de críticas feministas tecidas à sua obra de maneira ampla. Problematizamos o argumento em quatro pontos: primeiro, questionamos a qualidade das fontes utilizadas por MacKinnon para sustentar fatos.

Com a nossa leitura do texto, identificamos uma ausência quase completa de citações, o que, a princípio, poderia ser um problema, na medida em que o ponto nevrálgico do trabalho de MacKinnon é a construção de conhecimento de baixo para cima. Entretanto, a leitura também fez emergir um estranhamento, ligado não à qualidade das fontes, mas à necessidade delas. Em primeiro lugar, algumas afirmações de MacKinnon são tão óbvias quanto à sua veracidade que citações a dados e a estatísticas seriam quase idiossincráticas. Ademais, fez emergir também uma metaquestão sobre em que medida a necessidade imposta por normas acadêmicas convencionais não requer um limite à produção de conhecimento feminista, quando este tem a intenção de tratar de fatos antes ocultos (e, portanto, ainda pouco estudados) ou então que advêm de fontes não científicas, como relatos ouvidos em conversas informais.

Em um segundo momento, problematizamos os conceitos de "visão masculina do Direito" e de "ponto de vista das mulheres" a partir de críticas antiessencialistas e interseccionais. A "visão masculina do Direito" na obra de MacKinnon sintetiza a forma como a estrutura de poder masculino o molda. Entretanto, entendemos que o argumento não depende da aceitação da existência de uma estrutura única de poder para se sustentar, podendo ser reconstruído a partir de uma visão que mantenha a ideia

digitalcommons.law.yale.edu/cgi/viewcontent.cgi?article=2131&context=fss_papers. Acesso em: 27 out. 2020.

[288] Uma análise de ônus e bônus de medidas "protetivas" pode ser encontrada em https://reproductiverights.org/europes-abortion-laws-comparative-overview#footnoteref1_rubhxle. Acesso em: 14 mar. 2023.

de poder, mas que considere como a questão do aborto é formatada por estruturas interligadas de opressão.

No que se refere ao "ponto de vista das mulheres", entendemos que MacKinnon não tem a pretensão totalizante de dizer o que o aborto significa na vida de todas as mulheres, mas sim de olhar mulheres em contexto. Ou seja, o ponto de vista das mulheres pode ser lido como um olhar para um contexto determinado. MacKinnon poderia incorrer em essencialismo se quisesse fazer um argumento totalizante, como o de que a reprodução é sempre desigual em todas as suas etapas; entretanto, seu argumento é mais modesto e visa tão somente afirmar que, como se enxergam desigualdades na reprodução em geral, e no caso do aborto em específico, é possível sustentar que a criminalização viola a igualdade entre os gêneros.

Em terceiro lugar, questionamo-nos sobre quem são as mulheres do "ponto de vista das mulheres" no argumento de MacKinnon. Entendemos que, em sua análise da reprodução, a autora de fato construiu seu conhecimento de baixo para cima, e, assim, este emergiu de forma inerentemente interseccional.

Nossa quarta reflexão se deu sobre o fato de MacKinnon ter traduzido sua análise em um argumento baseado na igualdade de gênero, o que poderia apagar o fato de que experiências reprodutivas são moldadas por inúmeras forças convergentes de opressão. Argumentamos que, mesmo que no entendimento da autora a criminalização do aborto seja apenas entendida como um problema de gênero – gênero entendido como uma visão abstrata e isolada –, a sua visão de igualdade permite uma (eventual) reconstrução interseccional e antiessencialista. Entendemos também que a categoria "gênero" utilizada não precisa necessariamente ser uma categoria estática. Ou seja, em eventual reconstrução do argumento, o que deve mudar não é a utilização de gênero como categoria, mas sim o entendimento de que gênero não é algo isolado, mas sim constituído por inúmeros fatores.

Por fim, analisamos as implicações das críticas da agência parcial ao argumento de MacKinnon. Entendemos que estas não contradizem a visão de agência da autora em sua obra sobre aborto, na medida em que ela trabalha, justamente, nesse enquadramento. Ressaltamos também que a visão de igualdade que subjaz o argumento de MacKinnon tem o potencial de frear a imposição de regulações paternalistas como forma de "proteção" de mulheres nessa esfera.

Olhando retrospectivamente para a nossa análise, chegamos a uma conclusão importante: o conteúdo do que MacKinnon diz sobre aborto é importante. Entretanto, o que mais importa é a sua forma de olhar para o Direito. Ou seja, o que se retira de mais valioso, a nosso ver, é a sua radicalidade. É a radicalidade do método de construção de conhecimento a partir do "ponto de vista das mulheres" (que pode ser entendido como a construção de conhecimento atenta ao contexto). A radicalidade na sua visão de igualdade – substantiva –, que propõe uma análise crítica de estruturas e que demanda a sua subversão para a emancipação. Por fim, sua análise radical do Direito, pensando sobre suas categorias – como aborto – e princípios – como privacidade – de maneira atenta às estruturas de poder que operam na realidade.

Como argumento feminista, o argumento de MacKinnon não pode ser automaticamente transplantado para o Brasil, na medida em que é aderente ao contexto no qual foi construído. Em contrapartida, entendemos que é possível utilizar o enquadramento da autora – análise radical do problema do aborto e de seu tratamento jurídico – para refletir sobre a realidade brasileira e para a jurisprudência sobre o tema do aborto no Brasil, bem como para oferecer uma alternativa argumentativa baseada em seus *insights*.

PARTE II

EM DIREÇÃO A UMA NOVA PERSPECTIVA: O ABORTO NA CHAVE DA IGUALDADE SUBSTANTIVA

Conforme anunciado anteriormente, os argumentos apresentados por MacKinnon não podem ser automaticamente transplantados para o contexto brasileiro. Entretanto, entendemos que a forma de análise proposta (radical) pode ser útil para pensarmos sobre a jurisprudência que tem se formado nos últimos anos e, de maneira modesta, sobre aquela que se visa construir.

Nesta segunda parte, problematizamos alguns pontos das duas últimas decisões sobre o aborto tomadas no âmbito do STF – ADPF 54/DF e HC 124.306/RJ –, bem como a abordagem jurídica proposta na ADPF 442/DF, ação que visa à descriminalização do aborto até a 12ª semana. É importante ressaltar que aqui não visamos avaliar a qualidade das decisões ou das escolhas e estratégias adotadas pelas litigantes, mas, tão somente, utilizar o enquadramento proposto por MacKinnon como lente para reflexão sobre o Direito. Ressaltamos que o nosso olhar parecerá à leitora majoritariamente crítico. Isso não significa dizer que as decisões não tenham qualidades, mas, tão somente, que alguns problemas podem ser encontrados quando lidos à luz da análise radical.[289] Em seguida, apresentamos a tentativa de

[289] Para um olhar sobre qualidades da ADPF 54/DF, por exemplo – expostos a partir de outras perspectivas que não a feminista radical que adotamos: MACHADO, Marta Rodriguez de Assis; COOK, Rebecca. Constitucionalização do aborto no Brasil: uma análise a partir do caso da gravidez anencefálica. *Revista de Investigações Constitucionais*, Curitiba, v. 5, n. 3, p. 2239-2295, set.-dez. 2018; BARROSO, Luís Roberto. Bringing Abortion into the Brazilian Public Debate: Legal Strategies for Anencephalic Pregnancy. *In*: COOK, Rebecca; ERDMAN, Joanna; DICKENS, Bernard (eds.). *Abortion Law in Transnational Perspective*. Cases and Controversies. Philadelphia: University of Pennsylvania Press, 2014; DINIZ, Debora. Arquitetura de uma ação em três atos – Anencefalia no STF. *Direito.UnB*, [*s. l.*], v. 1, n. 2, p. 161-183, jul.-dez. 2014. Essas análises incluem reflexões sobre as portas argumentativas que a ADPF 54/DF abriu para

um argumento radical sobre o aborto aderente ao contexto brasileiro. Nesse ponto, é importante ressaltar que a apresentação é um teste, não a assunção de que o enquadramento é o melhor possível ou então o único.

a futura descriminalização do aborto via judiciário, sobre os impactos positivos da ação na reconstrução do debate público em torno da questão do aborto e sobre os impactos concretos que a decisão teve na vida de mulheres.

Capítulo 6
Análise Radical da Jurisprudência Sobre Aborto do Brasil

Um olhar para a jurisprudência sobre o aborto no Brasil inspirado pelas reflexões propostas por MacKinnon demanda, a nosso ver, duas questões distintas: primeiro, devemos nos perguntar qual é a visão sobre a relação estabelecida entre mulher e feto que a subjaz; segundo, qual é a concepção de igualdade que a permeia.

6.1. A visão da relação existente entre mulher e feto

Em um artigo recente, elaboramos uma análise feminista da ADPF 54/DF, na qual, entre outros pontos, identificamos que a ação foi julgada com base, justamente, na ideia de contraposição entre mulher e feto que permeia a norma que criminaliza o aborto.[290] Nessa ADPF, os papéis foram invertidos. O feto assumiu o papel daquele que faz mal à saúde, mata e faz sofrer pela sua inviabilidade, e a mãe, por sua vez, assumiu o papel do ser que é vitimizado pela situação. Os autores da ação tiveram a intenção nobre de reconceptualizar a relação entre mulher e feto como uma situação complexa – o que, inclusive, levou à renomeação do ato praticado em

[290] PENTEADO, Taís. The Abortion Jurisprudence in Brazil: An Analysis of ADPF 54 from Feminist Equality-Based Perspectives. *International Journal of Constitutional Law*, [*s. l.*], v. 19, n. 5, p. 1664-1682, nov. 2021.

casos de anencefalia para "antecipação terapêutica do parto". Entretanto, argumentamos ali que um olhar atento para a decisão nos mostra que o que pesou na deliberação dos ministros foi a ausência de vida ou de potencial de vida do feto. Ou seja, o fato seria atípico não porque a relação entre mulher e feto é complexa, mas sim porque o feto não contava com proteção jurídica. Argumentos baseados na ausência de culpabilidade, por sua vez, tinham uma estrutura similar. A situação foi equiparada ao aborto necessário, pelo prejuízo à saúde da mãe, ou então ao aborto por motivo de estupro, na medida em que a perda do feto ocasionaria sofrimentos à mãe.

No mesmo artigo, esboçamos uma análise – não tão completa quanto a da ADPF 54/DF – sobre o HC 124.306/RJ, no qual o ministro Luís Roberto Barroso, em voto-vista, decidiu, *in obter*, ser a prática do aborto, até à 12ª semana de gravidez, inconstitucional. Para além dos méritos do HC, verificamos algumas similaridades com a ADPF 54/DF, qual seja, estabeleceu-se a premissa de que, sem o corpo da mulher, o feto seria incapaz de subsistir biologicamente fora do útero até a 12ª semana de gravidez. Aqui é interessante notar que, novamente, o argumento – que depois se desenvolve com base em direitos da mulher – parte da premissa de que o embrião carece de *status* jurídico de pessoa, por sua inviabilidade fisiológica.

Em seguida, em um esforço louvável, o ministro afirma que a criminalização do aborto viola a autonomia da mulher, sua integridade física e psíquica, seus direitos sexuais e reprodutivos, a igualdade de gênero, a discriminação social e o impacto desproporcional sobre mulheres pobres. A argumentação principiológica é importante; entretanto, é interessante pensar que, antes dela, veio a ideia que, segundo o ministro, "subjaz o argumento", de que o feto, até o primeiro trimestre, carece de potencial de vida independente da mulher. O estranhamento torna-se ainda maior quando o ministro passa a analisar a questão a partir do princípio da proporcionalidade. Ora, se não há potencial de vida a ser protegido até a 12ª semana, parece-nos que não há o que ponderar. Inclusive, soa até um pouco cínico ponderar direitos das mulheres com um ente desprovido de potencial de vida.

Essa breve análise sugere que a ideia que subjaz ambas as decisões não subverte a visão de que mulheres e fetos são seres independentes que, na maior parte dos casos nos quais a mulher deseja abortar, têm interesses distintos. Em ambos os casos, a lógica que permeia a criminalização se mantém: não há crime – quando o feto não tem vida ou potencial de vida.

6.2. Os princípios utilizados

Em ambos os casos, parece-nos que a argumentação principiológica está condicionada à premissa de que o feto não tem proteção, por fatores fisiológicos. Analisamos os princípios utilizados na ADPF 54/DF em detalhe no artigo anteriormente referido[291] e chegamos à conclusão de que os princípios e direitos mais utilizados (dignidade, direito à saúde e autonomia) são princípios de matriz individual – ou seja, olham para como a criminalização do aborto prejudica mulheres em sua dimensão individual, mesmo que haja uma preocupação intensa com a necessidade de o Estado participar ativamente da promoção desses direitos. Refletindo sobre esse ponto à luz das críticas de MacKinnon à privacidade, a argumentação utilizada pelo STF tem a grande virtude de reconhecer o aborto como um problema que concerne não só ao indivíduo, mas também ao Estado. Entretanto, esse posicionamento, a nosso ver, está alinhado com a ideia de que o Estado tem o papel de concretizar direitos para a participação de cidadãs na sociedade, sem o questionamento necessário sobre as estruturas de poder que moldam o problema do aborto em si.

Esboçamos uma primeira reflexão sobre a decisão em *obiter* do ministro Barroso no HC 124.306/RJ no mesmo artigo; entretanto, ela merece ser desenvolvida aqui. No que se refere à constitucionalidade da criminalização do aborto, o ministro Barroso adota três argumentos principais. Primeiro, como já abordado, propõe que o *status* do feto depende da possibilidade de vida extrauterina, porque este depende, até a 12ª semana, do ventre materno para sobreviver. Segundo, argumenta que a criminalização do aborto viola alguns direitos das mulheres. Terceiro, analisa a questão à luz do princípio da proporcionalidade.

O primeiro princípio tido como violado é o da autonomia.[292] Esse princípio é entendido como núcleo essencial da liberdade individual,

[291] PENTEADO, Taís. The Abortion Jurisprudence in Brazil: An Analysis of ADPF 54 from Feminist Equality-Based Perspectives. *International Journal of Constitutional Law*, [*s. l.*], v. 19, n. 5, p. 1664-1682, nov. 2021.

[292] BRASIL. Supremo Tribunal Federal (1. Turma). *Habeas Corpus 124.306/RJ*. Direito processual penal. *Habeas corpus*. Prisão preventiva. Ausência dos requisitos para sua decretação.

protegido pela dignidade da pessoa humana, expressa no art. 1º, III, da Constituição Federal. Trata-se, para o ministro, do direito de fazer escolhas existenciais básicas e de tomar decisões morais sobre o rumo da própria vida, relacionado à privacidade que permite a vivência de valores, interesses e desejos. Nesse espaço, o Estado não tem direito de intervir.

Um primeiro comentário sobre essas assertivas é que há a crença na existência de uma esfera privada, na qual indivíduos são livres para vivenciar "valores, interesses e desejos". Analisado à luz da crítica de MacKinnon a *Roe*, o argumento acende muitas luzes vermelhas. Assim como *Roe*, a autonomia e a privacidade não são problematizadas. A reflexão que fazemos aqui não é totalizante, de que a autonomia é uma ilusão e de que a privacidade não é um ambiente de realização importante, mas sim de que o ministro assume integralmente a visão liberal, sem considerar como a esfera privada não é necessariamente um ambiente de liberdade, pois há, em muitos casos, assimetrias de poder que moldam as escolhas, bem como valores, interesses e desejos. O argumento aqui não é só o de que o ambiente físico privado é o ambiente no qual mulheres muitas vezes sofrem grandes violências, mas também o ideológico, de que a ideia de autonomia, sem considerações sobre igualdade, torna-se artificial.

O segundo princípio é o da integridade física e psíquica (art. 5º, *caput* e III).[293] De acordo com o ministro, a integridade se relaciona à saúde e à segurança e diz respeito ao fato de a mulher sofrer transformações, riscos e consequências indesejadas em uma gestação e ainda ter que conviver com o sofrimento de ter sua vida modificada para sempre com o

inconstitucionalidade da incidência do tipo penal do aborto no caso de interrupção voluntária da gestação no primeiro trimestre. Ordem concedida de ofício. 1. O *habeas corpus* não é cabível na hipótese. Todavia, é o caso de concessão da ordem de ofício, para o fim de desconstituir a prisão preventiva, com base em duas ordens de fundamentos. [...]. Relator: Min. Marco Aurélio. Julgamento: 9 de agosto de 2016. Brasília, DF, *DJe* de 16 mar. 2017, p. 9. Disponível em: https://jurisprudencia.stf.jus.br/pages/search/sjur364766/false. Acesso em: 17 mar. 2023.

[293] BRASIL. Supremo Tribunal Federal (1. Turma). *Habeas Corpus 124.306/RJ*. Direito processual penal. *Habeas corpus*. Prisão preventiva. Ausência dos requisitos para sua decretação. inconstitucionalidade da incidência do tipo penal do aborto no caso de interrupção voluntária da gestação no primeiro trimestre. Ordem concedida de ofício. 1. O *habeas corpus* não é cabível na hipótese. Todavia, é o caso de concessão da ordem de ofício, para o fim de desconstituir a prisão preventiva, com base em duas ordens de fundamentos. [...]. Relator: Min. Marco Aurélio. Julgamento: 9 de agosto de 2016. Brasília, DF, *DJe* de 16 mar. 2017, p. 9. Disponível em: https://jurisprudencia.stf.jus.br/pages/search/sjur364766/false. Acesso em: 17 mar. 2023.

nascimento de um filho. Apesar de o direito à saúde ser um direito social, a ideia de integridade física também é um direito individual. Não há aqui o questionamento sobre dimensões estruturais e de grupo que influenciam no fato de mulheres precisarem abortar e na própria existência da norma que criminaliza o aborto.

O mesmo comentário pode ser feito quanto à formulação de Barroso sobre direitos sexuais e reprodutivos. Ele caracteriza esses direitos como "o direito de toda mulher de decidir se e quando deseja ter filhos, sem discriminação, coerção ou violência, bem como o maior grau possível de saúde sexual e reprodutiva".[294] O ministro complementa essa ideia dizendo que a sexualidade feminina foi historicamente oprimida e que mulheres não puderam desfrutar de uma vida sexual ativa e prazerosa, como se reconhece aos homens. MacKinnon responderia a essa concepção de Barroso com um desafio não a como mulheres foram historicamente excluídas da sexualidade nos termos dos homens, mas como a própria sexualidade foi construída. MacKinnon concordaria com a ideia de que mulheres devem poder decidir se e quando desejam ter filhos, sem discriminação, coerção ou violência, mas demandaria uma explicação sobre o que é e deve ser considerado "discriminação, coerção ou violência". A problematização feita aqui não adota o ponto de vista de MacKinnon sobre a sexualidade ser sempre subordinatória, mas a de que a visão completamente acrítica da sexualidade (algo que nem mesmo algumas feministas pró-sexo mais fervorosas aceitariam)[295] tem sim, pelo menos em alguma medida, dimensões subordinatórias.

Ao contrário do que ocorre na ADPF 54/DF, Barroso lança mão de uma discussão sobre a igualdade de gênero, define a violação desse princípio como "a hierarquização dos indivíduos e as desequiparações infundadas"[296]

[294] Voto do ministro Luís Roberto Barroso no *Habeas Corpus 124.306/RJ*, p. 10 (BRASIL. Supremo Tribunal Federal (1. Turma). *Habeas Corpus 124.306/RJ*, Relator: Min. Marco Aurélio. Julgamento: 9 de agosto de 2016. Brasília, DF, *DJe* de 16 mar. 2017. Disponível em: https://jurisprudencia.stf.jus.br/pages/search/sjur364766/false. Acesso em: 17 mar. 2023.

[295] VANCE, Carole. Pleasure and Danger: Toward a Politics of Sexuality. *In*: VANCE, Carol (ed.). *Pleasure and Danger*: Exploring Female Sexuality. Londres: Pandora Press, 1992.

[296] BRASIL. Supremo Tribunal Federal (1. Turma). *Habeas Corpus 124.306/RJ*. Direito processual penal. *Habeas corpus*. Prisão preventiva. Ausência dos requisitos para sua decretação. inconstitucionalidade da incidência do tipo penal do aborto no caso de interrupção voluntária da gestação no primeiro trimestre. Ordem concedida de ofício. 1. O *habeas corpus* não é cabível

e propõe que se combata as injustiças históricas, econômicas e sociais. Segundo o ministro, a subordinação histórica de mulheres promoveu a desigualdade socioeconômica, bem como visões sobre o papel atribuído a mulheres – como a ideia de maternidade compulsória. Para Barroso, como mulheres engravidam e homens não, a igualdade só será plena se mulheres puderem decidir sobre a sua manutenção. Utilizando as palavras do ministro Ayres Britto, já canonizadas em discussões sobre o aborto, o ministro termina seu argumento: "[...] se os homens engravidassem, não tenho dúvida em dizer que seguramente o aborto seria descriminalizado de ponta a ponta".[297]

O uso da palavra "hierarquização" já chamaria a atenção – positivamente – da autora Catharine MacKinnon. Diferentemente da adoção da ideia de igualdade como consistência de tratamento, Barroso reconhece a existência de hierarquias. Entretanto, perguntamo-nos: o que é o desmantelamento de hierarquia para ele? O ministro não desenvolve muito o seu ponto, mas nos parece que o autor compreende o desmantelamento de hierarquias como participação igualitária na sociedade – novamente, sem questionar seus alicerces. Ou seja, Barroso entende, por exemplo, que, quando mulheres ocuparem uma melhor posição socioeconômica, se livrarem de estereótipos e puderem abortar, haverá igualdade entre os gêneros. Não temos tanta certeza de que essa visão corresponde à visão de igualdade proposta por MacKinnon, não pela forma como o ministro formula seu argumento de igualdade – de forma elusiva –, mas pela forma como entende os outros princípios.

na hipótese. Todavia, é o caso de concessão da ordem de ofício, para o fim de desconstituir a prisão preventiva, com base em duas ordens de fundamentos. [...]. Relator: Min. Marco Aurélio. Julgamento: 9 de agosto de 2016. Brasília, DF, *DJe* de 16 mar. 2017, p. 11. Disponível em: https://jurisprudencia.stf.jus.br/pages/search/sjur364766/false. Acesso em: 17 mar. 2023.

[297] BRASIL. Supremo Tribunal Federal (1. Turma). *Habeas Corpus 124.306/RJ*. Direito processual penal. *Habeas corpus*. Prisão preventiva. Ausência dos requisitos para sua decretação. inconstitucionalidade da incidência do tipo penal do aborto no caso de interrupção voluntária da gestação no primeiro trimestre. Ordem concedida de ofício. 1. O *habeas corpus* não é cabível na hipótese. Todavia, é o caso de concessão da ordem de ofício, para o fim de desconstituir a prisão preventiva, com base em duas ordens de fundamentos. [...]. Relator: Min. Marco Aurélio. Julgamento: 9 de agosto de 2016. Brasília, DF, *DJe* de 16 mar. 2017, p. 11. Disponível em: https://jurisprudencia.stf.jus.br/pages/search/sjur364766/false. Acesso em: 17 mar. 2023.

Ademais, a frase de Ayres Britto é bastante assertiva; entretanto, à luz da visão de igualdade substantiva, ela é insuficiente – a nosso ver, de duas maneiras. Primeiro porque, se homens engravidassem, talvez hoje eles estivessem no papel subordinado e, assim como muitas mulheres, não seriam detentores de poder. Segundo porque, mesmo que ao engravidar mantivessem um papel privilegiado na hierarquia, a análise radical iria além, diria que a necessidade de fazer um aborto seria provavelmente bem diferente, já que muitos homens controlam o acesso sexual a seus corpos de maneira significativa, abandonam seus filhos quando não têm vontade de cuidar – algo muito comum no Brasil, por exemplo – e não têm a eles papéis sociais e expectativas impostos. Dizemos "muitos homens", e não "homens", porque é claro que muitos deles lidam com a pobreza, com o encarceramento, com a criminalização sistemática, com a falta de oportunidades e com o racismo, o que nos leva a tomar cuidado com generalizações. De qualquer forma, a experiência reprodutiva – que vai desde o sexo até o fim da vida – seria significativamente diferente.

Por fim, Barroso afirma que a criminalização do aborto discrimina socialmente e impacta de maneira desproporcional mulheres pobres. Esse fato é inegável; entretanto, esse argumento de igualdade segue o modelo de consistência de tratamento (no caso, mulheres ricas e pobres) e não o de reflexão sobre por que mulheres pobres ocupam o papel que ocupam. Ou seja, não olha para as estruturas de poder que as constroem. Ademais, Barroso adere ao modelo identificado por Angela Harris como "*woman* +". Ou seja, mulheres ricas sofrem com o aborto. Mulheres pobres sofrem mais ainda.

A isso Harris diria: mulheres pobres têm uma experiência completamente distinta, formada por sua posição de mulher pobre. Crenshaw iria além e diria: são as estruturas de poder que moldam a experiência reprodutiva de mulheres pobres que importam para o alcance de uma igualdade efetivamente antissubordinatória. Isso não significa dizer que mulheres ricas não tenham privilégios e contribuam para a opressão de mulheres pobres. Significa que o privilégio é estrutural, e não fruto de diferença de tratamento. O simples fato de Barroso considerar como mulheres pobres sofrem desproporcionalmente já é valioso. Entretanto, isso não basta para que a decisão seja interseccional. Se o ministro tivesse considerado estruturas de poder, por exemplo, ele talvez devesse ponderar que mulheres pobres experienciam a reprodução de forma que muitas vezes não descobrem a gravidez (indesejada) até a 12ª semana. Esse foi o caso, por exemplo, da menina de 10 anos do Espírito Santo.

Após tratar dos princípios, Barroso passa a se debruçar sobre a criminalização do aborto a partir do princípio da proporcionalidade. Ou seja, é proporcional criminalizar a mulher quando seu feto não tem potencial de vida? Ironias à parte, em seu argumento, o ministro pretende analisar a relação entre meios e fins. Em primeiro lugar, visa investigar se a criminalização protege o feto. Em segundo lugar, tem por objetivo analisar se não há outro meio que proteja melhor esse bem jurídico, restringindo menos os direitos das mulheres. Por fim, pensa se a tipificação se justifica a partir da análise de seus custos e benefícios.[298]

Apesar de os resultados da ponderação levada a cabo por Barroso serem positivos, esse método interpretativo é completamente alheio a discussões sobre assimetrias de poder e dominação.[299] Trata-se de um argumento baseado na ideia de racionalidade entre meios e fins, que, de antemão, não impõe barreira nenhuma à perpetuação da dominação. Ou seja, por mais que Barroso, nesse momento, seja particularmente eloquente sobre os males da criminalização do aborto para mulheres, o simples fato de ele se basear na ideia de que, ao menos em alguns casos, medidas que perpetuam a dominação de algum grupo são justificáveis já é bastante problemático.[300]

Esse é um problema estrutural do método, que parte da idcia dc quc, a princípio, duas demandas são igualmente válidas sem propor uma reflexão séria sobre o que constitui o problema em primeiro lugar. A título de exemplo, imaginemos uma disputa na qual um grupo de racistas afirma que

[298] BRASIL. Supremo Tribunal Federal (1. Turma). *Habeas Corpus 124.306/RJ*. Direito processual penal. *Habeas corpus*. Prisão preventiva. Ausência dos requisitos para sua decretação. inconstitucionalidade da incidência do tipo penal do aborto no caso de interrupção voluntária da gestação no primeiro trimestre. Ordem concedida de ofício. 1. O *habeas corpus* não é cabível na hipótese. Todavia, é o caso de concessão da ordem de ofício, para o fim de desconstituir a prisão preventiva, com base em duas ordens de fundamentos. [...]. Relator: Min. Marco Aurélio. Julgamento: 9 de agosto de 2016. Brasília, DF, *DJe* de 16 mar. 2017, p. 12. Disponível em: https://jurisprudencia.stf.jus.br/pages/search/sjur364766/false. Acesso em: 17 mar. 2023.

[299] MOREIRA, Adilson. *Pensando como um negro*: ensaio de hermenêutica jurídica. São Paulo: Contracorrente, 2019, p. 253.

[300] Não existem princípios absolutos, mas, mesmo assim, essa é uma escolha normativa que pode ser questionada – não aqui, mas como agenda para o futuro. Entretanto, é possível dizer mais.

a possibilidade de racismo recreativo é parte de sua liberdade de expressão.[301] Do outro lado da disputa, há um grupo que defende que o racismo recreativo viola a igualdade. Nesse caso, o ministro Barroso poderia levar a cabo uma ponderação, mas o fato de que o racismo recreativo só existe porque vivemos em um mundo de dominação mantém-se não discutido. Da mesma forma, no caso do aborto, o fato de mulheres só precisarem fazer um aborto em razão da dominação também se mantém inquestionado.

No que se refere à adequação, Barroso defende que a criminalização do aborto não serve para proteger o bem jurídico da norma, qual seja, o feto, assumindo que o objetivo da norma é esse, sem considerar outros eventuais motivos mais coerentes com os valores sociais, como controlar mulheres, por exemplo. Nesse momento, o ministro afirma também que a criminalização do aborto não só não protege a vida do feto, mas também mina a vida de mulheres. Aqui, novamente ele insiste no sintoma, e não na causa do problema.

Por fim, Barroso afirma que a reprovação moral do aborto por grupos religiosos ou por quem quer que seja é legítima. "O que foge à razão pública é a possibilidade de um dos lados, em um tema eticamente controvertido, criminalizar a posição do outro."[302] Essa frase é bastante problemática, pois, novamente, assume que todas as posições em um tema eticamente controvertido são legítimas. É possível que o debate sobre aborto seja um debate sobre a vida. Entretanto, é necessário no mínimo colocar a questão sobre essa ser a única motivação e quais as forças que moldam tal preferência. Ademais, não queremos defender nenhuma criminalização necessariamente, mas o Estado (e o STF[303]) mantém, atualmente, um

301 MOREIRA, Adilson. *Pensando como um negro*: ensaio de hermenêutica jurídica. São Paulo: Contracorrente, 2019.

302 BRASIL. Supremo Tribunal Federal (1. Turma). *Habeas Corpus 124.306/RJ*. Direito processual penal. *Habeas corpus*. Prisão preventiva. Ausência dos requisitos para sua decretação. inconstitucionalidade da incidência do tipo penal do aborto no caso de interrupção voluntária da gestação no primeiro trimestre. Ordem concedida de ofício. 1. O *habeas corpus* não é cabível na hipótese. Todavia, é o caso de concessão da ordem de ofício, para o fim de desconstituir a prisão preventiva, com base em duas ordens de fundamentos. [...]. Relator: Min. Marco Aurélio. Julgamento: 9 de agosto de 2016. Brasília, DF, *DJe* de 16 mar. 2017, p. 14. Disponível em: https://jurisprudencia.stf.jus.br/pages/search/sjur364766/false. Acesso em: 17 mar. 2023.

303 BRASIL. Supremo Tribunal Federal. *Ação Direta de Inconstitucionalidade por Omissão 26/DF*. Relator: Min. Celso de Mello. Brasília, DF, *DJe* de 24 de fevereiro de 2022. Disponível em: https://portal.stf.jus.br/processos/detalhe.asp?incidente=4515053. Acesso em: 17 mar. 2023.

posicionamento de que às vezes a luta pela igualdade permite, sim, sua interferência em disputas eticamente controvertidas. O ponto aqui é: sim, o Estado pode interferir em controvérsias morais, para promover a igualdade. E, no caso do aborto, especificamente, a descriminalização pode se dar na forma da não intervenção e da intervenção. Olhar a questão do aborto à luz da igualdade substantiva impõe que se reflita sobre qual dessas posturas é melhor.

Em seguida, Barroso passa a analisar a necessidade da criminalização do aborto. Nesse ponto, tenta refletir sobre meios alternativos para proteger o direito à vida do nascituro, mas ainda com menor restrição aos direitos das mulheres.[304] Subjacente a esse argumento encontra-se, novamente, a ideia de que o aborto é inerentemente negativo para o feto. Essa visão vai de encontro à de que a gravidez se trata de uma relação entre dois seres, e é uma interpretação alienada ao que de fato se passa na vida de mulheres grávidas em uma sociedade permeada por desigualdades.

Apesar disso, nesse momento, o ministro traz uma reflexão necessária sobre políticas alternativas que poderiam ser adotadas como formas de se evitar a gravidez indesejada, que ataquem fatores socioeconômicos que causam gravidezes indesejadas e que influenciam na escolha de abortar ou não. Esse é um ponto significativo. Entretanto, parece que Barroso, ainda assim, limita-se a uma visão de igualdade como participação igualitária (que é a única compreensão possível, fazendo uma leitura sistemática dos argumentos apresentados no voto), que entende que a intervenção do Estado é uma medida de proteção. Isso reabre a discussão sobre quando medidas protetivas deixam de ser emancipatórias para serem perversas. A resposta provisória que tentamos apresentar é utilizar a igualdade substantiva como guia para o que é o desmantelamento da hierarquia e quais são as medidas que promovem isso. Ou seja, entendemos que o ponto

[304] BRASIL. Supremo Tribunal Federal (1. Turma). *Habeas Corpus 124.306/RJ*. Direito processual penal. *Habeas corpus*. Prisão preventiva. Ausência dos requisitos para sua decretação. inconstitucionalidade da incidência do tipo penal do aborto no caso de interrupção voluntária da gestação no primeiro trimestre. Ordem concedida de ofício. 1. O *habeas corpus* não é cabível na hipótese. Todavia, é o caso de concessão da ordem de ofício, para o fim de desconstituir a prisão preventiva, com base em duas ordens de fundamentos. [...]. Relator: Min. Marco Aurélio. Julgamento: 9 de agosto de 2016. Brasília, DF, *DJe* de 16 mar. 2017, p. 15. Disponível em: https://jurisprudencia.stf.jus.br/pages/search/sjur364766/false. Acesso em: 17 mar. 2023.

poderia ser ainda mais forte se Barroso o tivesse construído levando em consideração a ideia de igualdade substantiva.

Por fim, analisa a situação a partir do subprincípio da proporcionalidade em sentido estrito, refletindo sobre os "custos e benefícios[305]" da criminalização. Aqui, o ministro faz, basicamente, um apanhado geral do que foi dito. Argumenta que a tipificação penal do aborto (que, interessantemente, ele mantém ao final do voto) produz um grau elevado de restrição aos direitos das mulheres, ou, como ele diz, "confere uma proteção deficiente" a estes, o que gera custos sociais e para o sistema de saúde (qual a proteção existente, é uma pergunta ainda a ser respondida). Ainda, sustenta que a criminalização do aborto não protege os direitos do feto e que, entretanto, é preciso reconhecer que o "peso concreto do direito à vida do nascituro varia de acordo com o estágio de seu desenvolvimento na gestação". O grau de proteção constitucional do feto, de acordo com o ministro, aumenta conforme a gravidez avança e o feto adquire viabilidade extrauterina.[306]

Aqui existem dois problemas. Um deles relaciona-se ao rigor da argumentação. A utilização da possibilidade de vida extrauterina é uma escolha normativa como outra qualquer que, entretanto, foi naturalizada pelo ministro como um fato óbvio do mundo. No entanto, mesmo que seja um fato do mundo do ser, não é, necessariamente, importante para o mundo do dever ser. A linha traçada por Barroso é arbitrária, e, além disso, uma leitura desse argumento à luz da igualdade substantiva ainda a

[305] BRASIL. Supremo Tribunal Federal (1. Turma). *Habeas Corpus 124.306/RJ*. Direito processual penal. *Habeas corpus*. Prisão preventiva. Ausência dos requisitos para sua decretação. inconstitucionalidade da incidência do tipo penal do aborto no caso de interrupção voluntária da gestação no primeiro trimestre. Ordem concedida de ofício. 1. O *habeas corpus* não é cabível na hipótese. Todavia, é o caso de concessão da ordem de ofício, para o fim de desconstituir a prisão preventiva, com base em duas ordens de fundamentos. [...]. Relator: Min. Marco Aurélio. Julgamento: 9 de agosto de 2016. Brasília, DF, *DJe* de 16 mar. 2017, p. 12. Disponível em: https://jurisprudencia.stf.jus.br/pages/search/sjur364766/false. Acesso em: 17 mar. 2023.

[306] BRASIL. Supremo Tribunal Federal (1. Turma). *Habeas Corpus 124.306/RJ*. Direito processual penal. *Habeas corpus*. Prisão preventiva. Ausência dos requisitos para sua decretação. inconstitucionalidade da incidência do tipo penal do aborto no caso de interrupção voluntária da gestação no primeiro trimestre. Ordem concedida de ofício. 1. O *habeas corpus* não é cabível na hipótese. Todavia, é o caso de concessão da ordem de ofício, para o fim de desconstituir a prisão preventiva, com base em duas ordens de fundamentos. [...]. Relator: Min. Marco Aurélio. Julgamento: 9 de agosto de 2016. Brasília, DF, *DJe* de 16 mar. 2017, p. 16. Disponível em: https://jurisprudencia.stf.jus.br/pages/search/sjur364766/false. Acesso em: 17 mar. 2023.

problematizaria por ser alheia à necessidade de mulheres que continuam a enfrentar desigualdades mesmo depois de três meses de gravidez. Ademais, sendo a viabilidade o marco, a defesa do direito ao aborto estará sempre nas mãos da ciência.

Ao final do voto, Barroso entende ser preciso conferir interpretação conforme a Constituição aos arts. 124 e 126 do CP, para excluir do seu âmbito de incidência a interrupção voluntária da gestação efetivada no primeiro trimestre. Adotando aqui não apenas a lente proposta por MacKinnon, mas também sua ironia, é possível também dizer que o ministro interpretou a Constituição para criminalizar o aborto a partir da 12ª semana.

Capítulo 7
Análise Radical do Tratamento do Aborto na ADPF 442/DF

A ADPF 442/DF foi proposta pelo Partido Socialismo e Liberdade (PSOL) em 6 de março de 2017 e visa à não recepção parcial dos arts. 124 e 126 do Código Penal (CP), para excluir do seu âmbito de incidência a interrupção da gestação induzida e voluntária realizada nas primeiras semanas, por serem incompatíveis com

> [a] dignidade da pessoa humana e cidadania das mulheres e a promoção da não discriminação como princípios fundamentais da República e por violarem direitos fundamentais das mulheres à vida, à liberdade, à integridade física e psicológica, à igualdade de gênero, à proibição de tortura ou tratamento desumano e degradante, à saúde e ao planejamento família.[307]

A parte reclamante afirma, logo de início, que recorre à ideia de direito como integridade, que propõe a coerência tanto vertical quanto horizontal do direito, e que, a partir desse entendimento, a ação deveria ser entendida

[307] BRASIL. Supremo Tribunal Federal. *Arguição de Descumprimento de Preceito Fundamental 442/DF*. Relatora: Min. Rosa Weber. Brasília, DF, petição inicial apresentada pelo PSOL em 26 de março de 2018, p. 61. Disponível em: https://portal.stf.jus.br/processos/detalhe.asp?incidente=5144865. Acesso em: 17 mar. 2023.

como parte da linha de continuidade entre as decisões da Suprema Corte no HC 84.025/RJ, na ADI 3.510/DF, na ADPF 54/DF e no HC 124.306/RJ, os quais "estabeleceram as premissas para o enfrentamento da questão constitucional do aborto".[308]

A petição defende a descriminalização do aborto até a 12ª semana com base em dois métodos interpretativos: em primeiro lugar, "percorre a natureza jurídica da dignidade da pessoa humana, por dimensões essenciais vinculadas a outros direitos constitucionais". Em segundo lugar, pelo teste da proporcionalidade, no qual se argumenta que a criminalização do aborto não se fundamenta em um objetivo constitucional legítimo, não coíbe a prática dele e não promove os meios mais eficazes de prevenção a ele.[309]

Antes de adentrar na argumentação, entretanto, o PSOL identifica as premissas pacificadas pelas decisões que envolvem direitos reprodutivos tomadas pelo STF.[310] No que se refere à ADI 3.510/DF (em que se questionava a possibilidade de pesquisa com células-tronco), a reclamante afirma que o STF superou a pergunta sobre o início da vida como condição de possibilidade para a constitucionalidade de pesquisa com embriões e fundamentou a interpretação de que não há como imputar aos embriões o estatuto de pessoa ou mesmo o caráter absoluto do direito à vida.[311]

[308] BRASIL. Supremo Tribunal Federal. *Arguição de Descumprimento de Preceito Fundamental 442/DF*. Relatora: Min. Rosa Weber. Brasília, DF, petição inicial apresentada pelo PSOL em 26 de março de 2018, p. 2. Disponível em: https://portal.stf.jus.br/processos/detalhe.asp?incidente=5144865. Acesso em: 17 mar. 2023.

[309] BRASIL. Supremo Tribunal Federal. *Arguição de Descumprimento de Preceito Fundamental 442/DF*. Relatora: Min. Rosa Weber. Brasília, DF, petição inicial apresentada pelo PSOL em 26 de março de 2018, p. 5. Disponível em: https://portal.stf.jus.br/processos/detalhe.asp?incidente=5144865. Acesso em: 17 mar. 2023.

[310] BRASIL. Supremo Tribunal Federal. *Arguição de Descumprimento de Preceito Fundamental 442/DF*. Relatora: Min. Rosa Weber. Brasília, DF, petição inicial apresentada pelo PSOL em 26 de março de 2018, p. 26. Disponível em: https://portal.stf.jus.br/processos/detalhe.asp?incidente=5144865. Acesso em: 17 mar. 2023.

[311] "[...] assentou não ser suficiente a existência de criatura humana em desenvolvimento para a presunção de direitos fundamentais, como o direito à vida, pois é no nascimento com potência de vida que deve repousar o marco para a personalidade jurídica". Como respaldo, cita trecho do voto do ministro Marco Aurélio: "A personalidade jurídica, a possibilidade de considerar-se o surgimento de direitos depende do nascimento com vida [...] vir o fruto desta última [gravidez], separado do ventre materno, a proceder à denominada troca oxicarbônica com o meio ambiente" (BRASIL. Supremo Tribunal Federal. *Arguição de Descumprimento de Preceito*

A ADPF 54/DF teria tido o papel de alinhar-se com a tendência de enfrentamento da questão de aborto por casais e reafirmou o entendimento de que não há direito absoluto. O HC 124.306/RJ, por sua vez, interpretou a questão do aborto como decisão reprodutiva moralmente razoável e considerou que sua criminalização viola inúmeros direitos fundamentais.[312]

O primeiro argumento proposto pelo PSOL é o de que a criminalização do aborto viola a dignidade da pessoa humana, a cidadania e a não discriminação das mulheres e que impacta nos direitos à vida, à liberdade, à igualdade, à proibição da tortura, à saúde e ao planejamento familiar.

Em primeiro lugar, analisa a dimensão intrínseca da dignidade humana. Nesse momento, o objetivo da autora é reiterar o fato de que o feto não detém *status* de pessoa constitucional; defende que, por essa razão, não há conflito de direitos entre mulher e feto, porque "a condição existencial do feto é ontologicamente dependente da integridade física e mental da mulher que o gesta".[313] A princípio, a leitura desse trecho parece promissora, na medida em que se atrela o feto à mulher, considerando a relação uma "duplicidade na unidade". Entretanto, não fica claro qual é o critério, no limite, para a proteção ou não do feto. Isso porque, de um lado, fala-se em "duplicidade na unidade" e, de outro, pleiteia-se a descriminalização do aborto até o terceiro mês, deixando a unidade de lado, em prol da individualidade (do feto).[314] Se se trata realmente de "duplicidade na unidade", levando-se em consideração a proposta de MacKinnon, qual seja, de a relação única existente entre mulher e feto no mundo desigual

Fundamental 442/DF. Relatora: Min. Rosa Weber. Brasília, DF, petição inicial apresentada pelo PSOL em 26 de março de 2018, p. 25. Disponível em: https://portal.stf.jus.br/processos/detalhe.asp?incidente=5144865. Acesso em: 17 mar. 2023).

312 BRASIL. Supremo Tribunal Federal. *Arguição de Descumprimento de Preceito Fundamental 442/DF*. Relatora: Min. Rosa Weber. Brasília, DF, petição inicial apresentada pelo PSOL em 26 de março de 2018, p. 27. Disponível em: https://portal.stf.jus.br/processos/detalhe.asp?incidente=5144865. Acesso em: 17 mar. 2023.

313 BRASIL. Supremo Tribunal Federal. *Arguição de Descumprimento de Preceito Fundamental 442/DF*. Relatora: Min. Rosa Weber. Brasília, DF, petição inicial apresentada pelo PSOL em 26 de março de 2018, p. 34. Disponível em: https://portal.stf.jus.br/processos/detalhe.asp?incidente=5144865. Acesso em: 17 mar. 2023.

314 BRASIL. Supremo Tribunal Federal. *Arguição de Descumprimento de Preceito Fundamental 442/DF*. Relatora: Min. Rosa Weber. Brasília, DF, petição inicial apresentada pelo PSOL em 26 de março de 2018, p. 34. Disponível em: https://portal.stf.jus.br/processos/detalhe.asp?incidente=5144865. Acesso em: 17 mar. 2023.

ser o critério para a demarcação do *status* de pessoa do feto, não faz sentido traçar uma linha baseada na possibilidade de vida extrauterina.

No que se refere à violação dos princípios, a autora argumenta, em resumo, que: (i) a criminalização do aborto compromete a dignidade da pessoa humana e a cidadania das mulheres, pois "não lhes reconhece a capacidade ética e política de tomar decisões reprodutivas relevantes para a realização do seu projeto de vida" (art. 1º, II e III, da CF); (ii) afronta a não discriminação, na medida em que a criminalização tem impacto desproporcional na vida de mulheres que não detêm acesso à informação e poder econômico para realização do aborto e que, consequentemente, são as que mais arriscam suas vidas e saúde, bem como são as mais punidas (art. 3º, IV); (iii) viola a saúde, a integridade física e psíquica de mulheres e a proibição à tortura e ao tratamento desumano ou degradante, por causar dor e sofrimentos agudos, "ainda mais graves e previsíveis conforme condições específicas de vulnerabilidade" (arts. 5º, III, e 6º); (iv) viola o direito à vida e à segurança de mulheres que são relegadas a procedimentos clandestinos inseguros (art. 5º, *caput*); (v) viola o direito ao planejamento familiar, na medida em que a mulher é impedida de tomar uma decisão reprodutiva relevante e crucial (art. 226, § 7º), bem como seu direito à liberdade e seus direitos sexuais e reprodutivos, considerando que impede decisões responsáveis sobre a sexualidade, sem risco de sofrer coerção ou violência, bem como viver a sexualidade livremente; por fim, (vi) viola o princípio da igualdade de gênero e a não discriminação (arts. 5º, *caput*, e 3º, IV), uma vez que impõe a mulheres "condições mais gravosas, inclusive perigosas a sua vida e saúde [...] desproporcionais em comparação com as condições para a tomada das mesmas decisões por parte dos homens [...]".[315]

Em seguida, a autora procede à análise da criminalização do aborto à luz do princípio da proporcionalidade – mesmo que deixe claro ser um argumento alternativo, já que a tese principal é a de que o feto não conta com *status* de pessoa constitucional. O caminho percorrido é, basicamente, o mesmo levado a cabo pelo ministro Barroso. No que se refere à

[315] BRASIL. Supremo Tribunal Federal. *Arguição de Descumprimento de Preceito Fundamental 442/DF*. Relatora: Min. Rosa Weber. Brasília, DF, petição inicial apresentada pelo PSOL em 26 de março de 2018, p. 8-12. Disponível em: https://portal.stf.jus.br/processos/detalhe.asp?incidente=5144865. Acesso em: 17 mar. 2023.

adequação, a autora apresenta inúmeros dados que atestam a ineficácia da criminalização do aborto para a proteção do bem jurídico, bem como para demonstrar o quão recorrente é a prática do aborto, colocando-se como obstáculo a práticas educativas sobre planejamento familiar e levando ao aborto clandestino.[316] No que concerne à necessidade, conclui que outras práticas, como políticas adequada em saúde, teriam efeitos muito mais eficazes na proteção intrínseca do humano no embrião.[317] Por fim, é levado a cabo o teste da proporcionalidade estrita, no qual se faz um "balanço cru" do impacto concreto da lei. Aqui, destaca novamente a ineficácia da criminalização, e ainda argumenta que o estigma da criminalização do aborto alcança não só o aborto ilegal, mas também a concretização do direito ao aborto legal.[318]

De fato, como bem apontou a autora no começo, a ADPF 442/DF é, realmente, um elo na cadeia formada pela ADPF 54/DF e pelo HC 124.306/RJ. Enquanto isso tem impactos positivos para o direito, na medida em que a congruência é importante, a ADPF 442/DF, de certa forma, herda as fragilidades tanto da ADPF 54/DF quanto do HC 124.306/RJ.

Em primeiro lugar, atrela o *status* jurídico do feto ao seu *status* fisiológico, deixando de lado, após o terceiro mês de gestação, a situação da mulher. Em segundo lugar, faz uso de direitos de matriz liberal. A concepção de igualdade utilizada é a de consistência de tratamento, na medida em que propõe que mulheres, em geral, têm consequências graves com a gravidez, desproporcionais em relação ao que é imposto aos homens, e que mulheres negras, indígenas, pobres, nordestinas, periféricas são desproporcionalmente impactadas, em comparação a mulheres economicamente privilegiadas.

[316] BRASIL. Supremo Tribunal Federal. *Arguição de Descumprimento de Preceito Fundamental 442/DF*. Relatora: Min. Rosa Weber. Brasília, DF, petição inicial apresentada pelo PSOL em 26 de março de 2018, p. 49. Disponível em: https://portal.stf.jus.br/processos/detalhe.asp?incidente=5144865. Acesso em: 17 mar. 2023.

[317] BRASIL. Supremo Tribunal Federal. *Arguição de Descumprimento de Preceito Fundamental 442/DF*. Relatora: Min. Rosa Weber. Brasília, DF, petição inicial apresentada pelo PSOL em 26 de março de 2018, p. 53. Disponível em: https://portal.stf.jus.br/processos/detalhe.asp?incidente=5144865. Acesso em: 17 mar. 2023.

[318] BRASIL. Supremo Tribunal Federal. *Arguição de Descumprimento de Preceito Fundamental 442/DF*. Relatora: Min. Rosa Weber. Brasília, DF, petição inicial apresentada pelo PSOL em 26 de março de 2018, p. 53. Disponível em: https://portal.stf.jus.br/processos/detalhe.asp?incidente=5144865. Acesso em: 17 mar. 2023.

Há um esforço legítimo de defender que esses direitos não devem ser entendidos em abstrato, mas sim de forma concreta, levando-se em consideração as desigualdades socioeconômicas que impactam na concretização de direitos como a autonomia, por exemplo. Novamente aqui há a visão de igualdade como forma de inclusão no mundo como ele é, e não como questionamento desse mundo.

No limite, a pressuposição que permeia a norma é de que a criminalização é uma injustiça que cria distorções, e não algo que é fruto de distorções problemáticas estruturais. Essa abordagem questiona os efeitos da criminalização do aborto, mas as estruturas que criam o problema e a norma continuam intocadas. De acordo com a abordagem da igualdade substantiva, a questão dos direitos liberais não é só o fato de estes não refletirem como o problema ocorre na sociedade, mas sim, e talvez principalmente, o fato de eles ocultarem as assimetrias de poder.

O método da ponderação continua a ter os mesmos problemas. Por mais que a autora da ação tenha apresentado fatos intrinsecamente relacionados a hierarquias de poder presentes na sociedade – por exemplo, o número assombroso de mortes –, eles são utilizados para mostrar como a norma não atinge o fim a que se propõe – sem nem mesmo questionar esse fim – não no que se refere à existência ou não de bem jurídico a ser protegido, mas sim qual é o bem jurídico que se visa proteger.

Outro ponto a ser problematizado na formulação proposta pela ADPF 442/DF à luz da igualdade substantiva é o fato de a descriminalização do aborto até o terceiro mês ser colocada como uma medida protetiva da dignidade e da cidadania das mulheres.[319] Nessa formulação, a criminalização é vista como neutra e a descriminalização até o terceiro mês é necessária, como medida de proteção. É um tratamento especial fundamental para aliviar mulheres. Já à luz da igualdade substantiva, por outro lado, a criminalização é vista como não neutra (ou seja, como fruto, permeada por e reprodutora de hierarquias de poder, como parte de um sistema), assim, não é vista como proteção especial, mas sim como forma de, de fato, estabelecer-se uma neutralidade. Essa visão é mais congruente

[319] BRASIL. Supremo Tribunal Federal. *Arguição de Descumprimento de Preceito Fundamental 442/DF*. Relatora: Min. Rosa Weber. Brasília, DF, petição inicial apresentada pelo PSOL em 26 de março de 2018, p. 55. Disponível em: https://portal.stf.jus.br/processos/detalhe.asp?incidente=5144865. Acesso em: 17 mar. 2023.

com as críticas tecidas na ação a medidas paternalistas de proteção de mulheres, como o aconselhamento.

Por fim, a ADPF 442/DF novamente tem como pedido a descriminalização do aborto até a 12ª semana. Conforme exposto anteriormente, isso demonstra um atrelamento da proteção do feto contra a mulher ao seu *status* fisiológico, deixando de lado o fato de a gravidez continuar mesmo após três meses. Assim, a demarcação proposta viola a igualdade substantiva.

O ponto das críticas elaboradas aqui não é destruir, e também não se trata de uma crítica última e final sobre a forma como a ADPF 442/DF foi formulada, na medida em que temos consciência de que, na criação de ações desse tipo, inúmeros fatores estão em jogo. O ponto é levantar questões para a reflexão.

Capítulo 8
Em Direção a uma Nova Formulação: Uma *Amica Curiae* Radical

Conforme exposto anteriormente, a visão da relação entre e mulher e feto que permeia a jurisprudência sobre aborto no Brasil se assemelha àquela identificada por MacKinnon como fruto de um olhar do observador externo, alheia à realidade vivida por mulheres. O observador externo, no pensamento de MacKinnon, é "masculino". Entretanto, em nossa interpretação construtiva, o argumento, tal qual construído, pode ser entendido como uma concepção baseada no poder. Não só o poder masculino, mas um poder constituído por estruturas interligadas de opressão. Da mesma forma, MacKinnon afirma que a concepção da relação entre mulher e feto pode ser reconstituída a partir do "ponto de vista das mulheres", o que, em nossa interpretação, não precisa ser lido literalmente como o ponto de vista único e essencial de todas as mulheres, mas sim o olhar contextualizado da situação de mulheres em suas experiências de concepção. Assim como no caso do argumento de MacKinnon, a situação empírica de mulheres no Brasil nos mostra como a reprodução é mais complexa do que uma noção simples de "mulher egoísta contra feto indefeso" ou até mesmo "mulher com bons motivos contra um feto com menos de três meses".

A reformulação do problema jurídico é necessária não só para a aderir à realidade encontrada a partir do "ponto de vista das mulheres", mas também, e principalmente, para que se possa oferecer uma solução normativa que leve à emancipação de mulheres.

No final de 2018, compareci a um congresso sediado pela FGV Direito Rio sobre direito e gênero. As convidadas internacionais eram Catharine MacKinnon e a professora e juíza do Tribunal Constitucional Federal da Alemanha Susanne Baer. Em algum momento do primeiro painel, levantei a mão e perguntei a elas sobre um assunto que há muito me intrigava no contexto da judicialização da luta pela descriminalização do aborto no Brasil. Não me lembro exatamente das palavras, mas perguntei algo como "Nós, juristas feministas, devemos tentar encaixar nossas demandas no Direito tradicional, de forma a torná-las mais 'palatáveis' para tribunais, ou devemos ser radicais e pedir o que queremos, como queremos?".

Ambas as respostas chamaram atenção. Primeiro, Mackinnon pareceu não ter entendido a pergunta e disse que achava melhor que Baer respondesse. Talvez a professora não tenha compreendido o meu inglês ou talvez eu mesma tenha me expressado mal, mas também é possível que ela não tenha entendido a pergunta em si, já que talvez ela nem conceba a ideia de um pedido não radical (chuto que essa segunda opção seja a mais provável).

E, para a minha surpresa, Susanne Baer respondeu algo na linha de: "Sejam sempre radicais, assim, posso te dar o máximo que puder e ainda parecer conservadora aos olhos do público".

O conselho pareceu contraintuitivo. A litigância em casos complexos que envolvem minorias encontra-se em uma encruzilhada, na intersecção entre contextos, grupos e interesses, o que faz com que litigantes tenham que tomar decisões pensando não apenas na demanda dos movimentos sociais.[320] Um exemplo disso é a própria ADPF 54/DF, na qual a argumentação apresentada pela reclamante era, inicialmente, bastante conservadora e, ao longo do tempo, com a ampliação do debate público e sua qualificação, bem como com a mudança na composição do tribunal, passou a avançar a argumentos mais amplos, buscando uma decisão, em *obiter*, que conseguisse abrir portas para a eventual legalização do aborto.[321]

[320] GOMES, Juliana Cesario Alvim. Nas encruzilhadas: limites e possibilidades do uso do litígio estratégico para o avanço dos direitos humanos e para a transformação social. *Revista Direito e Práxis*, Rio de Janeiro, v. 10, n. 1, p. 414, 2019.

[321] BARROSO, Luís Roberto. Bringing Abortion into the Brazilian Public Debate: Legal Strategies for Anencephalic Pregnancy. *In*: COOK, Rebecca; ERDMAN, Joanna; DICKENS,

Outro exemplo são as críticas tecidas à forma como a descriminalização do aborto foi proposta pelo PSOL, por movimentos sociais.[322]

Em atenção a esse conselho contraintuitivo de Susanne Baer, e aproveitando que não me encontro em nenhuma encruzilhada, nesta obra apresento uma *amica curiae* pró-descriminalização baseada na análise radical da questão do aborto proposta por Catharine MacKinnon. Digo baseada pois esses trabalhos me ajudaram a refletir sobre o aborto no Brasil e sobre como traduzir a realidade de mulheres em demanda jurídica, sem, entretanto, serem importados automaticamente.

Um argumento feminista sobre aborto no Brasil deve partir da realidade brasileira, já que a maior lição do feminismo para o Direito é justamente a construção do Direito de baixo para cima, ou seja, primeiro a realidade e depois o Direito. Argumento aqui que também no Brasil a questão do aborto é inerente à da igualdade, se olharmos para o processo reprodutivo de forma contextualizada.[323]

O meu argumento constrói-se a partir de diversas fontes geralmente consideradas "externas ao Direito", que podem nos dizer *algo* sobre *alguma* realidade. Digo "alguma realidade" uma vez que pode não haver uma realidade absoluta, mas as experiências vividas por mulheres não por isso deixam de ser reais e passam a ser apenas narrativas. Essas experiências podem ser epistemologicamente reais, ou politicamente reais, mas o pressuposto deste trabalho é o de que essas experiências são simplesmente reais.[324]

Bernard (eds.). *Abortion Law in Transnational Perspective.* Cases and Controversies. Philadelphia: University of Pennsylvania Press, 2014, p. 266.

[322] DELATORRE, Babi. Legalização e descriminalização do aborto: qual a diferença? Ou, com qual estratégia o movimento de mulheres deve lutar por seus direitos. *Esquerda Diário*, 1º ago. 2018. Disponível em: https://www.esquerdadiario.com.br/Legalizacao-e-Descriminalizacao-do-aborto-qual-a-diferenca-Ou-com-qual-estrategia-o-movimento-de. Acesso em: 3 fev. 2023.

[323] Argumentos semelhantes são desenvolvidos em: LUNARDI, Soraya. O Direito é masculino. *Estadão*, 17 nov. 2015. Disponível em: https://www.facebook.com/ColetivoFeminista/photos/o-direito-%C3%A9-masculinoartigo-no-estad%C3%A3o-por-soraya-lunardi--professora-de-direito-/1047192741980999/. Acesso em: 3 fev. 2023; e PENTEADO, Taís; DIMOULIS, Dimitri. O que podemos aprender com os ataques governamentais ao aborto legal? Não existe conflito de direitos entre a gestante e o feto. *Jota*, 16 jun. 2020. Disponível em: https://www.jota.info/opiniao-e-analise/artigos/o-que-podemosaprender-com-os-ataques--governamentais-ao-aborto-legal-16062020. Acesso em: 6 fev. 2023.

[324] BENHABIB, Sheyla. Feminismo e pós-modernismo: uma aliança complicada. *In*: BENHABIB, Sheyla *et al. Debates feministas*: um intercâmbio filosófico. São Paulo: Editora

Esta obra não é um trabalho empírico, mas bebe desta fonte: da construção de conhecimento externa ao Direito, levada a cabo por autoras e não autoras feministas, que buscam não só refletir *as* experiências relacionadas ao aborto, mas também refletir *sobre* essas experiências.

Quais são os conhecimentos dos quais parti para fazer minha análise? Os mais diversos. Inspirada por autoras feministas, olho para o que dados sobre o processo reprodutivo no Brasil podem nos dizer. Quem leva a cabo o aborto? Quem não leva a cabo o aborto? Quem morre em razão do aborto? Tudo isso nos diz muito sobre o que está envolvido na questão do aborto e sobre como esta deve ser juridicamente tratada. Pesquisas desse tipo, apesar de úteis, entretanto, não me parecem suficientes.[325] Entendo que o conhecimento não se constrói de maneira unitária, embebida de pressupostos e metodologias acadêmicas – por mais importantes que esses trabalhos sejam. Acredito na voz de mulheres contando suas próprias histórias ou histórias de outras mulheres.[326] Histórias reais ou não – o que não significa que sejam mentiras.[327] A utilização dessas fontes também constitui a radicalidade pressuposta em nossa *Amica Curie* radical, na medida em que traz para o Direito (e para a academia em Direito) um tipo de conhecimento historicamente marginalizado e excluído por um esforço epistemicida.[328]

Como é possível perceber, esta seção está escrita em primeira pessoa. Isso é um fato pensado e enxergo essa escolha como uma escolha também radical (acadêmica e política, se é que existe uma linha clara entre os dois), na medida em que, de certa forma, levanta reflexões sobre a forma como

Unesp, 2018; MACKINNON, Catharine. Points against Postmodernism. *Chicago-Kent Law Review*, [*s. l.*], v. 75, n. 3, p. 687, jun. 2000.

325 MOREIRA, Adilson. *Pensando como um negro*: ensaio de hermenêutica jurídica. São Paulo: Contracorrente, 2019.

326 HILL COLLINS, Patricia. *Black Feminist Thought*: Knowledge, Consciousness, and the Politics of Empowerment. 2. ed. Nova York: Routledge, 2000; HARRIS, Angela. Race and Essentialism in Feminist Legal Theory. *Stanford Law Review*, [*s. l.*], v. 42, n. 3, p. 581-616, fev. 1990.

327 "Nada que está narrado em Becos da memória é verdade, nada que está narrado em Becos da memória é mentira" (EVARISTO, Conceição. *Becos da memória*. 3. ed. Rio de Janeiro: Pallas, 2017, p. 11).

328 CARNEIRO, Aparecida. *A construção do outro como não ser como fundamento do ser*. São Paulo: Fuesp, 2005; SANTOS, Boaventura de Sousa. *Pela mão de Alice*: o social e o político na pós-modernidade. 7. ed. Porto: Edições Afrontamento, 1999.

construímos e transmitimos o conhecimento no mundo acadêmico. Aqui, novamente, tenho como inspiração o trabalho de MacKinnon – dessa vez, de maneira ampla. A linguagem utilizada por ela passa longe da neutralidade. A opinião da autora é abertamente exposta. Quando trata de quem fala – mulheres –, não se refere a elas como "elas", mas como "nós".[329] Contudo, ao mesmo tempo, sabemos que não é (necessariamente) uma narrativa sobre a sua vida. A linguagem não é facilmente identificada com o que se espera na academia. A autora é ácida, sarcástica, engraçada e contundente.[330] Sua escrita encontra-se em um limbo entre acadêmico, político, pessoal, poético e jurídico. Prova dessa faceta do trabalho de MacKinnon é o fato de a autora ter tido discursos em comícios publicados em livros acadêmicos (em Direito!), bem como textos acadêmicos recitados em comícios. Nesse contexto, o uso de uma linguagem contundente é uma ruptura estratégica com a tradição acadêmica em prol de uma maior sensibilização do público, mas também uma autorreflexão sobre a própria academia.

Como feminista, um dos pontos que enxergo como valiosos no trabalho de MacKinnon é, justamente, o de reestruturar formas de pensar, quebrando barreiras – como a objetividade e a neutralidade, em alguma medida ainda abraçadas pela academia – à produção de conhecimento emancipatório. Isso se manifesta, por exemplo, no apagamento da linha clara entre academia e política, na medida em que o trabalho acadêmico feminista em Direito está intimamente relacionado ao impulso de mudança política.[331]

[329] "When women are segregated in private, separated from each other, one at a time, a right to that privacy isolates us at once from each other and from public recourse" (MACKINNON, Catharine. Roe v. Wade: A Study in Male Ideology. *In*: GARFIELD, Jay; HENNESSEY, Patricia [eds.]. *Abortion*: Moral and Legal Perspectives. Amherst: University of Massachusetts Press, 1984, p. 53).

[330] Um bom exemplo encontra-se na frase "This tension is resolved in the liberal state by identifying the threshold of the state with its permissible extent of penetration (a term I use advisedly) into a domain that is considered free by definition: the private sphere" (MACKINNON, Catharine. Roe v. Wade: A Study in Male Ideology. *In*: GARFIELD, Jay; HENNESSEY, Patricia [eds.]. *Abortion*: Moral and Legal Perspectives. Amherst: University of Massachusetts Press, 1984, p. 55).

[331] SCHNEIDER, Elizabeth. The Dialectic of Rights and Politics: Perspectives from the Women's Movement. *New York University Law Review*, [*s. l.*], v. 61, p. 655, out. 1986; MARX,

É importante ressaltar, entretanto, que a radicalidade da peça em nada compromete (ou, pelo menos, não deveria comprometer) o rigor da argumentação jurídica nela apresentada. O rigor da argumentação jurídica não é apenas um aliado da academia feminista em Direito: ele é constitutivo a ela. Feministas valorizam questionamentos e mudanças no Direito, mas um pressuposto para esses questionamentos é justamente a existência de um Direito coerente, com conceitos bem definidos. Decisões devem ser capazes de nos dizer o que o Direito é (pelo menos naquele momento), para que possamos avaliá-lo e exercer um controle democrático sobre essas decisões. Em parte, é papel do julgador ater-se ao rigor; entretanto, é importante que quem demanda deixe bem claro o que quer e como quer. Se uma decisão positiva fala em princípios de maneira vazia e retórica, sem conferir a eles conteúdo, não temos garantia nenhuma de que uma vitória perdurará no tempo.[332]

Por fim, um último comentário: esta obra se baseia no feminismo radical, mas trabalha no âmbito do Direito. Isso sem dúvidas diminui a radicalidade da proposta, na medida em que trabalhamos dentro de uma estrutura liberal, e mobilizamos categorias coloniais.[333] Contudo, é uma escolha política apresentar um trabalho em Direito, tendo em vista o desenvolvimento da discussão no Judiciário. A contribuição radical, nesse contexto, é não assumir o Direito como ele é, refletindo sobre como é subordinatório não apenas pela sua aplicação, mas em sua constituição. Ou seja, mobilizamos o Direito, ao mesmo tempo que levamos a cabo uma autorreflexão sobre ele – inclusive, reconhecendo os seus limites.

Amica Curiae

I. Como a igualdade no Direito brasileiro é e deve ser entendida

O princípio da igualdade no Brasil encontra-se previsto em alguns dispositivos constitucionais. O art. 3º, IV, dispõe que um dos objetivos

Karl. Theses on Feuerbach (XI Thesis). *In*: FEUER, Lewis (ed.). *Marx and Engels*: Basic Writings on Politics and Philosophy. Garden City, N. Y.: Doubleday, 1959, p. 243.

332 BARTLETT, Katharine. Feminist Legal Methods. *Harvard Law Review*, [*s. l.*], v. 103, n. 4, fev. 1990.

333 BROWN, Wendy; HALLEY, Janet. *Left Legalism/Left Critique*. Durham: Duke University Press, 2002.

fundamentais do Brasil é a promoção do bem de todos, sem preconceitos de origem, raça, sexo, cor, idade e quaisquer outras formas de discriminação.[334] O art. 5º, *caput*, da Constituição Federal prevê que todos são iguais perante a lei, sem distinção de qualquer natureza.[335] Em alguns de seus incisos, o art. 5º prevê acasos específicos de aplicações do princípio da igualdade. O inciso I, por exemplo, prevê que homens e mulheres são iguais em direitos e obrigações.[336] O inciso VIII prevê a igualdade de credo religioso. No art. 4º, também temos mais uma aplicação: em seu inciso VIII, prevê a igualdade racial.

Princípios são normas de textura aberta e, por mais que sua proteção pela Constituição seja por si só valiosa, é necessário que a eles sejam conferidos conteúdo e significado. Conteúdos e significados podem ser acessados pela análise a partir de uma leitura sistemática de algumas normas positivas do Direito brasileiro, bem como da análise da jurisprudência do STF sobre igualdade, que deixam claro que, no Brasil, a igualdade é entendida, também, em sua versão antissubordinatória.

A igualdade substantiva tem como propósito o alcance não só do tratamento consistente entre grupos, mas sim, e principalmente, o desmantelamento da subordinação de grupos. Isso significa que há, em um primeiro momento, o reconhecimento de que certos grupos não são simplesmente tratados diferentemente, são tratados de maneira pior. Ou seja, sua diferença não está em ser tratado diferentemente, mas sim

[334] Art. 3º, IV, da CF: "Constituem objetivos fundamentais da República Federativa do Brasil: [...] IV – promover o bem de todos, sem preconceitos de origem, raça, sexo, cor, idade e quaisquer outras formas de discriminação" (BRASIL. *Constituição da República Federativa do Brasil* [CF], promulgada em 5 de outubro de 1988. Brasília: Presidência da República, 1988. Disponível em: https://www.planalto.gov.br/ccivil_03/constituicao/constituicao.htm. Acesso em: 10 mar. 2023).

[335] "Art. 5º Todos são iguais perante a lei, sem distinção de qualquer natureza, garantindo-se aos brasileiros e aos estrangeiros residentes no País a inviolabilidade do direito à vida, à liberdade, à igualdade, à segurança e à propriedade, nos termos seguintes" (BRASIL. *Constituição da República Federativa do Brasil* [CF], promulgada em 5 de outubro de 1988. Brasília: Presidência da República, 1988. Disponível em: https://www.planalto.gov.br/ccivil_03/constituicao/constituicao.htm. Acesso em: 10 mar. 2023).

[336] Art. 5º, I, da CF: "I – homens e mulheres são iguais em direitos e obrigações, nos termos desta Constituição" (BRASIL. *Constituição da República Federativa do Brasil* [CF], promulgada em 5 de outubro de 1988. Brasília: Presidência da República, 1988. Disponível em: https://www.planalto.gov.br/ccivil_03/constituicao/constituicao.htm. Acesso em: 10 mar. 2023).

em estar embaixo. Ou seja, o oposto de igualdade não é diferença, é hierarquia.[337]

O reconhecimento de hierarquias sociais, fruto de assimetrias de poder, não é estranho ao Direito brasileiro. Isso se vê, por exemplo, no direito trabalhista, no qual há (ou pelo menos havia, até não muito tempo atrás) a noção de que o empregado está subordinado ao empregador. Isso se verifica, por exemplo, no incentivo e na permissão de associações sindicais.[338] Essas associações têm o intuito de proteger classes de trabalhadores, uma vez que estes encontram-se em relações assimétricas de poder. Também, a mesma lógica permeia os instrumentos de convenção,[339] os acordos coletivos de trabalho.[340] Em todos esses casos, o entendimento que permeia a legislação é de que violações a direitos da trabalhadora ocorrem, não por acaso, pela vítima ser uma trabalhadora em um mundo de assimetria de poder.

A assimetria de poder também é reconhecida no Direito positivo na Lei Maria da Penha. Em seu art. 5º, *caput*, a lei dispõe que configura violência doméstica contra a mulher qualquer ação ou omissão *baseada em gênero*.[341] O fato de a lei ter previsto esse critério demonstra que o problema não é apenas a violência contra mulheres e não contra homens, mas sim a violência exercida contra mulheres por serem mulheres. Ou seja, violências que ocorrem em virtude da assimetria de poder entre os gêneros que

[337] MACKINNON, Catharine. Equality. *Daedalus*, v. 149, n. 1, p. 214, 2020.

[338] Art. 8º, VI, da CF: "É livre a associação profissional ou sindical, observado o seguinte: [...] VI – é obrigatória a participação dos sindicatos nas negociações coletivas de trabalho" (BRASIL. *Constituição da República Federativa do Brasil* [CF], promulgada em 5 de outubro de 1988. Brasília: Presidência da República, 1988. Disponível em: https://www.planalto.gov.br/ccivil_03/constituicao/constituicao.htm. Acesso em: 10 mar. 2023).

[339] Art. 611 da Consolidação das Leis do Trabalho (CLT).

[340] Art. 510, VII, da CLT.

[341] Art. 5º, *caput*, da Lei Maria da Penha: "Para os efeitos desta Lei, configura violência doméstica e familiar contra a mulher qualquer ação ou omissão baseada no gênero que lhe cause morte, lesão, sofrimento físico, sexual ou psicológico e dano moral ou patrimonial: [...]" (BRASIL. *Lei n. 11.340, de 7 de agosto de 2006* [Lei Maria da Penha]. Cria mecanismos para coibir a violência doméstica e familiar contra a mulher, nos termos do § 8º do art. 226 da Constituição Federal, da Convenção sobre a Eliminação de Todas as Formas de Discriminação contra as Mulheres e da Convenção Interamericana para Prevenir, Punir e Erradicar a Violência contra a Mulher; [...]. Brasília: Presidência da República, 2006. Disponível em: http://www.planalto.gov.br/ccivil_03/_ato2004-2006/2006/lei/l11340.htm. Acesso em: 14 mar. 2023).

subordina mulheres. A lógica da Lei Maria da Penha é de que existem crimes que são cometidos com mulheres não por acaso, mas sim pelo fato de serem mulheres em um ambiente de assimetria de poder e dominação.

Esse tipo de dano que ocorre contra mulheres por serem mulheres é muito comum, apesar de, em muitos casos, a legislação brasileira entender o crime como neutro a gênero. Esse é o caso, por exemplo, do art. 218 do CP, que prevê:

> É crime oferecer, trocar, disponibilizar, transmitir, vender ou expor à venda, distribuir, publicar ou divulgar, por qualquer meio – inclusive por meio de comunicação de massa ou sistema de informática ou telemática –, fotografia, vídeo ou outro registro audiovisual que contenha cena de estupro ou de estupro de vulnerável ou que faça apologia ou induza a sua prática, ou, sem o consentimento da vítima, cena de sexo, nudez ou pornografia.[342]

Apesar de utilizar o termo "vítima", neutro a gênero, esse crime não é neutro a gênero. Ele ocorre majoritariamente contra mulheres, por serem mulheres *em um mundo de desigualdade entre os gêneros*. Se uma fotografia de nudez de um homem fosse divulgada, ele sofreria um dano. Mas ele sofreria individualmente e não por ser homem.[343] A Terceira Turma do STJ, por exemplo, entende que, além de tratar-se de violação aos direitos de privacidade, personalidade e intimidade, a pornografia de vingança é também "violência de gênero".[344] Nesse caso, assim como defendo em relação ao aborto, o problema de igualdade não está apenas no fato de

[342] BRASIL. *Decreto-lei n. 2.848, de 7 de dezembro de 1940*. Código Penal. Brasília: Presidência da República, 1940. Disponível em: https://www.planalto.gov.br/ccivil_03/decreto-lei/del2848.htm. Acesso em: 10 mar. 2023.

[343] ARAUJO, Ketlyn; LATORRE, Julia; BARBON, Júlia. *Pornografia de vingança*. Trabalho de Conclusão de Curso – Faculdade Cásper Líbero, São Paulo, 2015. Disponível em: https://pornografiadevinganca.com/sobre/. Acesso em: 14 mar. 2023.

[344] BRASIL. Superior Tribunal de Justiça (3. Turma). *Recurso Especial 1.679.465/SP*. Civil e processual civil. Recurso especial. Agravo de instrumento. Antecipação dos efeitos da tutela. Ação de obrigação de fazer. Retirada de conteúdo ilegal. Prequestionamento. Ausência. Provedor de pesquisa. Filtragem prévia das buscas. Impossibilidade. [...]. Relatora: Min. Nancy Andrighi. Julgamento: 13 de março de 2018. Disponível em: https://www.stj.jus.br/websecstj/cgi/revista/REJ.cgi/ATC?seq=81305102&tipo=0&nreg=&SeqCgrmaSessao=&CodOrgaoJgdr=&dt=&formato=PDF&salvar=false. Acesso em: 17 mar. 2023.

mulheres sofrerem um dano e homens não – o que seria um tratamento inconsistente. O problema é mulheres sofrerem o dano por serem mulheres.

A existência de hierarquia existe quando um grupo foi historicamente dominado em razão de suas características. Essa hierarquia é sistêmica, cumulativa e estrutural. Essa é a substância da desigualdade.[345] Quando um grupo é tratado diferentemente, não há, necessariamente, um problema. Por exemplo, quando um sistema de quotas reserva vagas para pessoas negras, há tratamento diferente. Mas isso não é desigualdade. A desigualdade acontece quando alguém é tratado pior. Para o professor Adilson Moreira, em casos como o das quotas raciais, a cidadania racial deve guiar a interpretação de juristas. Para o autor, a cidadania racial como postulado interpretativo enfatiza a eliminação de relações hierárquicas arbitrárias.[346]

O fato é que o tratamento diferenciado de alguns grupos pode ser bom – por exemplo, quando mais jovens negros entram em universidades. Entretanto, entender a igualdade no enquadramento da diferença não nos garante a igualdade. O tratamento diferente só funciona se entendermos que o problema da desigualdade é a hierarquia. Por isso, para garantir que o problema correto será enfrentado – qual seja, novamente, a hierarquia –, é melhor deixarmos de lado a retórica da diferença e assumirmos o enquadramento da antissubordinação.[347]

Apenas a visão da igualdade substantiva permite ver que algumas situações, que não se referem a tratamento inconsistente, são também problemas de igualdade. Imaginemos a seguinte situação: em uma mesma empresa, um homem e uma mulher exercem as mesmas tarefas, mas o homem ganha mais. Esse é um caso claro de diferença de tratamento, inclusive, proibido pelo art. 7º, XXX, da Constituição Federal, que prevê a proibição de diferença de salários, de exercício de funções e de critério

345 MOREIRA, Adilson. *Pensando como um negro*: ensaio de hermenêutica jurídica. São Paulo: Contracorrente, 2019, p. 268. MACKINNON, Catharine. Equality. *Daedalus*, v. 149, n. 1, p. 215, 2020.

346 MOREIRA, Adilson. *Pensando como um negro*: ensaio de hermenêutica jurídica. São Paulo: Contracorrente, 2019, p. 270.

347 MOREIRA, Adilson. *Pensando como um negro*: ensaio de hermenêutica jurídica. São Paulo: Contracorrente, 2019, p. 253.

de admissão por motivo de sexo, idade, cor ou estado civil.[348] Agora, imaginemos uma segunda situação: mulheres negras sistematicamente ganham menos em nossa sociedade. Não há aqui um tratamento diferenciado entre homens e mulheres, mas, ainda assim, há uma desigualdade. A desigualdade está no fato de que mulheres negras são, sistemática e estruturalmente, empregadas em empregos pouco valorizados no Brasil – simbólica, mas também financeiramente –, como o trabalho doméstico e os trabalhos informais em geral.[349] Sem a visão substantiva, esse cenário não emerge como desigualdade, mas sim como algo "natural".

Outro exemplo bom, também no âmbito do trabalho, é o seguinte: a Constituição, no art. 7º, XXXII, veda a distinção entre trabalho manual, técnico e intelectual. Essa é uma proibição de tratamento inconsistente.[350] O inciso V do mesmo artigo prevê que o piso salarial da trabalhadora será proporcional à extensão e à complexidade do trabalho.[351] Em ambos os casos, existe uma lógica de comparação: no primeiro caso, consistência no tratamento entre categorias; no segundo caso, pagamento proporcional.

Esses incisos têm uma retórica muito bonita, mas não abordam o fato de que não há, necessariamente, tratamento diferente entre categorias, mas que, não obstante, há tratamento desigual. Em uma mesma empresa, as diferentes categorias de funcionários podem ter todos os seus direitos

[348] Art. 7º, XXX, da CF: "XXX – proibição de diferença de salários, de exercício de funções e de critério de admissão por motivo de sexo, idade, cor ou estado civil" (BRASIL. *Constituição da República Federativa do Brasil* [CF], promulgada em 5 de outubro de 1988. Brasília: Presidência da República, 1988. Disponível em: ttps://www.planalto.gov.br/ccivil_03/constituicao/constituicao.htm. Acesso em: 10 mar. 2023).

[349] No Brasil, 92% de todos os "empregados" domésticos são mulheres, em sua maioria negras, de baixa escolaridade e oriundas de famílias de baixa renda. Dados disponíveis em: https://www.ipea.gov.br/portal/categorias/45-todas-as-noticias/noticias/2299-estudo-do-ipea-traca-um-perfil-do-trabalho-domestico-no-brasil. Acesso em: 14 set. 2023.

[350] Art. 7º, XXXII, da CF: "XXXII – proibição de distinção entre trabalho manual, técnico e intelectual ou entre os profissionais respectivos" (BRASIL. *Constituição da República Federativa do Brasil* [CF], promulgada em 5 de outubro de 1988. Brasília: Presidência da República, 1988. Disponível em: https://www.planalto.gov.br/ccivil_03/constituicao/constituicao.htm. Acesso em: 10 mar. 2023).

[351] Art. 7º, V, da CF: "V – piso salarial proporcional à extensão e à complexidade do trabalho" (BRASIL. *Constituição da República Federativa do Brasil* [CF], promulgada em 5 de outubro de 1988. Brasília: Presidência da República, 1988. Disponível em: https://www.planalto.gov.br/ccivil_03/constituicao/constituicao.htm. Acesso em: 10 mar. 2023);

trabalhistas cumpridos da mesma maneira. Entretanto, há tratamento pior, na medida em que alguns trabalhos intelectuais são estruturalmente mais valorizados no Brasil e, assim, são "proporcionalmente" mais bem remunerados. O que define a extensão e a complexidade do trabalho é a conjunção de alguns sistemas de opressão, como o sistema capitalista, o patriarcado e o racismo estrutural. Parece natural que uma trabalhadora técnica trabalhe oito horas por dia de pé e que um executivo trabalhe muito menos e ganhe muitas vezes mais.[352] Novamente, sem a perspectiva substantiva, essas questões não emergem como problemas jurídicos de desigualdade.

A existência de subordinação e a ideia de que isso constitui a desigualdade são encampadas pelo STF, que, nos últimos anos, julgou inúmeros casos que envolviam questões de igualdade, entre eles a ADPF 186/DF,[353] em que o STF decidiu pela constitucionalidade da política de quotas étnico-raciais implementada pela Universidade Federal de Brasília.

Nesse caso, o relator da ação, o ministro Ricardo Lewandowski, analisou a questão constitucional não a partir de princípios abstratos, mas a partir da realidade vivenciada por grupos que viriam a ser beneficiados pela ação afirmativa. Para o ministro, a questão posta estava relacionada ao *status* do grupo que viria a se beneficiar das quotas sociais no Brasil, que, a seu ver, era sub-representado em funções públicas e privadas "de relevo"[354] no país em razão da discriminação histórica de sucessivas gerações.

[352] Dados disponíveis em: https://www.salario.com.br/tabela-salarial/. Acesso em: 14 mar. 2023.

[353] BRASIL. Supremo Tribunal Federal (Tribunal Pleno). Sentença. *Arguição de Descumprimento de Preceito Fundamental 186/DF*. Arguição de Descumprimento de Preceito Fundamental. Atos que instituíram sistema de reserva de vagas com base em critério étnico-racial (cotas) no processo de seleção para ingresso em instituição pública de ensino superior. Alegada ofensa aos arts. 1º, *caput*, III, 3º, IV, 4º, VIII, 5º, I, II XXXIII, XLI, LIV, 37, *caput*, 205, 206, *caput*, I, 207, *caput*, e 208, V, todos da Constituição Federal. Ação julgada improcedente. Relator: Min. Ricardo Lewandowski. Julgamento: 26 de abril de 2012. Brasília, DF, *DJe* de 17 de outubro de 2014. Disponível em: https://jurisprudencia.stf.jus.br/pages/search/sjur281203/false. Acesso em: 17 mar. 2023.

[354] BRASIL. Supremo Tribunal Federal (Tribunal Pleno). Sentença. *Arguição de Descumprimento de Preceito Fundamental 186/DF*. Arguição de Descumprimento de Preceito Fundamental. Atos que instituíram sistema de reserva de vagas com base em critério étnico-racial (cotas) no processo de seleção para ingresso em instituição pública de ensino superior. Alegada ofensa aos arts. 1º, *caput*, III, 3º, IV, 4º, VIII, 5º, I, II XXXIII, XLI, LIV, 37, *caput*, 205, 206, *caput*, I,

O problema identificado pelo ministro foi não só a exclusão de pessoas negras, mas a exclusão resultante de uma discriminação estrutural e sistemática, historicamente construída. A partir dessa visão de mundo, aderente à realidade, o ministro concluiu que o problema não era a diferenciação, mas sim a subordinação, que era vivenciada por membros de grupos por causa de sua participação nos grupos.[355]

Apesar de ter as minhas dúvidas[356] acerca de a linha de casos formada pela ADI 3.510/DF, pela ADPF 54/DF e pelo HC 124.306/RJ ter estabelecido as premissas para o enfrentamento da questão constitucional do aborto",[357] entendo que a ADPF 186/DF o faz.

A princípio, a relação entre o aborto e a ADPF 186/DF não é óbvia. Em um primeiro momento, a ADPF 442/DF parece se aproximar muito mais dos casos das células-tronco e da ADPF 54/DF, que tratam da regulação da vida e da dignidade da mulher.[358] Entretanto, conforme

207, *caput*, e 208, V, todos da Constituição Federal. Ação julgada improcedente. Relator: Min. Ricardo Lewandowski. Julgamento: 26 de abril de 2012. Brasília, DF, *DJe* de 17 de outubro de 2014, p. 66. Disponível em: https://jurisprudencia.stf.jus.br/pages/search/sjur281203/false. Acesso em: 17 mar. 2023.

355 BRASIL. Supremo Tribunal Federal (Tribunal Pleno). Sentença. *Arguição de Descumprimento de Preceito Fundamental 186/DF*. Arguição de Descumprimento de Preceito Fundamental. Atos que instituíram sistema de reserva de vagas com base em critério étnico-racial (cotas) no processo de seleção para ingresso em instituição pública de ensino superior. Alegada ofensa aos arts. 1º, *caput*, III, 3º, IV, 4º, VIII, 5º, I, II XXXIII, XLI, LIV, 37, *caput*, 205, 206, *caput*, I, 207, *caput*, e 208, V, todos da Constituição Federal. Ação julgada improcedente. Relator: Min. Ricardo Lewandowski. Julgamento: 26 de abril de 2012. Brasília, DF, *DJe* de 17 de outubro de 2014, p. 67. Disponível em: https://jurisprudencia.stf.jus.br/pages/search/sjur281203/false. Acesso em: 17 mar. 2023.

356 PÜSCHEL, Flávia Portella. Racionalidade coletiva no STF e precedentes vinculantes: o exemplo do conceito de vida na ADPF n. 54. *Novos Estudos Jurídicos*, [*s. l.*], v. 24, n. 2, p. 536-561, maio-ago. 2019; PENTEADO, Taís. The Abortion Jurisprudence in Brazil: An Analysis of ADPF 54 from Feminist Equality-Based Perspectives. *International Journal of Constitutional Law*, [*s. l.*], v. 19, n. 5, p. 1664-1682, nov. 2021.

357 BRASIL. Supremo Tribunal Federal. *Arguição de Descumprimento de Preceito Fundamental 442/DF*. Relatora: Min. Rosa Weber. Brasília, DF, petição inicial apresentada pelo PSOL em 26 de março de 2018, Petição Inicial, p. 2. Disponível em: https://portal.stf.jus.br/processos/detalhe.asp?incidente=5144865. Acesso em: 17 mar. 2023.

358 PENTEADO, Taís. The Abortion Jurisprudence in Brazil: An Analysis of ADPF 54 from Feminist Equality-Based Perspectives. *International Journal of Constitutional Law*, [*s. l.*], v. 19, n. 5, p. 1664-1682, p. 1681, nov. 2021.

argumentarei, a criminalização do aborto viola a igualdade, na medida em que é fruto de assimetrias de poder existentes na sociedade e perpetua essas mesmas hierarquias. Se olharmos a questão do aborto a partir desse enquadramento, a similaridade entre a ADPF 442/DF e a ADPF 186/DF emerge. Em ambos os casos, há hierarquias que se subordinam. Em ambos os casos, é a ruptura com essas hierarquias que deve animar a interpretação de práticas subordinatórias.

Em vista do que aqui foi dito, argumento a seguir que, se entendermos que a igualdade no Direito é aquela que visa à superação da subordinação, então a criminalização do aborto é inconstitucional.[359]

II. A criminalização do aborto viola a igualdade de gênero

a. Igualdade de gênero

No contexto da promoção da igualdade, a Constituição estabelece, em seu art. 3º, IV, que constitui objetivo fundamental da República Federativa do Brasil promover o bem de todos sem preconceitos de origem, raça, sexo, cor idade e quaisquer outras formas de discriminação. No art. 5º, I, por sua vez, dispõe que homens e mulheres são iguais perante a lei, em direitos e obrigações. Proponho aqui uma leitura não essencialista dos dispositivos da igualdade. Ou seja, onde se lê origem + raça + sexo + cor + idade + outros, deve-se fazer uma leitura integrada das categorias, atenta para como elas se entrelaçam e influenciam a própria constituição das categorias isoladas. Não proponho que se abandone a possibilidade de argumentar-se com base em gênero – o Direito (pelo menos como é hoje) demanda categorizações, e, politicamente, estas também são importantes de várias maneiras.[360] Entretanto, não considero a categoria universal, abstrata e imutável, mas sim contextual e fluida. Esse entendimento, a meu ver, não deve servir apenas para esse caso; o que se visa aqui é uma construção jurisprudencial que confira conteúdo a termos explicitamente

[359] Apesar de eu ter receio de citar Ronald Dworkin em um caso de igualdade de gênero, se quisermos manter "o direito como integridade", a ADPF 442/DF é o próximo elo na linha formada por casos como a ADPF 186/DF.

[360] Isso não significa que devemos utilizá-las de maneira irrefletida nem assumir que esta é a formulação final que retrata uma "vanguarda iluminista" (LUGONES, María. Toward a Decolonial Feminism. *Hypatia*, [*s. l.*], v. 25, n. 4, p. 742-759, 2010).

adotados pela Constituição Federal, evitando usos *ad hoc* a depender da conveniência.[361]

b. A criminalização do aborto é fruto de estruturas de subordinação interligadas

Normas constitucionais há muito são invocadas no debate sobre aborto no Brasil, nas mais diversas áreas envolvidas no debate público[362] – em geral, emergem como relevantes o direito à vida do feto, de um lado, e direitos das mulheres, de outro.

Isso se vê, por exemplo, na Petição Inicial da ADPF 54/DF, em que a autora da ação defende, entre outras coisas, que a aplicação do conjunto normativo de criminalizar o aborto ao parto antecipado da gravidez de feto anencéfalo violaria a dignidade humana,[363] o princípio da legalidade[364] e o direito à saúde[365] das mulheres em questão. A peticionária aponta que, em caso de feto viável, haveria tensão entre direitos opostos: de um lado, a vida potencial do feto e, de outro, a liberdade e a autonomia da gestante. No entanto, como naquele caso a autora defendia a inexistência de vida em potencial, não haveria nem sequer o que ponderar.[366]

[361] Mackinnon e Crenshaw propõem uma emenda à Constituição dos Estados Unidos. Uma emenda constitucional no Brasil poderia ser bem-vinda, mas, no meio-tempo, é papel do STF conferir conteúdo aos conceitos (MACKINNON, Catharine; CRENSHAW, Kimberlé. Reconstituting the Future: An Equality Amendment. *The Yale Law Journal*, [*s. l.*], v. 129, p. 343-364, 2019).

[362] MACHADO, Marta Rodriguez de Assis; COOK, Rebecca. Constitucionalização do aborto no Brasil: uma análise a partir do caso da gravidez anencefálica. *Revista de Investigações Constitucionais*, Curitiba, v. 5, n. 3, p. 2239-2295, set.-dez. 2018.

[363] Art. 1º da CF.

[364] Art. 5º, II, da CF.

[365] Arts. 6º, *caput*, e 196 da CF.

[366] Depoimento de Debora Diniz, representante da ONG ANIS (BRASIL. Supremo Tribunal Federal. Transcrição da Audiência Pública da *Arguição de Descumprimento de Preceito Fundamental 54/DF*. Autor: Confederação Nacional dos Trabalhadores na Saúde. Relator: Min. Marco Aurélio Mello. Brasília, DF, 28 de agosto de 2008, p. 103. Disponível em: http://www.stf.jus.br/arquivo/cms/processoAudienciaPublicaAdpf54/anexo/ADPF54__notas_dia_28808.pdf. Acesso em: 13 mar. 2018. *Apud* MACHADO, Marta Rodriguez de Assis; COOK, Rebecca. Constitucionalização do aborto no Brasil: uma análise a partir do caso da gravidez anencefálica. *Revista de Investigações Constitucionais*, Curitiba, v. 5, n. 3, p. 2255, set.-dez. 2018.

Nesse caso, ainda que não houvesse o que ser ponderado, o STF engajou-se em argumentos principiológicos. As autoras Marta Machado e Rebecca Cook entendem que o STF constitucionalizou a abordagem de ponderação para resolver quaisquer futuros litígios sobre aborto.[367] Isso se verifica, por exemplo, na argumentação do relator da ação, que afirmou em seu voto que, "[a]inda que se conceba o direito à vida do feto anencéfalo [...], tal direito cederia, em juízo de ponderação, em prol dos direitos à dignidade da pessoa humana, à liberdade no campo sexual, à autonomia, à privacidade, à integridade física, psicológica e moral e à saúde".[368]

Na ADPF 442/DF, o argumento é um pouco diferente. Na ação, a autora defende que não há conflito entre direitos fundamentais, dada a impossibilidade de se imputar direitos fundamentais ao embrião ou feto. Isso pelo fato de o feto não ser detentor de direitos fundamentais,[369] entendimento encampado pelo ministro Marco Aurélio, na ADI 3.510/DF:

> A personalidade jurídica, a possibilidade de considerar-se o surgimento de direitos depende do nascimento com vida e, portanto, o desenlace próprio à gravidez, à deformidade que digo sublime: vir o fruto desta última, separado do ventre materno, a proceder à denominada troca oxicarbônica com o meio ambiente.[370]

[367] MACHADO, Marta Rodriguez de Assis; COOK, Rebecca. Constitucionalização do aborto no Brasil: uma análise a partir do caso da gravidez anencefálica. *Revista de Investigações Constitucionais*, Curitiba, v. 5, n. 3, p. 2239-2295, p. 2257, set.-dez. 2018.

[368] BRASIL. Supremo Tribunal Federal (Plenário). *Arguição de Descumprimento de Preceito Fundamental 54/DF.* Feto anencéfalo. Interrupção da gravidez. Mulher. Liberdade sexual e reprodutiva. Saúde. Dignidade. Autodeterminação. Direitos fundamentais. Crime. Inexistência [...]. Relator: Min. Marco Aurélio. Brasília. Julgamento: 12 de abril de 2012. *DJe* de 30 de abril de 2013, p. 69. Disponível em: https://portal.stf.jus.br/processos/detalhe.asp?incidente=2226954. Acesso em: 17 mar. 2023.

[369] BRASIL. Supremo Tribunal Federal. *Arguição de Descumprimento de Preceito Fundamental 442/DF.* Relatora: Min. Rosa Weber. Brasília, DF, petição inicial apresentada pelo PSOL em 26 de março de 2018, p. 25. Disponível em: https://portal.stf.jus.br/processos/detalhe.asp?incidente=5144865. Acesso em: 17 mar. 2023.

[370] BRASIL. Supremo Tribunal Federal (Tribunal Pleno). *Ação Direta de Inconstitucionalidade 3.510/DF.* Constitucional. Ação Direta de Inconstitucionalidade. Lei de Biossegurança. Impugnação em bloco do art. 5º da Lei n. 11.105, de 24 de março de 2005 (Lei de Biossegurança). Pesquisas com células-tronco embrionárias. Inexistência de violação do direito à vida. Constitucionalidade do uso de células-tronco embrionárias em pesquisas científicas para fins

Apenas, subsidiariamente, a autora da ADPF 442/DF admite que poderia haver uma ponderação entre os direitos fundamentais das mulheres e o respeito ao valor intrínseco do feto.[371]

A ideia de que, no caso do aborto, deve haver ponderação de direitos e, ainda mais, a prevalência dos direitos da mãe, é um grande passo, na medida em que traz a mulher para o centro do debate (em contraste com discussões que se fundam na fisiologia).[372] Entretanto, essa concepção não é juridicamente suficiente. Esse discurso mantém a oposição entre a gestante e o feto como seres autônomos. Em um dos casos, trata-se de "direito *versus* direito"; no outro, trata-se de direito *versus* direito inexistente.

A crença de que há conflito entre vida do feto e liberdade da gestante decorre de uma visão descontextualizada da gravidez. O contexto de desigualdade no qual estão inseridas as mulheres mostra que a decisão pelo aborto não decorre do conflito, mas sim da *conjunção de interesses*. A gestante não quer satisfazer interesses egoístas em detrimento dos interesses de futuras vidas e "da família", como sustentam os adversários do aborto. Essa difícil decisão é tomada levando em consideração o melhor para os dois seres.[373] Para entendermos isso, devemos olhar para o que a reprodução é na vida de mulheres.

A reprodução em um ambiente de desigualdade envolve o impedimento da maternidade pela esterilização forçada, como ocorreu no caso de Janaína Aparecida Quirino,[374] que, em 2017, foi submetida ao

terapêuticos. [...]. Relator: Min. Ayres Britto. Brasília, DF, *DJe* de 28 de maio de 2010. Disponível em: https://redir.stf.jus.br/paginadorpub/paginador.jsp?docTP=AC&docID=611723. Acesso em: 17 mar. 2023.

371 BRASIL. Supremo Tribunal Federal. *Arguição de Descumprimento de Preceito Fundamental 442/DF*. Relatora: Min. Rosa Weber. Brasília, DF, petição inicial apresentada pelo PSOL em 26 de março de 2018, p. 45-46. Disponível em: https://portal.stf.jus.br/processos/detalhe.asp?incidente=5144865. Acesso em: 17 mar. 2023.

372 SIEGEL, Reva. Reasoning from the Body: A Historical Perspective on Abortion Regulation and Questions of Equal Protection. *Stanford Law Review*, [*s. l.*], v. 44, n. 2, p. 261-381, jan. 1992.

373 PENTEADO, Taís; DIMOULIS, Dimitri. O que podemos aprender com os ataques governamentais ao aborto legal? Não existe conflito de direitos entre a gestante e o feto. *Jota*, 16 jun. 2020. Disponível em: https://www.jota.info/opiniao-e-analise/artigos/o-que--podemosaprender-com-os-ataques-governamentais-ao-aborto-legal-16062020. Acesso em: 6 fev. 2023.

374 ALVES CRUZ, Eliana. O caso Janaína me lembrou que o Brasil já fez esterilização em massa – com apoio dos EUA. *The Intercept Brasil*, 18 jul. 2018. Disponível em: https://theintercept.

procedimento sem o seu consentimento, por autorização judicial.[375] Também, pela entrega de filhos para adoção em situação de pobreza, seja por mecanismos institucionais,[376] seja por mecanismos institucionais, que levam à entrega informal à adoção.[377] Envolve também a compulsoriedade da gravidez e da maternidade. Essas duas questões são facetas da mesma moeda: a desigualdade.

A reprodução envolve a falta de educação sexual e o acesso precário à informação[378] e a contraceptivos.[379] Em um Estado no qual políticas

com/2018/07/18/laqueaduras-esterilizacao-forcada-mulheres/. Acesso em: 6 fev. 2023. Nas palavras de Debora Diniz, "[a] esterilização não é um problema quando a mulher decide de forma voluntária e esclarecida por esse método. O Estado deve confiar nas decisões das mulheres e lhes garantir o direito de decidir quando e como querem uma gravidez. Na prática, os direitos das mulheres são cotidianamente violados. E são as mulheres pobres, negras e moradoras das periferias do Brasil as mais afetadas. Falar em esterilização forçada é ignorar problemas estruturais e as desigualdades que vivemos em nosso país. Considero uma prática de tortura" (LIMA, Juliana Domingos de. Por que esterilização para controle demográfico é uma violação. *Nexo*, 13 jun. 2018. Disponível em: https://www.nexojornal.com.br/expresso/2018/06/13/Por-que-esteriliza%C3%A7%C3%A3o-para-controle-demogr%C3%A1fico-%C3%A9-uma-viola%C3%A7%C3%A3o. Acesso em: 14 mar. 2023).

375 BRASIL. Tribunal de Justiça do Estado de São Paulo Comarca de Mococa (2. Vara). *Ação Civil 10011521-57.2017.8.26.0360*. Ação Civil Pública. Pretensão do Ministério Público voltada a compelir o Município a realizar cirurgia de laqueadura em dependente química Legitimidade ativa ad causam delineada na espécie Incidência do disposto nos arts. 127, parte final, e 129 da CF Acolhimento pronunciado em primeiro grau que, todavia, não pode subsistir [...]. Juiz: Djalma Moreira Gomes Júnior. Julgamento: 27 de junho de 2017. Disponível em: https://www.migalhas.com.br/arquivos/2018/6/art20180612-11.pdf. Acesso em: 14 mar. 2023.

376 MARTINS, Juliana. *Mulheres de maternidade impedida*: a mãe marginalizada em face do atendimento institucional. São Paulo: Com-Arte, 2019, p. 24.

377 PENTEADO, Taís. Reescrita feminista do *Habeas Corpus* N. 503.125/SP: uma análise da adoção informal e o arrependimento materno a partir de perspectivas feministas. *In:* Flavia Portella Püschel (org.). *Direito e Desenvolvimento na prática*. São Paulo: Almedina, 2020. p. 221-254.

378 EVARISTO, Conceição. *Insubmissas lágrimas de mulheres*. 2. ed. Rio de Janeiro: Malê, 2016, p. 65. "Isso porque eu sabia da pílula. Muita mina aqui não tem nem ideia. A vontade que dá é gritar: 'vai tomar no [...]'! Deixa a mina em paz" (D'ANGELO, Heloísa; GOMES, Joyce; SANTANA, Bianca. *Quatro Marias*: uma reportagem em quadrinhos sobre as realidades do aborto no Brasil. Trabalho de Conclusão de Curso. [*S. d.*]. Disponível em: https://quatromarias.com/portfolio/maria-julieta/. Acesso em: 14 mar. 2023. História de Maria Julieta).

379 "Só pra dar uma ideia, uma vez, eu fui tomar a pílula do dia seguinte no posto de saúde... e meu, é uma burocracia do capeta [...] Aí você chega no médico, e o cara faz as mesmas perguntas: por que não usou camisinha heim menina? O mesmo julgamento, a mesma cara de dono da

de abstinência sexual são cogitadas como forma de prevenir a gravidez, isso fica patente.[380] A reprodução envolve a sexualidade da mulher, que é alienada das mais diversas formas. É alienada pela violência sexual, que ocorre não por acaso, mas sim porque a mulher é uma mulher e meninas são meninas em um ambiente de assimetria de poder[381] (muitas vezes, a própria casa, pelas pessoas mais próximas).[382] Nesses casos, o aborto é permitido, mas, às vezes, mulheres que procuram esse procedimento sofrem inúmeras violências institucionais.[383]

A sexualidade é também alienada por ser construída, em grande medida, excluindo mulheres e seus interesses, de forma que o significado do prazer e o ritmo da sexualidade[384] muitas vezes não envolvem a preocupação com uma gravidez e com as suas consequências.[385] "A camisinha me aperta."

sua vida" (D'ANGELO, Heloísa; GOMES, Joyce; SANTANA, Bianca. *Quatro Marias*: uma reportagem em quadrinhos sobre as realidades do aborto no Brasil. Trabalho de Conclusão de Curso. [*S. d.*]. Disponível em: https://quatromarias.com/portfolio/maria-julieta/. Acesso em: 14 mar. 2023. História de Maria Julieta).

380 Referência à política de abstinência proposta pela Damares (disponível em: https://veja.abril.com.br/brasil/damares-deve-lancar-campanha-de-abstinencia-sexual-em-fevereiro/. Acesso em: 17 mar. 2023) e também à condenação de cartilhas escolares que veiculava "ideologia de gênero" (disponível em: https://educacao.estadao.com.br/noticias/geral,bolsonaro-diz-preparar-pl-que-proibe-ideologia-de-genero-no-ensino-fundamental,70002994948. Acesso em: 17 mar. 2023).

381 COSTA, Gilberto. Estupro bate recorde e maioria das vítimas são meninas de até 13 anos. *Agência Brasil,* 10 set. 2019. Disponível em: https://agenciabrasil.ebc.com.br/geral/noticia/2019-09/estupro-bate-recorde-e-maioria-das-vitimas-sao-meninas-de-ate-13-anos. Acesso em: 11 set. 2023.

382 "Foi quando assisti à cena mais dolorosa de minha vida. Um homem esbravejando, tentando agarrar, possuir, violentar o corpo nu de uma menina, enquanto outras vozes suplicantes, desesperadas, desamparadas, chamavam por socorro. Pediam ajuda ao pai, sem perceber que ele era o próprio algoz" (EVARISTO, Conceição. *Insubmissas lágrimas de mulheres.* 2. ed. Rio de Janeiro: Malê, 2016, p. 32. História de Shirley Paixão).

383 DINIZ, Debora *et al.* A verdade do estupro nos serviços do aborto legal no Brasil. *Revista Bioética*, Brasília, v. 22, n. 2, p. 291-298, ago. 2014.

384 SAHD, Luiza; FERREIRA, Christiane. Pornografia: será que você devia parar de assistir a esses conteúdos na internet? *Universa Uol*, 24 jan. 2020. Disponível em: https://www.uol.com.br/universa/reportagens-especiais/pornografia-sera-que-voce-devia-parar-de-assistir-a-esses-conteudos-na-internet/#tematico-1. Acesso em: 14 mar. 2023.

385 "Foi mais ou menos em outubro, naquele calor danado, que a gente saiu. Foi tão intenso que acabamos transando sem camisinha. Eu não usava maconha, não tinha bebido, nada disso – só foi intenso demais. – 'Você tem camisinha?' – "Ih, eu não...". E a gente não pensou em mais nada.

"A camisinha me incomoda." "Com a camisinha eu não consigo." "Tem certeza de que faz questão da camisinha? Você não confia em mim?" "Tudo bem, vai (virada de olho)."[386] É alienada também pela forma como a sociedade ainda vê a sexualidade das mulheres.[387]

Em um mundo de igualdade sexual, a gravidez indesejada aconteceria por falha nos métodos contraceptivos, por descuidos[388] e por azar,[389] mas, no contexto de desigualdade, ela é também um problema da imposição de uma sexualidade que vulnerabiliza mulheres. É claro que relações sexuais podem ser experiências livres e gratificantes, mas não é possível presumir que uma gravidez foi voluntária em um ambiente sexual tão permeado por assimetria de poder. A alienação sexual, atualmente, não acontece na mulher; ela acontece porque há uma mulher.

Na hora eu não consegui me impor. Achava que camisinha era coisa de homem. – 'Ah, deixa pra lá'. Comigo era tipo: não tem, se vira, vai comprar, mas eu nunca andava com camisinha. Era uma coisa de homem" (D'ANGELO, Heloísa; GOMES, Joyce; SANTANA, Bianca. *Quatro Marias*: uma reportagem em quadrinhos sobre as realidades do aborto no Brasil. Trabalho de Conclusão de Curso. [*S. d.*]. Disponível em: https://quatromarias.com/portfolio/maria-julieta/. Acesso em: 14 mar. 2023. História de Maria Julieta).

[386] 7 "DESCULPAS" de homens para não usar camisinha. *Estadão,* 17 dez. 2019. Disponível em: https://emais.estadao.com.br/noticias/bem-estar,7-desculpas-de-homens-para-nao-usar--camisinha-e-que-nao-colam,10000091696. Acesso em: 14 mar. 2023; 8 RESPOSTAS para ter na ponta da língua quando ele não quiser usar camisinha. *Universa Uol,* 30 out. 2017. Disponível em: https://www.uol.com.br/universa/listas/7-respostas-pra-ter-na-ponta-da-lingua-quando-ele-nao-quiser-usar-camisinha.htm. Acesso em: 14 mar. 2023. Incluo como referência aqui experiências de amigas e amigas de amigas e amigas de amigas de amigas.

[387] "Ser mulher é isso: é ser dos outros. Você fica sempre envergonhada, é hostilizada por todo mundo. Se você sai da caixinha, todo mundo só tem ódio. E se engravida, fia, você é a mulher, você é a que deu, a que transou. Saiu da caixinha pra valer. A culpa é sempre sua, tá ligado?" (D'ANGELO, Heloísa; GOMES, Joyce; SANTANA, Bianca. *Quatro Marias*: uma reportagem em quadrinhos sobre as realidades do aborto no Brasil. Trabalho de Conclusão de Curso. [*S. d.*]. Disponível em: https://quatromarias.com/portfolio/maria-julieta/. Acesso em: 14 mar. 2023. História de Maria Julieta).

[388] "Eu também não queria, tinha sido apenas um descuido. Um descuido, repito. Diferentemente da minha primeira gravidez, quando eu, bem jovem, nas primeiras relações, nada soubesse de métodos contraceptivos" (EVARISTO, Conceição. *Insubmissas lágrimas de mulheres.* 2. ed. Rio de Janeiro: Malê, 2016, p. 120. História de Saura Benevides Amarantino).

[389] História de Saura Benevides Amarantino (EVARISTO, Conceição. *Insubmissas lágrimas de mulheres.* 2. ed. Rio de Janeiro: Malê, 2016, p. 117).

A reprodução envolve também a gravidez. A gravidez indesejada pode ser bem-vinda e gratificante,[390] assim como qualquer outra, mas pode também causar culpa,[391] medo e sofrimento.[392] Sofrimento da mulher não só pela mudança drástica em sua vida, mas também pelo feto, que não terá condições de criar. A gravidez envolve culpabilização,[393] abandono[394] e solidão.[395] Envolve pressão.[396] Envolve violência

[390] História de Isaltina de Campo Belo (EVARISTO, Conceição. *Insubmissas lágrimas de mulheres.* 2. ed. Rio de Janeiro: Malê, 2016, p. 65).

[391] "Eu estava mesmo só, porque não tinha coragem de dividir isso com as mulheres mais próximas a mim – minhas irmãs e a minha mãe [...] Eu sabia que nenhuma das minhas irmãs ia entender [...] Só de pensar em contar para ela, me dava um sentimento horrível de vergonha. Aliás, eu não tinha coragem de repetir isso nem pra mim mesma" (D'ANGELO, Heloísa; GOMES, Joyce; SANTANA, Bianca. *Quatro Marias*: uma reportagem em quadrinhos sobre as realidades do aborto no Brasil. Trabalho de Conclusão de Curso. [*S. d.*]. Disponível em: https://quatromarias.com/portfolio/maria-julieta/. Acesso em: 14 mar. 2023. História de Maria Julieta).

[392] "Meu pai, na ocasião, quis me expulsar de casa, mas minha mãe impediu. Como colocar, na rua, uma menina de 16 anos, grávida, sozinha, quando o sem-vergonha do namoradinho dela havia fugido? [...] Diante da defesa dela, meu pai amoleceu e me deixou ficar, sob uma condição. Logo depois que a criança nascesse, assim que ela crescesse um pouco, eu deveria partir" (EVARISTO, Conceição. *Insubmissas lágrimas de mulheres.* 2. ed. Rio de Janeiro: Malê, 2016, p. 118. História de Saura Benevides Amarantino).

[393] "E deixou de falar comigo quando a terceira gravidez já me acusava no corpo, que começava a se arredondar" (EVARISTO, Conceição. *Insubmissas lágrimas de mulheres.* 2. ed. Rio de Janeiro: Malê, 2016, p. 118. História de Saura Benevides Amarantino).

[394] "Fui conversar com o Romeu. Seguinte: 'Tô grávida. Só que...' – Meu, se você decidir ter o filho, cê sabe que vai sozinha. Não tô a fim de ser pai'. Ele não me deu nenhuma palavra amiga, não perguntou o que eu queria. 'E pode vazar'. Só tirou o dele da reta" (D'ANGELO, Heloísa; GOMES, Joyce; SANTANA, Bianca. *Quatro Marias*: uma reportagem em quadrinhos sobre as realidades do aborto no Brasil. Trabalho de Conclusão de Curso. [*S. d.*]. Disponível em: https://quatromarias.com/portfolio/maria-julieta/. Acesso em: 14 mar. 2023. História de Maria Julieta).

[395] "Eu fiquei desesperada. Tinha 22 anos. Pensei em todas as histórias que sabia sobre as minas que abortavam. As que eu sabia que tinham sido presas, as que morreram abortando... as que eram mães e odiavam. EU NÃO QUERIA" (D'ANGELO, Heloísa; GOMES, Joyce; SANTANA, Bianca. *Quatro Marias*: uma reportagem em quadrinhos sobre as realidades do aborto no Brasil. Trabalho de Conclusão de Curso. [*S. d.*]. Disponível em: https://quatromarias.com/portfolio/maria-julieta/. Acesso em: 14 mar. 2023. História de Maria Julieta).

[396] "Sou do tempo em que uma gravidez significava a obrigação de casamento, tanto entre os ricos como entre os pobres. Minha família ia me casar, eu ia obedecer, embora não fosse o meu

obstétrica.[397] Muitas vezes, violência doméstica.[398] A gravidez indesejada não acontece na mulher. Ela acontece, muitas vezes, porque há uma mulher.

A reprodução envolve a tomada de decisão trágica que segue a gravidez indesejada. Abortar clandestinamente, sofrendo risco de morte[399] e riscos à saúde física e psicológica.[400] Ter medo de ter sequelas e não conseguir ser mãe.[401] Não abortar, sabendo que a vida irá mudar drasticamente.[402]

desejo" (EVARISTO, Conceição. *Insubmissas lágrimas de mulheres*. 2. ed. Rio de Janeiro: Malê, 2016, p. 118, História de Saura Benevides Amarantino).

397 GOES, Emanuelle. Violência obstétrica e o viés racial. *Portal Geledés*, 19 ago. 2016. Disponível em: https://www.geledes.org.br/violencia-obstetrica-e-o-vies-racial/. Acesso em: 14 mar. 2023.

398 FIOROTTI, Karina *et al.* Prevalência e fatores associados à violência doméstica: estudo em uma maternidade de alto risco. *Texto & Contexto – Enfermagem*, [*s. l.*], v. 27, n. 3, 2018. "Um dia, algo dolorido no ventre de Aramides inaugurou uma perturbação entre os dois [...] Na deslembrança, ficou dissimulado o doer da lâmina na cama a lhe resfolegar a barriga. E a dolorosa ardência do cigarro aceso esmagado em seu ventre também buscou se alojar no esquecimento" (EVARISTO, Conceição. *Insubmissas lágrimas de mulheres*. 2. ed. Rio de Janeiro: Malê, 2016, p. 13. História de Aramides Florença).

399 "Na quebrada é assim que acontece: as minas sempre dão um jeito de decidir. E todo mundo sabe. Sabe dos chás de buchinha, do remédio, e sabe da vizinha, da prima, da amiga que abortou, da madrinha que foi presa e da fulana que morreu [...]" (D'ANGELO, Heloísa; GOMES, Joyce; SANTANA, Bianca. *Quatro Marias*: uma reportagem em quadrinhos sobre as realidades do aborto no Brasil. Trabalho de Conclusão de Curso. [*S. d.*]. Disponível em: https://quatromarias.com/portfolio/maria-julieta/. Acesso em: 14 mar. 2023. História de Maria Julieta).

400 "Uns meses depois, eu tive uma bad, um arrependimento, uma culpa enorme. Eu fiquei me sentindo muito mal, e não conseguia falar sobre isso com ninguém" (D'ANGELO, Heloísa; GOMES, Joyce; SANTANA, Bianca. *Quatro Marias*: uma reportagem em quadrinhos sobre as realidades do aborto no Brasil. Trabalho de Conclusão de Curso. [*S. d.*]. Disponível em: https://quatromarias.com/portfolio/maria-julieta/. Acesso em: 14 mar. 2023. História de Maria Julieta).

401 "E aí, mais um medo apareceu: o de não conseguir mais ser mãe. Porque cara, eu não queria ter filho naquela hora – mas hoje em dia, quase 10 anos depois, eu quero muito" (D'ANGELO, Heloísa; GOMES, Joyce; SANTANA, Bianca. *Quatro Marias*: uma reportagem em quadrinhos sobre as realidades do aborto no Brasil. Trabalho de Conclusão de Curso. [*S. d.*]. Disponível em: https://quatromarias.com/portfolio/maria-julieta/. Acesso em: 14 mar. 2023. História de Maria Julieta).

402 "É a mulher que vai ficar com a criança, é a mulher que vai gerar, que vai sofrer a mudança no corpo, se privar de fazer várias coisas. O cara consegue viver tranquilamente sendo pai, ou fugindo de ser pai. A mulher, não" (D'ANGELO, Heloísa; GOMES, Joyce; SANTANA, Bianca. *Quatro Marias*: uma reportagem em quadrinhos sobre as realidades do aborto no Brasil.

Não abortar e colocar para adoção sem suporte algum que permita uma escolha informada. Até aquelas que podem pagar por um procedimento se deparam com uma decisão trágica, não só por se confrontarem com questões morais, mas também por terem sua decisão e sua culpa influenciadas por visões patriarcais a elas impostas.[403] A decisão trágica não acontece na mulher. Ela acontece porque há uma mulher.

A escolha trágica se dá, em muitos casos, sem apoio emocional, material e presencial dos companheiros e das famílias, sem considerar se é melhor para elas e os possíveis filhos interromper a gravidez (talvez arriscando suas vidas), optar pela adoção ou criar filhos em situação de privação, insegurança e violência, causadas justamente pelas desigualdades sociais. A escolha também se dá em um ambiente racializado. Muitas mulheres negras consideram se querem colocar um filho negro em um mundo racista.[404] E esse medo é fundado. Uma mãe negra nunca sabe se seus filhos serão mortos na juventude em uma sociedade violentamente racista – nas ruas, em suas casas pela polícia ou fora de casa, pela omissão da empregadora da mãe (e da sociedade).[405]

A reprodução envolve a maternidade. A maternidade pode trazer alegrias, mas pode trazer também consequências ruins. A maternidade

Trabalho de Conclusão de Curso. [*S. d.*]. Disponível em: https://quatromarias.com/portfolio/maria-julieta/. Acesso em: 14 mar. 2023. História de Maria Julieta).

403 "E aí, variações disso encheram a minha cabeça: 'eu sou uma burra, tenho todas as condições para me proteger e não fiz isso, a culpa é minha'. Eu não conseguia raciocinar, tremia, chorava, de um jeito que eu nunca fiz antes. Quero me matar. Chorei por uma hora sem parar" (D'ANGELO, Heloísa; GOMES, Joyce; SANTANA, Bianca. *Quatro Marias*: uma reportagem em quadrinhos sobre as realidades do aborto no Brasil. Trabalho de Conclusão de Curso. [*S. d.*]. Disponível em: https://quatromarias.com/portfolio/maria-mudanca/. Acesso em: 14 mar. 2023. História de Maria Mudança).

404 MAJU Coutinho faz relato doloroso do racismo que viveu ao longo da vida – "ele mata, ele nos fere". *Uol*, 3 jun. 2020. Disponível em: https://contigo.uol.com.br/noticias/tv/maju-coutinho-faz-relato-doloroso-do-racismo-que-viveu-ao-longo-da-vida-ele-mata-ele-nos-fere.phtml. Acesso em: 14 mar. 2023.

405 Pensemos nas mortes de Ágatha Félix, João Pedro Mattos Pinto e Miguel Otávio Santana, entre tantas outras. Segundo o Instituto Brasileiro de Geografia e Estatística (IBGE), o risco de um jovem negro ser assassinado é 2,7 vezes maior do que de um branco (BRASIL. *Desigualdades Sociais por Cor ou Raça no Brasil*. Rio de Janeiro: IBGE, 2019. Disponível em: ibge.gov.br/estatisticas/sociais/populacao/25844-desigualdades-sociais-porcor-ou-raca.html. Acesso em: 14 mar. 2023).

no Brasil é um processo muitas vezes solitário.[406] Mulheres mães são abandonadas. Mulheres mães são julgadas.[407] Mulheres mães são privadas. Mulheres mães são vulnerabilizadas pela pobreza. Mulheres mães são responsabilizadas. Mulheres mães vivem com Bolsa Família e Auxílio Emergencial. Mulheres mães resistem diariamente para criar seus filhos e lutam por uma vida melhor. Mulheres que têm companheiros muitas vezes continuam sozinhas nos deveres ligados à maternidade.[408]

Muitas vezes são privadas da vida pública e do mercado de trabalho. Mas, mais vezes ainda, são obrigadas a adentrarem em um mercado de trabalho precário, terceirizado e muitas vezes relacionado ao cuidado de filhos que não são seus, tendo que deixar seus filhos aos cuidados de outras pessoas.[409] Mesmo com companheiros, têm dupla jornada. Têm seu trabalho alienado duplamente. O remunerado, alienado no mercado de trabalho. O não remunerado, alienado em casa. Passam a ganhar menos e, com isso, passam a depender financeiramente[410] de outros.

Em um momento de cortes de direitos sociais, os cortes acometem a mulher mãe. Aliás, os cortes (e o capitalismo em geral) só são possíveis porque há a mulher mãe. Uma mulher que não é mãe de um filho é mãe de um marido, é mãe de pais idosos, é mãe de uma comunidade inteira. A mulher mãe é a que leva a cabo o cuidado. O cuidado que é deixado de lado por instituições e imposto à mulher mãe, por considerar a maternidade uma escolha. Qualquer que seja o caso, a maternidade impede a participação da mulher na "Esfera Pública" – que, aliás, é uma construção social que, por si só, impede a participação de mulheres. Seus interesses não são representados e suas experiências são apagadas na produção de valores.[411]

406 EVARISTO, Conceição. *Insubmissas lágrimas de mulheres*. 2. ed. Rio de Janeiro: Malê, 2016 (História de Aramides Florença).

407 A "BOA" mãe. *Estadão*, Blog do Fausto Macedo, 3 set. 2020. Disponível em: https://politica.estadao.com.br/blogs/fausto-macedo/a-boa-mae/. Acesso em: 14 mar. 2023.

408 Esse tópico será elaborado em profundidade mais à frente.

409 COUTINHO, Renata. Terceirização tem "cara": é preta e feminina. *Portal Geledés*, 20 ago. 2020. Disponível em: https://www.geledes.org.br/terceirizacao-tem-cara-e-preta-e-feminina/. Acesso em: 3 fev. 2023.

410 Esse tópico será elaborado em profundidade mais à frente.

411 Esse tópico será elaborado em profundidade mais à frente.

A proibição do aborto é um caso claro da imposição de valores construídos de forma alheia ao interesse das mulheres. A criminalização do aborto se propõe neutra e, ironicamente, se propõe até simpática às mulheres, na medida em que permite a prática em alguns casos considerados extremos. Acontece, entretanto, que o que se vê, olhando o conjunto de maneira integrada, é uma lógica perversa, permeada por valores moldados pelo poder. Como exposto a seguir, o aborto só não é crime quando a mulher não rompe com o que se espera dela. Quando a mulher sofre violência sexual, ela não escolhe a relação sexual e, portanto, não deve ser culpabilizada pela imposição das consequências.[412] Quando a mulher corre risco de morte, ela continua querendo ser mãe, ela apenas não pode ser mãe. Essa é a lógica também que se encontra por trás da ADPF 54/DF, que considerou atípico o aborto em casos de anencefalia fetal. A visão da mulher como mãe é tão arraigada que permeia a criminalização do aborto. Se olharmos a mulher como não necessariamente mãe, é impossível considerar a criminalização do aborto razoável.

A maternidade compulsória e suas consequências não acontecem na mulher. Acontecem porque há uma mulher.

Como a criminalização do aborto faz parte de um todo, ele deve ser tratado juridicamente, como questão de igualdade, não só para que seja resolvido de forma aderente à realidade, mas para ter uma solução eficaz, que demanda mudanças jurídicas, institucionais e sociais. A concretização do direito ao aborto, por óbvio, impõe uma participação ativa do Estado não só no que diz respeito ao oferecimento do aborto gratuito com todo o apoio possível, mas também em todas as etapas da reprodução.

O olhar contextualizado permite também criticar a forma pela qual categorias e conceitos jurídicos relacionados à questão do aborto são conceptualizados de maneira alienada à experiência das mulheres. Essa crítica se dá no nível da epistemologia do próprio significado do aborto, e é elaborada no âmbito da crítica radical do Direito. Essa crítica feminista

[412] ADPF 54/DF, voto do ministro Cezar Peluso (BRASIL. Supremo Tribunal Federal [Plenário]. *Arguição de Descumprimento de Preceito Fundamental 54/DF.* Feto anencéfalo. Interrupção da gravidez. Mulher. Liberdade sexual e reprodutiva. Saúde. Dignidade. Autodeterminação. Direitos fundamentais. Crime. Inexistência [...]. Relator: Min. Marco Aurélio. Brasília. Julgamento: 12 de abril de 2012. *DJe* de 30 de abril de 2013. Disponível em: https://portal.stf.jus.br/processos/detalhe.asp?incidente=2226954. Acesso em: 17 mar. 2023).

é importante, pois oferece respostas sérias e satisfatórias para argumentos que sustentam a criminalização do aborto. Ainda, a crítica permite ver que diversas formas de se defender a descriminalização também incorrem nos erros de quem defende a criminalização, sendo, portanto, inadequadas.

Alguns conceitos jurídicos geralmente entendidos como neutros são, na verdade, construídos a partir de uma influência de inúmeras estruturas de poder. A análise radical do Direito propõe-se a olhar profundamente categorias e conceitos jurídicos, de forma a entender como estes são permeados por construções alienadas à experiência das mulheres.

O olhar crítico contextual identifica que não há nenhuma outra relação no mundo análoga àquela que se dá entre a mulher e o feto, em um mundo de desigualdades. Como as experiências femininas não foram historicamente consideradas na legislação, a visão que prevaleceu na conceptualização do aborto foi a masculina, do observador externo.

O observador externo não se encontra inserido no contexto da gravidez e isso faz com que ele olhe a relação entre a mulher e o feto de forma igualmente alheia ao contexto, a partir do que suas experiências permitem. O tratamento jurídico da relação é feito a partir de analogias a outras relações, mas nenhuma delas apreende bem o que ocorre na relação entre a mulher e o feto. Algumas feministas abordam essa questão no nível da subjetividade.[413] Contudo, para não incorrermos nos riscos da essencialização, adotamos aqui a perspectiva que independe dos sentimentos da mulher em relação ao feto.

Mulheres e fetos são vistos pelo observador externo como seres radicalmente ligados ou radicalmente autônomos. O feto é visto como parte do corpo, ou como uma pessoa como qualquer outra. Acontece, entretanto, que a relação existente entre a mulher e o feto é única, na medida em que é moldada por relações sociais. Ela é um meio-termo entre parte do corpo e relação entre dois seres autônomos. O feto é fruto de uma relação social, é tanto gestado quanto criado em um contexto socialmente construído. E essas relações e construções sociais se dão, geralmente, de forma desigual, em detrimento da mulher (e do feto).[414]

413 GILLIGAN, Carol. *Uma voz diferente*. Rio de Janeiro: Rosa dos Tempos, 1982.

414 MACKINNON, Catharine. Reflections on Sex Equality under Law. *The Yale Law Journal*, [*s. l.*], v. 100, n. 5, p. 1309, 1991.

Reconhecer a relação especial existente entre a mulher e o feto deve pautar a reconceptualização da visão de gravidez que permeia a criminalização do aborto. A visão da gravidez como relação moldada por construções sociais impõe que ela seja enxergada como uma situação de conjunção de interesses, e não de oposição.

A visão de conjunção se opõe, radicalmente, à de oposição, que permeia a criminalização. O aborto é criminalizado pois é entendido como forma de proteção de um feto em detrimento de interesses particulares da mãe. Se enxergarmos a conjunção de interesses, entretanto, veremos que o aborto é uma decisão tomada por uma mulher responsável, que pensa em si e no seu feto de forma conjunta.

O argumento da reconceptualização do aborto é importante, pois responde à objeção de que a procura pelo aborto seria algo injusto e egoísta da parte da mulher – visão essa que leva à comparação do aborto ao homicídio. Essa ideia é recorrente no debate. No último dia 12 de junho de 2020, o deputado federal pelo PSL Filipe Barros propôs o Projeto de Decreto Legislativo n. 271/2020, que visa sustar a aplicação de normas técnicas do Ministério da Saúde, que impõe medidas para o aborto seguro, legal e humanizado pelo Sistema Único de Saúde (SUS).[415]

A justificativa do projeto é a de que, apesar de o aborto ser proibido, o

> governo brasileiro [...] usa o dinheiro do contribuinte por meio do Sistema Único de Saúde para financiar a criminosa eliminação de bebês em gestação. Isso ocorre porque deturpa-se de forma grosseira a expressão "não punível" para o aborto em caso de estupro, como se a ausência de pena para o criminoso gerasse obrigação ao estado de assassinar nascituros, com o aval da mãe.[416]

[415] Norma Técnica do Ministério da Saúde intitulada "Prevenção e tratamento dos agravos resultantes da violência sexual contra mulheres e adolescentes", editada em 1998, assim como a de todas as versões posteriores, ampliadas e atualizadas da mesma norma; Norma Técnica do Ministério da Saúde intitulada "Atenção Humanizada ao Abortamento", editada em 2005, assim como a de todas as versões posteriores, ampliadas e atualizadas da mesma norma; e Nota Técnica n. 16/2020, do Ministério da Saúde, cujo assunto é "Acesso à saúde sexual e saúde reprodutiva no contexto da pandemia da COVID", publicada em 1º de junho de 2020.

[416] BRASIL. Câmara dos Deputados. *Projeto de Decreto Legislativo n. 271/2020*. Susta a aplicação de Normas Técnicas expedidas pelo Ministério da Saúde. 2020. Disponível em: https://www.camara.leg.br/proposicoesWeb/fichadetramitacao?idProposicao=2255099. Acesso em: 14 mar. 2023.

Essa objeção não é superada por argumentos como o da ponderação de interesses da mulher e do feto.

A ponderação de interesses pode privilegiar a vida do feto em detrimento dos interesses da mulher; pode também privilegiar interesses da mulher. Em ambos os casos, o que se tira é uma contraposição de interesses, em que alguém sai perdendo. Essa visão se assemelha muito à situação das excludentes de ilicitude em homicídios – como a autodefesa –, mas continua sendo uma situação semelhante a um homicídio. O que retira esse caráter da questão do aborto é a reconceptualização da relação entre a mulher e o feto.

Esse olhar integrado impõe a pergunta: nesse ambiente desigual, o aborto é uma questão individual da mulher em detrimento do feto? E ainda, as mulheres têm as condições e o interesse de admitir que o direito ao aborto venha à custa da afirmação de que fetos e embriões não sejam detentores de direitos fundamentais? Essas questões tocam em um problema mais profundo: em algumas situações, pessoas poderiam tomar decisões de vida ou morte sem nem bem serem egoístas e nem bem violarem direitos fundamentais? Se sim, essas pessoas poderiam ser mulheres?[417] Se não, o problema seria a decisão de vida ou morte[418] ou o fato de serem mulheres escolhendo não levar a cabo uma gravidez?[419]

Conceptualizar a gravidez e olhá-la como parte de um sistema permeado por desigualdades têm uma importância normativa: ela deve ocorrer para que sejam alcançadas a igualdade e a emancipação. Isso se contrapõe à escolha que se pretende neutra, mas que é também normativa, de se enxergar o feto como ser autônomo dotado ou não de personalidade jurídica, que gera a subordinação. Em outras palavras, não há nem direito *versus* direito, nem direito *versus* direito algum, porque essa relação específica, se analisada contextualmente, não cabe em nenhuma dessas

[417] PINKOLA ESTÉS, Clarissa. *Mulheres que correm com os lobos*. Rio de Janeiro: Rocco, 2014, p. 15.

[418] BARIFOUSE, Rafael. Coronavírus: médicos podem ter de fazer "escolha de Sofia" por quem vai viver na Itália. *Uol*, 13 mar. 2020. Disponível em: https://noticias.uol.com.br/saude/ultimas-noticias/bbc/2020/03/13/coronavirus-medicos-podem-ter-de-fazer-escolha-de-sofia-por-quem-vai-viver-italia.htm. Acesso em: 14 mar. 2023.

[419] ROSS, Loretta. Raising our Voices. *In*: FRIED, Marlene. *From Abortion to Reproductive Freedom*: Transforming a Movement. Boston, MA: South End Press, 1990, p. 140.

duas caixinhas, na medida em que não é nem uma relação opositiva e ambos os seres envolvidos merecem proteção.

Atualmente, o aborto não acontece na mulher. Ele acontece porque há uma mulher em um ambiente de desigualdade. Quando não houver desigualdade, provavelmente a prática do aborto não terá relevância social, já que será, realmente, um acaso. Porém, ainda nesse cenário, a relação entre a mulher e o feto deve ser levada em consideração, mesmo quando a questão essencial passar a ser, de fato, a privacidade, a autodeterminação e outros direitos individuais (que, diga-se de passagem, só existem de verdade quando há igualdade).

A partir das perspectivas adotadas, a questão do aborto passa a ser indissociável de praticamente todas as outras questões que envolvem gênero. Aborto se relaciona à subordinação sexual, à violência doméstica, à falta de educação sexual, ao acesso limitado a contraceptivos, às visões incorporadas sobre a sexualidade feminina, à gravidez em si, à violência obstétrica, à esterilização forçada, à maternidade, à desigualdade econômica, à discriminação no ambiente de trabalho, ao próprio trabalho, que é genderizado, racializado e classista, entre muitas outras questões.

A questão do aborto não é só é faticamente parte de tudo isso, como também só pode ser tratada assim para que o aborto seja realmente emancipatório. A autonomia para fazer um aborto não existe se estiver contida em um ambiente de desigualdade, mesmo que o aborto seja permitido.[420]

c. A criminalização como fruto da dominação[421]

No Brasil, por mais que se expresse que a proibição do aborto visa proteger a vida, temos alguns indícios de que essa não era a principal motivação quando da edição da norma, como se vê com a retomada do histórico da legislação do aborto no Brasil.[422]

[420] COPELON, Rhonda. From Privacy to Autonomy: The Conditions for Sexual Reproductive Freedom. *In*: FRIED, Marlene. *From Abortion to Reproductive Freedom*: Transforming a Movement. Boston, MA: South End Press, 1990, p. 39.

[421] O escrutínio da legislação à luz de como estruturas de poder permeiam a norma no contexto norte-americano foi desenvolvido em: SIEGEL, Reva. Reasoning from the Body: A Historical Perspective on Abortion Regulation and Questions of Equal Protection. *Stanford Law Review*, [*s. l.*], v. 44, n. 2, p. 261-381, jan. 1992.

[422] DEL PRIORE, Mary Lucy. A árvore e o fruto: um breve ensaio histórico sobre o aborto. *Revista Bioética*, Brasília, v. 2, n. 1, p. 43-51, 1994.

A condenação do aborto vem do período colonial, momento no qual a Igreja Católica tinha grande influência na definição da moralidade social e nas políticas estatais. Nesse contexto, o Estado fazia uso de justificativas baseadas na moralidade católica para promover suas políticas. A condenação do aborto nasceu, então, como forma de impedir mulheres de se engajarem em atividades que permitissem realizações fora da vida conjugal e familiar, reduzindo-as à categoria de reprodutoras. A condenação moral da conduta sustentada pela Igreja Católica estava alinhada também à política estatal de promover o aumento populacional na colônia.[423]

Nas palavras da historiadora Del Priore, "[m]ais do que atacar o homicídio terrível que privava uma alma inocente do batismo, e, portanto, da salvação eterna, caçavam-se os desdobramentos condenáveis nas ligações fora do matrimônio".[424]

Também aqui a moral católica se alinhava aos interesses do Estado, que não queria aumentar a população de qualquer forma, mas sim aumentar a população "honrada", com crianças fruto de ligações legítimas, em consonância com o tipo de sexualidade aprovado pela Igreja, qual seja, aquela com o fim reprodutivo.[425]

A condenação do aborto em seus primórdios no Brasil estava relacionada, em grande parte, a papéis socialmente atribuídos às mulheres. Mulheres negras eram vistas como sexualmente acessíveis, e a sua gravidez, muitas vezes fruto de estupro por parte de escravagistas brancos, era tida como benéfica economicamente para o aumento da população escrava e, logo, da produtividade. Dessa forma, não havia condenação da atividade sexual e do estupro da mulher negra e não havia interesse em que esta se tornasse esposa e mãe de família, mas, tão somente, uma reprodutora. No caso de mulheres brancas de classe alta, a proibição se ligava à ideia de que, ao "casar, procriar, batizar e educar na fé cristã os seus rebentos", a mulher estaria dirimindo o "pecado original".[426] Essa citação é interessante pois ela

[423] DEL PRIORE, Mary Lucy. A árvore e o fruto: um breve ensaio histórico sobre o aborto. *Revista Bioética*, Brasília, v. 2, n. 1, p. 1, 1994.

[424] DEL PRIORE, Mary Lucy. A árvore e o fruto: um breve ensaio histórico sobre o aborto. *Revista Bioética*, Brasília, v. 2, n. 1, p. 1, 1994.

[425] DEL PRIORE, Mary Lucy. A árvore e o fruto: um breve ensaio histórico sobre o aborto. *Revista Bioética*, Brasília, v. 2, n. 1, p. 1, 1994.

[426] DEL PRIORE, Mary Lucy. A árvore e o fruto: um breve ensaio histórico sobre o aborto. *Revista Bioética*, Brasília, v. 2, n. 1, p. 3, 1994.

sumariza o caráter dual da legislação do aborto: de um lado, temos a ideia de pecado e de culpa relacionada ao sexo feminino; de outro, o papel da mulher como esposa e mãe, que deve cumprir essa função tanto em nome da Igreja Católica – como forma de perpetuar a fé cristã – quanto em nome da política estatal de promover a moralidade da população crescente.

A proibição ao aborto em seus primórdios era antes uma forma de controlar a mulher e confiná-la ao papel socialmente atribuído a ela – de mãe e esposa ou de reprodutora forçada – do que de proteger o feto, ou a vida em potencial. A vida era protegida pelo seu valor instrumental – para o aumento seja da população branca católica, seja da mão de obra.

O histórico da legislação do aborto no Brasil levanta suspeitas sobre como ideais sobre as mulheres permeiam a legislação até hoje. Entretanto, ele não é suficiente e devemos nos perguntar como essas ideias animam a regulação do aborto hoje.

No Brasil, não é incomum que se entenda que o objetivo da proibição do aborto é a proteção da vida do feto. Essa ideia se expressa no Código Penal (CP), que posicionou a proibição do aborto (art. 124) na seção dos "Crimes contra a Vida". Também, na ADPF 54/DF, caso no qual o STF declarou a inconstitucionalidade da criminalização do aborto em situações de anencefalia fetal, a ideia de que o fim da norma é a proteção da vida, ou da vida em potencial, foi a que prevaleceu.[427] Ademais, no voto-vista do ministro Barroso no HC 124.306/RJ, a ponderação é realizada partindo do princípio de que a finalidade da norma é proteger o feto. O fato de o CP e de esse entendimento aparecerem na jurisprudência, entretanto, não coloca uma pá de cal sobre o que de fato permeia a norma. Pode ser que a vida de fato importe, mas será só isso?

Para responder a essa questão, não basta olhar apenas para o histórico da legislação; devemos também pensar sobre o que se protege hoje, e, assim como ocorre nos Estados Unidos, existem grandes indícios de que visões discriminatórias sobre o papel das mulheres continuam a ser significativas para a restrição do aborto. Examinando a proibição do aborto de forma contextualizada, a norma parece ser muito mais uma forma de controle das mulheres – especialmente das mais vulneráveis – do que uma forma legítima de se proteger a vida.

[427] ADPF 54/DF, 2012, Min. Rosa Weber, p. 108; Min. Joaquim Barbosa, p. 150-152; Min. Marco Aurélio, p. 54-55; Min. Ayres Britto, p. 257-260.

Uma primeira evidência de que o papel das mulheres importa para a proibição encontra-se na própria estrutura da norma. O aborto consentido está regulado no conjunto normativo expresso pelo art. 124, *caput*, que prevê "Provocar aborto em si mesma ou consentir que outrem lhe provoque – Pena – detenção, de um a três anos", e pelo art. 128, I e II, que dispõe sobre as situações nas quais o aborto não é punível: "Art. 128. Não se pune o aborto praticado por médico: I – se não há outro meio de salvar a vida da gestante; e II – se a gravidez resulta de estupro e o aborto é precedido de consentimento da gestante ou, quando incapaz, de seu representante legal".[428]

Sobre a proibição geral do aborto em conjunto com a exclusão do inciso I, ou seja, exclusão do "aborto necessário", Ana Lucia Sabadell e Dimitri Dimoulis afirmam que, se entendido como despiciendo, o art. 128, I, é "indevidamente restritivo, pois com base na norma geral sobre o estado de necessidade o aborto deixa de ser antijurídico mesmo se há risco de dano para a saúde da gestante".[429]

Se, ao contrário, for entendido como *lex specialis*, excluindo a aplicação da norma geral no aborto, então é inconstitucional devido à desproporcionalidade da violação dos direitos fundamentais da gestante.

Independentemente de como esses dispositivos devam ser lidos e aplicados em situações práticas, o fato de existir esse descompasso entre a regra geral (estado de necessidade) e a regra específica do caso do aborto chama atenção.

Em um sistema no qual as penas dos crimes protegem de forma diversa os diferentes estágios da vida (ou seja, penaliza-se menos o aborto do que o homicídio doloso), parece estranho que, justamente no caso em que a vida é menos protegida, a regra para a excludente seja mais dura. Talvez isso se dê em função do ideal de que a mãe deva se sacrificar por seu filho, o que coaduna com a tese aqui defendida de que a proibição do aborto é reflexo da assimetria entre os gêneros existente na sociedade.

[428] BRASIL. *Decreto-lei n. 2.848, de 7 de dezembro de 1940*. Código Penal. Brasília: Presidência da República, 1940. Disponível em: https://www.planalto.gov.br/ccivil_03/decreto-lei/del2848.htm. Acesso em: 10 mar. 2023.

[429] SABADELL, Ana Lucia; DIMOULIS, Dimitri. Constitucionalidade, moralidade e tratamento penal do aborto. *In*: SARLET, Ingo Wolfgang; LEITE, George Salomão (orgs.). *Direitos fundamentais e biotecnologia*. São Paulo: Método, 2008, v. 1, p. 325.

Uma leitura da regra geral em conjunto com o inciso II também nos dá *insights* interessantes que vão no mesmo sentido. A excludente de punibilidade em caso de aborto de feto fruto de estupro tem sua origem no CP de 1890, em que a pena era reduzida para mulheres que cometessem aborto para proteger a própria "honra". Ou seja, a mulher era menos penalizada em situações em que a gravidez resultasse de ato sexual "desonroso", alheio à sua vontade.[430] O sentido original dessa excludente nos ajuda a ver com clareza o que estava por trás da tipificação do aborto – no caso, o controle do ímpeto sexual da mulher: quando a mulher não tinha "culpa" pela gravidez, ela poderia ser escusada se efetuasse um aborto.

Ainda que o histórico da norma seja bastante elucidativo, nem precisamos voltar a 1890 para encontrar a lógica da "culpa pela gravidez" no discurso sobre o aborto, inclusive em âmbito institucional: parece que a ideia de que o aborto pode ser feito quando a mulher não tem "culpa" pela gravidez é verificada no voto do ministro Cezar Peluso (ADPF 54/DF), que procede à interpretação evolutiva das excludentes de ilicitude de forma a se posicionar contrariamente ao argumento da autora da ação de que a interrupção da gravidez de feto anencéfalo se assemelha ao chamado "aborto sentimental" e de que a sua proibição se assemelha à tortura.[431]

Segundo a autora da ação, como o objetivo da interrupção da gravidez em casos de anencefalia é proteger a integridade psíquica da mãe e como a excludente de ilicitude em casos de estupro tem exatamente o mesmo objetivo, ela também deve ser incluída no rol das excludentes. Para o ministro Cezar Peluso, entretanto, as situações são distintas: o aborto é permitido em casos de estupro pois há o que ele chama de "violência injusta".[432] Ao contrário do que se possa pensar, o ministro não entende o

[430] PIERANGELLI, José Henrique. *Códigos Penais do Brasil*: evolução histórica. Bauru: Jalovi, 1980.

[431] PENTEADO, Taís. The Abortion Jurisprudence in Brazil: An Analysis of ADPF 54 from Feminist Equality-Based Perspectives. *International Journal of Constitutional Law*, [*s. l.*], v. 19, n. 5, p. 1664-1682, nov. 2021, nota 54.

[432] Nas palavras do ministro, "a gravidez [de feto anencéfalo], intencional ou fortuita, não decorre de nenhum ato de violência, mas do cabal exercício da liberdade dos genitores [...] a gravidez oriunda de estupro recusa toda comparação sensata à mera gravidez indesejada, a qual, apesar de também ser, em tal sentido, involuntária, poderia, em circunstâncias normais, ter sido prevenida [...] a inevitabilidade real a que aludi, no caso do estupro, contrapõe-se ao caráter falsamente evitável da 'tortura' desencadeada pelo diagnóstico de anencefalia, pois aquela

"injusto" como derivado da violência em si decorrente do sofrimento da mulher, mas sim do fato de a gravidez ser fruto de um crime e, portanto, alheia à vontade da mulher.

Outro indício é o fato de que, ainda que a punição do aborto não ocorra com frequência, muitas mulheres optam pela condicional, que geralmente trata de trabalho em instituições públicas que envolvam crianças. "É mais ou menos como uma punição por a pessoa não querer ser mãe."[433] Também aqui a própria permissão do aborto em casos de estupro poderia servir para fazer a regra erodir por dentro, afinal, discrimina-se mulheres que desejam engajar-se em atividade sexual *double-standard* para o julgamento da conduta sexual das mulheres.[434]

A interpretação do ministro não serve para nos dizer qual a motivação da norma, mas ela diz muito sobre ideias que perpassam a norma, especialmente a de que a proibição do aborto serve para punir mulheres que não se conformam com certos ideais de sexualidade virtuosa. Voltando para a primeira excludente, temos que a que limita o aborto ao risco de morte da mãe, ignorando sua saúde, mostra-nos que também perpassa a norma a noção de que uma mãe necessariamente faria todo o possível – até prejudicar a si mesma – para ter o seu filho. Como dito anteriormente, pela lógica dessa argumentação, não é necessário que se demonstre a má-fé dos legisladores. Basta que se identifique como ideias discriminatórias permeiam a norma.

tem sua causa material na concepção provocada por ato ilícito de força física (*vis compulsiva*), enquanto a gravidez anencefálica é, por hipótese, inteiramente livre na origem, sendo inevitável apenas quanto a seus efeitos (a gestação) [...]" (BRASIL. Supremo Tribunal Federal [Plenário]. *Arguição de Descumprimento de Preceito Fundamental 54/DF*. Feto anencéfalo. Interrupção da gravidez. Mulher. Liberdade sexual e reprodutiva. Saúde. Dignidade. Autodeterminação. Direitos fundamentais. Crime. Inexistência [...]. Relator: Min. Marco Aurélio. Brasília. Julgamento: 12 de abril de 2012. *DJe* de 30 de abril de 2013, p. 408-409. Disponível em: https://portal.stf.jus.br/processos/detalhe.asp?incidente=2226954. Acesso em: 17 mar. 2023).

[433] Entrevista com a defensora pública Ana Rita Souza Prata, do Núcleo Especializado de Promoção e Defesa dos Direitos da Mulher (D'ANGELO, Heloísa; GOMES, Joyce; SANTANA, Bianca. Maria dentro da Lei. *Quatro Marias*: uma reportagem em quadrinhos sobre as realidades do aborto no Brasil. Trabalho de Conclusão de Curso [*S. d.*]. Disponível em: https://quatromarias.com/quem-somos/. Acesso em: 6 fev. 2023).

[434] SIEGEL, Reva. Reasoning from the Body: A Historical Perspective on Abortion Regulation and Questions of Equal Protection. *Stanford Law Review*, [*s. l.*], v. 44, n. 2, p. 364, jan. 1992.

A análise da estrutura interna da norma – que levanta suspeitas quanto a julgamentos sobre a conduta esperada de mulheres e sobre os papéis a elas atribuídos – também pode ser complementada por uma análise social da restrição do aborto no Brasil a partir de duas perspectivas. Na primeira, olhando para os esforços que o Estado demonstra para proteger a vida de forma geral. O Estado demonstra uma preocupação real, ou essa preocupação só aparece no caso do aborto? Ou seja, existe coerência entre o discurso que entende o aborto como proteção da vida ou da vida em potencial e a proteção desse mesmo bem jurídico de outras maneiras no Brasil? Na segunda, olhando para como o Estado trata a sexualidade das mulheres. O Estado interfere positiva ou negativamente nessa esfera? Há desejo de controle feminino em outros âmbitos que não o aborto? Como primeiro comentário, também no Brasil vemos que a própria norma do aborto abre exceções para que se deixe de proteger a vida. A proteção depende da conformação da mulher a determinadas condutas.

Quanto ao primeiro ponto, no Brasil, a proibição de aborto é causa de morte de mulheres. Ou seja, a proibição do aborto, que visa proteger a vida, fere e mata. Anualmente são realizados aproximadamente 200 mil atendimentos no SUS de abortos clandestinos inseguros que deram errado,[435] e aproximadamente 200 mulheres morrem por ano pelas consequências de complicações decorrentes desse tipo de aborto.[436]

No que se refere ao potencial de vida em si, temos uma pesquisa de 2016 financiada pelo governo britânico e por outras nove instituições que chegou à conclusão de que ocorrem mais abortos em países onde ele é criminalizado do que onde ele é legalizado. Aparentemente, onde a conduta é legal, a cada mil mulheres, 34 decidem abortar, e onde ela não é, 37 de mil mulheres optam pela interrupção da gravidez.[437] Como podemos

[435] CARDOSO, Bruno Baptista; VIEIRA, Fernanda Morena; SARACENI, Valeria. Aborto no Brasil: o que dizem os dados oficiais? *Cadernos de Saúde Pública*, Rio de Janeiro, v. 36, supl. 1, p. 1-13, 2020.

[436] UMA MULHER morre a cada 2 dias por causa do aborto inseguro, diz Ministério da Saúde. *Cofen*, 3 ago. 2018. Disponível em: http://www.cofen.gov.br/uma-mulher-morre-a-cada-2-dias-por-causa-do-aborto-inseguro-diz-ministerio-da-saude_64714.html. Acesso em: 14 mar. 2023.

[437] SEDGH, Gilda *et al.* Abortion Incidents between 1990 and 2014: Global, Regional and Subregional Levels and Trends. *The Lancet*, [*s. l.*], v. 388, n. 10041, jul. 2016.

perceber, a criminalização do aborto não protege nem a vida em potencial do feto, nem a vida das mulheres de maneira adequada.

Esse problema torna-se ainda mais grave quando olhamos para os constantes ataques do Governo Federal a métodos contraceptivos e à educação sexual, que são, comprovadamente, formas de se evitar a gravidez e de se diminuir práticas de aborto. No lugar dessas políticas, o governo tem usado a estratégia de combater a gravidez propondo a abstinência sexual.[438]

E a proteção da vida em geral? Durante os mandatos de Michel Temer e Jair Bolsonaro, em um esforço de aumentar a austeridade econômica, o governo brasileiro passou a fazer cortes em despesas públicas. A primeira mudança se deu em 29 de novembro de 2016, no Governo Temer, com a aprovação da Emenda Constitucional n. 95, que estabeleceu o congelamento dos gastos públicos em educação e saúde por vinte anos. Essa medida terá impacto negativo no financiamento e na garantia do direito à saúde no Brasil e abalará sobremaneira crianças, jovens e idosos economicamente vulneráveis, uma vez que não leva em consideração o aumento populacional previsto para os próximos vinte anos e a também prevista dobra do número de idosos.[439] O fato de o primeiro corte ter se dado justamente nas áreas de saúde e de educação – que impactam sobremaneira crianças e adolescentes – levanta suspeitas sobre a valorização da vida partir do nascimento.

Se olharmos a postura do Estado após o nascimento da criança no que se refere à preocupação na sua criação e educação, é possível questionar se ele está empregando todos os meios não coercitivos necessários para a promoção do bem-estar e da vida de crianças.[440] O interesse estatal na

[438] HARTMANN, Marcel. Abstinência sexual: entenda a estratégia da ministra Damares para combater a gravidez na adolescência. *GZH Comportamento*, 24 jan. 2020. Disponível em: https://gauchazh.clicrbs.com.br/comportamento/noticia/2020/01/abstinencia-sexual-entenda-a-estrategia-da-ministra-damares-para-combater-a-gravidez-na-adolescencia-ck5swry7j0b9o01mv88pk2b2e.html. Acesso em: 14 mar. 2023.

[439] Emenda Constitucional n. 95. IPEA, Nota Técnica. Os impactos do novo regime fiscal para o financiamento do sistema único de saúde e para a efetivação do direito à saúde no Brasil, set. 2016. Disponível em: http://www.ipea.gov.br/portal/images/stories/PDFs/nota_tecnica/160920_nt_28_disoc.pdf. Acesso em: 29 jan. 2020.

[440] SIEGEL, Reva. Abortion as a Sex Equality Right: Its Basis in Feminist Theory. *In*: FINEMAN, Martha; KARPIN, Isabel (orgs.). *Mothers in Law*: Feminist Theory and the Legal Regulation of

proteção de crianças é ainda mais desacreditado quando lembramos que no segundo semestre de 2015 a Câmara aprovou, por 320 a 152, a proposta de Emenda à Constituição que reduz a maioridade penal. A medida contou com o apoio do ex-presidente Jair Bolsonaro: "Vou pedir para o Davi Alcolumbre botar na pauta do Senado a redução da maioridade penal para crimes graves. Tenho certeza que ele vai empunhar essa bandeira".[441]

No que se refere à vida das mulheres, também é possível demonstrar que o feminicídio e a violência doméstica, problemas de gênero gritantes no Brasil, não só não têm sido abordados no âmbito do Governo Federal, mas também têm sido minados por políticas aparentemente neutras a gênero, que, na realidade, têm impactos diretos sobre a vida das mulheres.

Um indicativo relevante é o fato de o ex-presidente Jair Bolsonaro ter assinado um decreto que facilita o porte de armas quando 2.339 mulheres foram mortas por arma de fogo – isso somente em 2016.[442] A cada minuto, treze mulheres são assassinadas no Brasil. São 4.8 feminicídios para 100 mil mulheres, a quinta maior taxa de feminicídio do mundo,[443] sendo a maioria das vítimas (65,3%) composta de mulheres negras.[444] Mortes por gênero não se limitam a mulheres cis: o Brasil lidera o *ranking* mundial de mortes de travestis e transexuais, contabilizando 40% de todos os assassinatos de pessoas trans reportados no mundo.[445] O ex-presidente, por exemplo, claramente não respeitava a vida da população LGBTQIA+:

Motherhood. Nova York: Columbia University Press, 1995, p. 57.

441 BRANDÃO, Marcelo. Bolsonaro defende votação da PEC da maioridade penal no Senado. *Agência Brasil*, 8 ago. 2019. Disponível em: https://agenciabrasil.ebc.com.br/politica/noticia/2019-08/bolsonaro-defende-votacao-da-pec-da-maioridade-penal-no-senado. Acesso em: 14 mar. 2023.

442 GOVERNO Bolsonaro: um ataque à vida das mulheres. *Blog da Cidadania*, 10 abr. 2019. Disponível em: https://blogdacidadania.com.br/2019/04/governo-bolsonaro-um-ataque-a-vida-das-mulheres/. Acesso em: 14 mar. 2023.

443 GÊNERO Justiça e direitos humanos. ONU: Taxa de feminicídios no Brasil é a quinta maior do mundo; diretrizes nacionais buscam solução. *Themis: Gênero, Justiça e Direitos Humanos*, 1º mar. 2017. Disponível em: http://themis.org.br/onu-taxa-de-feminicidios-no-brasil-e-quinta-maior-do-mundo-diretrizes-nacionais-buscam-solucao/. Acesso em: 11 out. 2020.

444 CERQUEIRA, Daniel *et al. Atlas da Violência 2017*. Rio de Janeiro: Ipea, 2017, p. 37. Disponível em: http://www.ipea.gov.br/portal/images/170602_atlas_da_violencia_2017.pdf. Acesso em: 14 mar. 2023.

445 TMM Annual Report 2016. p. 7. Disponível em: https://transrespect.org/wp-content/uploads/2016/11/TvT-PS-Vol14-2016.pdf. Acesso em: 15 mar. 2023.

"Não existe homofobia no Brasil. A maioria dos que morrem, 90% dos homossexuais que morrem, morre em locais de consumo de drogas, em local de prostituição, ou executado pelo próprio parceiro".[446] "O cara vem pedir dinheiro para mim para ajudar os aidéticos. A maioria é por compartilhamento de seringa ou homossexualismo. Não vou ajudar porra nenhuma! Vou ajudar o garoto que é decente."[447]

Durante o governo Bolsonaro, mulheres foram constantemente atacadas. Em primeiro lugar, a antiga Secretaria Especial de Políticas para as Mulheres, que adquiriu *status* de Ministério no Governo Lula, foi substituída pelo Ministério da Mulher, Família e Direitos Humanos, que, desde 2020, esteve sob o comando da ministra Damares Alves. Um olhar para as colocações da ministra sobre situações de ameaça à vida das mulheres fala por si só sobre a desvalorização da vida: "Ensinar nossos meninos nas escolas a levar flores para meninas, por que não? Abrir porta do carro para mulher, por que não? A se reverenciar para uma mulher, por que não? Nós não vamos estar colocando a mulher em uma situação de fragilidade. Mas vamos elevar para um patamar de um ser especial pleno, de um ser extraordinário";[448] "Foge do Brasil! Você está no pior país da América do Sul para criar meninas."[449]

O padrão de desvalorização da vida pelo Estado durante os últimos anos também pode ser verificado com a conivência com o uso abusivo da força letal e execuções sumárias, que, na prática, constituem um genocídio de jovens negros.[450]

[446] Jair Bolsonaro em entrevista ao documentário *Out There*, exibida pela BBC britânica, em 2013.

[447] Jair Bolsonaro em entrevista à revista *Playboy*, em 2011.

[448] Ministra Damares Alves em 8 de março de 2019 (ROMANO, Giovanna. Damares quer ensinar meninos a "levar flores e abrir a porta" para meninas. *Veja*, 8 mar. 2019. Disponível em: https://veja.abril.com.br/politica/damares-quer-ensinar-meninos-a-levar-flores-e-abrir-a-porta-para-meninas/. Acesso em: 14 mar. 2023).

[449] MINISTRA Damares Alves, declaração dada em 15 de fevereiro de 2019 ("FOGE do Brasil": o conselho de Damares para pais que criam meninas. *Veja*, 15 fev. 2019. Disponível em: https://veja.abril.com.br/politica/foge-do-brasil-e-o-conselho-de-damares-para-pais-que-criam-meninas/. Acesso em: 14 mar. 2023).

[450] CERQUEIRA, Daniel *et al. Atlas da Violência 2017*. Rio de Janeiro: Ipea, 2017, p. 21, 30. Disponível em: http://www.ipea.gov.br/portal/images/170602_atlas_da_violencia_2017.pdf. Acesso em: 14 mar. 2023.

"[O policial] entra, resolve o problema e, se matar 10, 15 ou 20, com 10 ou 30 tiros cada um, ele tem que ser condecorado, e não processado."[451]

"Morreram poucos. A PM tinha que ter matado mil" (sobre o massacre do Carandiru)[452]

"Tem que armar a população",[453] disse o ex-presidente. Quem é a população? Pelo índice de mortes de mulheres cis, da população LGBTQIA+ e de homens negros, jovens e pobres, parece-me que a "população" à qual a frase se refere tem alvo.

Se ainda havia alguma dúvida sobre a desvalorização da vida no governo do ex-presidente Bolsonaro, após a pandemia da covid-19 não houve mais nenhuma.[454] Bolsonaro adotou uma postura negacionista e tentou, ativamente, prejudicar serviços de saúde voltados à prevenção da doença. Da mesma forma, tratou as milhões de mortes de maneira desumana.[455] "E daí? Lamento. Quer que eu faça o quê? Sou Messias, mas não faço milagre.[456]"

[451] Jair Bolsonaro em entrevista ao Jornal Nacional em 28 de agosto de 2018.

[452] Jair Bolsonaro, declaração dada em público em 1992.

[453] Jair Bolsonaro em vídeo da reunião ministerial.

[454] "Bolsonaro faz a sua gestão da morte, com requintes de crueldade, ao desprezar e não incrementar as políticas públicas, seja deixando de comprar testes e respiradores em massa, seja deixando de importar máscaras para os nossos profissionais de saúde (não se esqueçam que na linha de frente não estão os médicos e, sim, as enfermeiras, os técnicos, as fisioterapeutas, as terceirizadas da limpeza), seja deixando de aportar verbas para que os Estados possam montar hospitais de campanha, seja congelando as verbas públicas destinadas à saúde, seja demitindo, em plena pandemia, o Ministro da Saúde" (OLIVEIRA, Karla Aveline de. A "coveira" que existe em mim saúda a "coveira" que existe em ti. *Portal Geledés*, 9 jun. 2020. Disponível em: https://www.geledes.org.br/a-coveira-que-existe-em-mim-sauda-a-coveira-que-existe-em-ti/?utm_source=pushnews&utm_medium=pushnotification. Acesso em: 14 mar. 2023).

[455] MARETTI, Eduardo. Resposta de Bolsonaro à pandemia: desprezo pela vida, negacionismo e austeridade. *Brasil de Fato*, 2 mar. 2021. Disponível em: https://www.brasildefato.com.br/2021/03/02/respostas-de-bolsonaro-a-pandemia-desprezo-pela-vida-negacionismo-e-austeridade. Acesso em: 12 set. 2023.

[456] GARCIA, Gustavo. "E daí? Lamento, quer que eu faça o quê?" diz Bolsonaro sobre mortes por coronavírus no Brasil. *G1*, 28 abr. 2020. Disponível em: https://g1.globo.com/politica/noticia/2020/04/28/e-dai-lamento-quer-que-eu-faca-o-que-diz-bolsonaro-sobre-mortes-por-coronavirus-no-brasil.ghtml. Acesso em: 14 mar. 2023.

Finalmente, em 2023, ao início do governo Lula, foi deflagrado verdadeiro genocídio da população Yanomani, resultante de posturas omissivas do governo Bolsonaro com relação ao garimpo ilegal.[457]

Quanto ao ponto do controle da mulher, temos o contrário. Enquanto o Governo Federal não dá importância à vida, ele demonstra uma preocupação excessiva com o controle da sexualidade da mulher e com a sua conformação a papéis socialmente atribuídos. Isso se verifica com as políticas adotadas pelo governo Bolsonaro, que não tiveram efeitos apenas concretos, mas também ideológicos.

Em primeiro lugar, como mencionado, há ataques constantes a métodos contraceptivos e à educação sexual, o que tem um impacto desproporcional sobre a sexualidade de mulheres e meninas. Outra medida que tem um impacto proporcional em mulheres e meninas é o incentivo da abstinência sexual como método de contracepção. Meninos também são alvo da política, mas, como não engravidam, não há o mesmo incentivo para a abstinência que há para meninas, ainda que a abstinência não vá ocorrer de nenhuma forma.

Esse tipo de política não tem só efeitos materiais e concretos nocivos, mas também perpetua ideais sobre qual o comportamento adequado para meninas e mulheres, ideais esses que não afetam os homens e que, apesar de ultrapassados, ainda perduram na sociedade. O posicionamento da ex-ministra Damares, que reflete o pensamento do governo Bolsonaro, corrobora essa ideia:

> A gente tem usado uma técnica com adolescentes (que) eu gostaria de sugerir aos professores. Pega uma fita adesiva e cola no braço do adolescente, faz uma roda e manda tirar e colar no braço de outro e (depois) de outros. Daqui a pouco, na quinta ou na sexta pessoa, a fita não gruda mais. Assim é nossa alma: fica larga. Tem uma hora que a menina não cola com ninguém, sua alma não cola com ninguém.[458]

[457] BARBIÉRI, Luiz Felipe. Massacre de Haximu: relembre condenação de garimpeiros por genocídio de indígenas Yanomani. *G1*, 4 fev. 2023. Disponível em: https://g1.globo.com/politica/noticia/2023/02/04/massacre-de-haximu-relembre-condenacao-de-garimpeiros-por-genocidio-de-indigenas-yanomami.ghtml. Acesso em: 12 set. 2023.

[458] Damares Alves em declaração feita em dezembro de 2019.

É muito interessante como vivemos um paradoxo; de um lado, há a valorização da "preservação" da sexualidade da mulher; de outro, paira a ideia de que os corpos das mulheres estão aí para serem usados. Esse paradoxo se vê na frase "Ela quer fazer um furo". Quando o presidente fala isso para uma jornalista em termos de "piada", de um lado, ele quer "humilhá-la" por fazer um furo no sentido sexual – como se fosse um problema uma mulher ter relações sexuais –, de outro, ele se sente no direito de dispor do corpo dela, simbolicamente. Dispor do corpo da mulher é uma constante: "Quem quiser vir aqui fazer sexo com uma mulher, fique à vontade";[459] "Ela não merece (ser estuprada) porque ela é muito ruim, porque ela é muito feia, não faz meu gênero, jamais a estupraria. Eu não sou estuprador, mas, se fosse, não iria estuprar porque não merece";[460] "Todo mundo ia atrás de galinha no galinheiro na minha cidade. Alguns mais malandros, iam atrás da bezerrinha, da jumentinha. Era comum. Não tinha mulher como tem hoje";[461] "Ô Preta, eu não vou discutir promiscuidade com quem quer que seja. Eu não corro esse risco porque meus filhos foram muito bem-educados e não viveram em ambientes como lamentavelmente é o teu";[462] "Pela memória do coronel Carlos Alberto Brilhante Ustra, o pavor de Dilma Rousseff [...] o meu voto é sim";[463] "Como eu estava solteiro na época, esse dinheiro do auxílio-moradia eu usava para comer gente".[464]

Vale, por fim, trazer ainda a frase mais célebre da ex-ministra Damares: "Meninas vestem rosa e meninos vestem azul".[465] Ainda que de forma não óbvia, essa frase está diretamente relacionada à questão que enfrentamos aqui. Essa frase é curta, mas carrega em si um imenso significado. Quando a ministra diz que meninas usam rosa, ela não quer dizer só isso. Ela quer dizer que meninas devem se conformar com determinados padrões de sexualidade. Esses papéis são inúmeros, entre os quais o de se conformarem com a invasão incessante de seus corpos. Ou ainda, o de ser "recatada e do lar", como diria o célebre constitucionalista Michel Temer sobre sua

[459] Bolsonaro em evento com jornalistas brasileiros, em 25 de abril de 2019.

[460] Bolsonaro referindo-se à ex-ministra Maria do Rosário, em dezembro de 2014.

[461] Bolsonaro no quadro Sem Saída (CQC), em março de 2012.

[462] Bolsonaro em entrevista ao CQC, em 2011.

[463] Bolsonaro em votação da Câmara, em abril de 2016.

[464] Bolsonaro em declaração sobre o auxílio-moradia, em 2018.

[465] Damares Alves em vídeo, em 2 de janeiro de 2019.

esposa.[466] Ou ainda o papel de subalternidade e inadequação, atribuído às mulheres negras por Jair Bolsonaro, por meio tanto de frases como "Meus filhos não correm o risco de namorar mulheres negras" quanto de suas ações, como o voto contra a Proposta de Emenda Constitucional (PEC) que equalizou os direitos de trabalhadoras domésticas aos outros trabalhadores.

Existe um descompasso inegável entre o tratamento que o Estado dá à proteção da vida e a ideia de que a vida do feto é tão prioritária a ponto de justificar a compulsoriedade da gravidez. Se a vida em geral importa pouco e só é protegida quando há o correlato controle do comportamento da mulher, então é possível assumir que esse controle tem um papel enorme quando o Estado e a sociedade consideram razoável proteger a vida por meio da proibição do aborto.

Pela afirmação do Deputado Filipe de Barros, de que "[i]sso [aborto legal no SUS] ocorre porque deturpa-se de forma grosseira a expressão 'não punível' para o aborto em caso de estupro, como se a ausência de pena para o criminoso gerasse obrigação ao Estado de assassinar nascituros, com o aval da mãe",[467] parece-me bastante claro que o problema não é o Estado assassinar; o problema é o "aval da mãe", que, nessa situação, não se conforma com seus papéis.

Dessa forma, conclui-se que, tendo em vista o histórico discriminatório da legislação do aborto e o seu caráter discriminatório atual, demonstrado pela desvalorização da vida e pela correlação dessa valorização em casos que envolvem o controle da mulher, a proibição do aborto no Brasil viola a igualdade e é, portanto, inconstitucional.

d. A criminalização do aborto como reprodutora da subordinação

É difícil acessar quais as consequências da maternidade em um trabalho acadêmico, especialmente nunca tendo vivenciado isso e tendo certeza de que todas as mulheres vivenciam a maternidade de forma totalmente

[466] Michel Temer em 2016.

[467] BRASIL. Câmara dos Deputados. *Projeto de Decreto Legislativo n. 271/2020*. Susta a aplicação de Normas Técnicas expedidas pelo Ministério da Saúde. 2020. Disponível em: https://www.camara.leg.br/proposicoesWeb/fichadetramitacao?idProposicao=2255099. Acesso em: 14 mar. 2023.

distinta.[468] Então, para abordar essa questão tão sensível aqui – tendo a certeza de que nunca chegaremos a uma abordagem completa –, recorreremos a estatísticas, que, apesar de importantes por mostrarem os impactos coletivos, não conseguem captar sutilezas – e a outros meios que nos possibilitem captar a questão de forma mais aprofundada –, ou seja, o ponto de vista real das mulheres. Outro meio adotado é recorrer para a forma como o Judiciário brasileiro tem lidado com casos individuais atinentes à maternidade.

Apesar de a ex-ministra Damares ter dito que "gravidez é um problema que dura apenas nove meses",[469] a realidade do Brasil demonstra o contrário. O Brasil é um país em que a gravidez resulta na criação dos filhos por mulheres:[470] 11,6 milhões de lares são comandados por mães solteiras e 5,5 milhões de crianças não têm pai no registro.[471] Nesse contexto, 42,6%

[468] "Resolvi terminar essa série de três relatos com uma reflexão importante. Ninguém é uma coisa só. As vezes a gente está no lugar de opressor e/ou de privilégio. Sendo branca, eu consigo andar pelo mundo, me posicionar e sobreviver com muito mais segurança e muito menos medo. As portas se abrem pra mim muito mais do que pra mulheres pretas. Eu sofro menos violência. Eu sou mais ouvida. Meu filho não corre risco de morte todo santo dia só por andar na rua. Ao me ver numa situação de injustiça eu posso resistir e sair. Se eu sou discriminada minha família me dá segurança financeira pra eu sair da situação. Se eu tenho a saúde mental abalada tenho dinheiro pra pagar terapia. Eu tenho uma rede de apoio linda formada por mulheres maravilhosas que conheci – também porque tenho privilégios. Parece pouco mas até amor é privilégio. Eu não preciso pensar em classe social ou renda familiar pra me casar, porque sei que vou sobreviver. Não preciso pensar na minha identidade ou sexualidade ou raça também pra amar. Não é assim pra todo mundo. É mais fácil lutar por mudança, e lutar com amor, quando sua existência não está em jogo. Reconhecer esse lugar, me lembrar dele todo o tempo, não ter pena de mim nem me colocar no lugar de vítima. Esses são os exercícios diários de desconstrução. Faça o seu também" (*Post* de 6 de setembro de 2019 de @luizacorrea_maternar no Instagram).

[469] Damares Alves em entrevista em 6 de dezembro de 2018.

[470] A realização de aborto seguro aumenta conforme a escolaridade da mulher grávida. 73% das mulheres escolarizadas nem cogitam manter a gestação (D'ANGELO, Heloísa; GOMES, Joyce; SANTANA, Bianca. *Quatro Marias*: uma reportagem em quadrinhos sobre as realidades do aborto no Brasil. Trabalho de Conclusão de Curso. [*S. d.*]. Disponível em: https://quatromarias.com/portfolio/maria-mudanca/. Acesso em: 14 mar. 2023. História de Maria Mudança).

[471] PATERNIDADE responsável: mais de 5,5 milhões de crianças brasileiras não têm o nome do pai na certidão de nascimento. *IBDFAM*, 7 ago. 2019. Disponível em: http://www.ibdfam.org.br/noticias/7024/Paternidade+respons%C3%A1vel%3A+mais+de+5%2C5+milh%C3%B5es+de+crian%C3%A7as+brasileiras+n%C3%A3o+t%C3%AAm+o+nome+do+pai+na+certid%C3%A3o+de+nascimento. Acesso em: 14 mar. 2023.

das famílias chefiadas por mulheres contam com a presença de filhos; em famílias chefiadas apenas por homens, esse percentual cai para 3,6%.[472]

O problema da gravidez compulsória não é biológico, mas sim social. A questão não é apenas carregar um ser indesejado por nove meses, é também a maternidade que a segue e que tem diversas implicações para as condições identitárias, materiais e simbólicas das mulheres.[473]

Quando o aborto não é levado a cabo – por diversos motivos, que vão desde impossibilidade, medo, desamparo, apego ao novo ser, visão do novo ser como uma esperança de realização, pressões familiares e sociais, culpa,[474] até internalização de visões sobre o papel da mulher (qualquer que seja este) –, o resultado é o nascimento de um bebê. O que se segue varia.[475]

Algumas mulheres dão os filhos para a adoção – ainda que a separação de um bebê seja mais difícil do que a separação de um feto. Algumas tomam essa decisão conscientemente, outras o fazem de forma compulsória. Esse é um sofrimento sem tamanho, que acomete principalmente mulheres vulneráveis que são coagidas à entrega dos filhos à adoção, devido a estigmas sociais, abandono do Estado, deficiências em instituições de "acolhimento" e vieses do Judiciário.[476]

[472] IPEA. *Retrato das desigualdades de gênero e raça*. Brasília: Ipea, 2014.

[473] "Eu sou muitas coisas. Ninguém é uma coisa só. Eu sou mulher, mãe e sou feminista, mas essa é só uma parte de mim. Uma grande parte, mas não toda. Ser mãe não me define, mas escolhi viver a maternidade de maneira ativa, refletida e política. Porque identifico na sociedade uma injustiça que acontece com as mulheres e acomete principalmente as mães. Vai desde uma enorme responsabilização (famoso *mum shaming*), passando pela solidão materna e culminando em discriminação de muitas ordens. Existe uma invisibilização destas questões e um silenciamento. Falar delas é resistir e existir. Para mim, assim como ser mulher, ser feminista não é uma escolha. É um valor que não se separa de mim. É algo que eu acredito com todos os meus poros. Vejam, eu amo muito meu filho, e eu quero muito que ele viva em um mundo mais justo" (*Post* de 4 de setembro de 2019 de @luizacorrea_maternar no Instagram).

[474] A história de Saura Benevides trata de pressão familiar, culpabilização, castigo (EVARISTO, Conceição. *Insubmissas lágrimas de mulheres*. 2. ed. Rio de Janeiro: Malê, 2016, p. 117).

[475] "A maternidade muitas vezes é cruel, perversa e um potente instrumento de perpetuação do sexismo e violência contra a mulher. Isso é um fato. Não vou discutir aqui se é ou não. É. É só traçar o itinerário e os desdobramentos dele" (FREITAS, Carla. Maternidade no jogo perverso da vida. *Portal Geledés*, 12 maio 2015. Disponível em: https://www.geledes.org.br/maternidade-no-jogo-perverso-da-vida/. Acesso em: 14 mar. 2023).

[476] PENTEADO, Taís. Reescrita feminista do *Habeas Corpus* N. 503.125/SP: uma análise da adoção informal e o arrependimento materno a partir de perspectivas feministas. *In:* Flavia

No caso do Judiciário brasileiro, temos diversas situações em que o princípio da primazia do bem-estar do menor implica seu acolhimento institucional em detrimento da família biológica, pois esta não se conforma com os padrões de família socialmente aceitos. É claro que o ambiente que se visa evitar não é necessariamente o melhor ambiente para o menor, mas devemos nos perguntar: quem na sociedade atual pode conferir o ambiente adequado? Provavelmente pessoas ricas, que se adequam ao padrão de família socialmente valorizado. Uma alternativa seria o acolhimento real da família vulnerável que, na condição de pobreza, não poderia criar um filho.[477]

Existe no Brasil um cenário de ambiguidade institucional que fere mulheres. De um lado, há a romantização e a valorização da maternidade como ideal. Como bem explica o constitucionalista e ex-presidente do Brasil Michel Temer,

> [t]enho absoluta convicção, até por formação familiar e por estar ao lado da Marcela, do quanto a mulher faz pela casa, pelo lar. Do que faz pelos filhos. E, se a sociedade de alguma maneira vai bem e os filhos crescem, é porque

Portella Püschel (org.). *Direito e Desenvolvimento na prática*. São Paulo: Almedina, 2020. p. 221-254 (tratando do tema em geral).

[477] "[...] registre-se que o acolhimento institucional sob o fundamento de risco à menor não deve ser examinado apenas sob a perspectiva de riscos de natureza física, mas[,] também, dos riscos de índole emocional. É preciso que haja um ambiente propício, saudável, equilibrado e estável para a criação, desenvolvimento e aprendizado da criança, de modo que estruturas familiares que não se fundem em bases sólidas, que sejam inseguras ou belicosas, evidentemente não atendem ao seu melhor interesse" (BRASIL. Superior Tribunal de Justiça [Terceira Turma]. *Habeas Corpus 513.874/SP*. Civil. Processual civil. Família. *Habeas corpus*. Acolhimento institucional de menor. Aparente adoção à brasileira e fraude em registro de nascimento. Retorno ao convívio familiar inviável, inclusive em virtude da existência das diversas ações judiciais que envolvem a guarda e a filiação da menor. Vínculo biológico, aliás, afastado pela prova técnica recentemente colhida. [...]. Relatora: Min. Nancy Andrighi. Brasília, DF, *DJe* de 19 de novembro de 2019. Disponível em: https://scon.stj.jus.br/SCON/GetInteiroTeorDoAcordao?num_registro=201901608890&dt_publicacao=22/11/2019. Acesso em: 17 mar. 2023). É claro que esse ambiente descrito não é o melhor ambiente para o menor. Mas devemos nos perguntar: quem na sociedade atual pode conferir o ambiente adequado? Provavelmente pessoas ricas, que se adequam ao padrão de família socialmente valorizado. Uma alternativa seria o acolhimento real da família vulnerável que, na condição de pobreza, não poderia criar um filho.

> tiveram uma adequada formação em suas casas e, seguramente, isso quem faz não é o homem, é a mulher [...] ela é capaz de indicar os desajustes de preços em supermercados e identificar flutuações econômicas no orçamento doméstico.[478]

De outro lado, o desamparo e o incentivo velado à adoção como melhor saída para mulheres vulneráveis, de forma informada por padrões e violência de gênero. A Justiça, nesse cenário, é muitas vezes temida e idealizada. As mulheres, por sua vez, são constantemente confrontadas com padrões de gênero que as levam a entregar filhos, por vezes abandonando o sonho de que a maternidade poderia representar uma nova saída em suas vidas e, outras vezes, obrigadas a se conformar com eles.[479]

Quando crianças não são removidas dos cuidados da mulher, esta também sofre impactos negativos, das mais diversas maneiras, ainda que a maternidade seja romantizada e, em teoria, muito valorizada.[480] Essa valorização, entretanto, não se reflete necessariamente na realidade das mulheres e de sua relação com a maternidade.

A maternidade, no Brasil atual, leva ao reforço da divisão sexual do trabalho em uma sociedade genderizada, racializada e baseada na dominação de classes, especialmente em uma sociedade que tem desmontado a assistência social e se apoiado no trabalho não remunerado de mulheres para legitimar suas ações.[481]

[478] Michel Temer em discurso em 8 de março de 2017 (TEMER defende salários iguais em discurso do Dia das Mulheres após gafe em 2017. *Último Segundo*, 8 mar. 2018. Disponível em: https://ultimosegundo.ig.com.br/politica/2018-03-08/dia-das-mulheres-discurso-temer.html. Acesso em: 14 mar. 2023).

[479] MARTINS, Juliana. *Mulheres de maternidade impedida*: a mãe marginalizada em face do atendimento institucional. São Paulo: Com-Arte, 2019, p. 24.

[480] "Numa situação dessas, você sofre preconceito de todos os lados, porque ser mãe é muito romantizado" (D'ANGELO, Heloísa; GOMES, Joyce; SANTANA, Bianca. *Quatro Marias*: uma reportagem em quadrinhos sobre as realidades do aborto no Brasil. Trabalho de Conclusão de Curso. [*S. d.*]. Disponível em: https://quatromarias.com/portfolio/maria-julieta/. Acesso em: 14 mar. 2023. História de Maria Julieta).

[481] SUDRÉ, Lu. A crise tem rosto de mulher: precarização e desmonte de políticas afetam mais elas. *Brasil de Fato*, 8 mar. 2020. Disponível em: https://www.brasildefato.com.br/2020/03/08/a-crise-tem-rosto-de-mulher-precarizacao-e-desmonte-de-politicas-afetam-mais-elas. Acesso em: 14 mar. 2023.

No Brasil, algumas mulheres foram historicamente confinadas ao lar e à esfera privada da procriação. Isso se vê, por exemplo, nas normas do Código Civil de 1916, que outorgavam ao homem a autoridade sobre a família. A mulher casada perdia sua plena capacidade, o que era um entrave para a sua vida tanto no âmbito doméstico quanto na vida fora do lar, já que, até para trabalhar, ela dependia de autorização do marido. Ainda, não havia a possibilidade de divórcio.[482] A única forma de realização pessoal era pela constituição de uma família. A proibição do aborto, nesse contexto, não só refletia o papel naturalizado da mulher como mãe, mas também perpetuava essa condição. Atualmente, a vida privada não é a regra. Mulheres privilegiadas trabalham e podem se realizar também fora de casa.

Já mulheres de baixa renda sempre fizeram parte da força de trabalho, especialmente no que se refere ao trabalho precarizado.[483] É interessante ressaltar, entretanto, que grande parte do trabalho desenvolvido por essas mulheres sempre foi – e ainda é – muito ligada à esfera doméstica e, principalmente, ao cuidado.[484] Esse fato influenciou muito na entrada da mulher privilegiada no mercado de trabalho.[485] Para a mulher da classe trabalhadora, o estereótipo da mulher como mãe e cuidadora verifica-se, também, na naturalização da ideia de que essas mulheres só são aptas ao trabalho doméstico, de baixa especialização, voltado ao cuidado.[486] Mulheres continuam a ser as maiores responsáveis pelo cuidado da casa, dos filhos, dos idosos e de pessoas com deficiências, seja em suas próprias casas, seja na casa de outras pessoas.[487]

[482] DIAS, Maria Berenice. A mulher no Código Civil. *Investidura*, [*on-line*], 21 nov. 2008. Disponível em: https://investidura.com.br/artigos/direito-civil/a-mulher-no-codigo-civil/. Acesso em: 12 set. 2023.

[483] BIROLI, Flávia. *Gênero e desigualdades*: limites da democracia no Brasil. São Paulo: Boitempo, 2018, p. 22.

[484] ÁVILA, Maria Betânia de Melo. *O tempo do trabalho das empregadas domésticas*: tensões entre dominação/exploração e resistência. 2009. 319 f. Tese (Doutorado) – Programa de Pós-Graduação em Sociologia, Universidade Federal de Pernambuco, Recife, 2009.

[485] SAFFIOTI, Heleieth. *A mulher na sociedade de classes*: mito e realidade. 3. ed. São Paulo: Expressão Popular, 2013, p. 133.

[486] BIROLI, Flávia. *Gênero e desigualdades*: limites da democracia no Brasil. São Paulo: Boitempo, 2018, p. 43.

[487] GONZALEZ, Amelia. Mulheres fazem 75% de todo o trabalho de cuidados não remunerado do mundo. *G1*, 20 jan. 2020. Disponível em: https://g1.globo.com/natureza/

A participação da mulher no mercado de trabalho cresceu no Brasil, mas isso não significa que o trabalho remunerado seja visto de forma apartada da realidade. Como bem explica o ex-presidente Bolsonaro, "[e]u tenho pena do empresário no Brasil, porque é uma desgraça você ser patrão no nosso país, com tantos direitos trabalhistas. Entre um homem e uma mulher jovem, o que o empresário pensa? 'Poxa, essa mulher está com aliança no dedo, daqui a pouco engravida, seis meses de licença-maternidade'..." [...]. "Por isso o cara paga menos para a mulher [porque ela engravida]".[488]

Apesar de a participação de mulheres no mercado de trabalho ter aumentado, a divisão sexual do trabalho no Brasil ainda é uma realidade[489] – muito embora essa divisão também seja racializada e baseada em classe.[490] Mulheres continuam a ter, em média, uma jornada de trabalho remunerada menor do que a dos homens, justamente por sua participação no trabalho não remunerado dos cuidados com os filhos e com a casa. Isso tem impactos na remuneração das mulheres – que continua a ser menor do que a dos homens, em torno de 20%, subindo a 35% em trabalhos como agricultura e varejo –, mas também na sua menor participação na "esfera pública".[491]

Essa menor participação tem efeitos concretos imediatos. Um deles é a menor remuneração das mulheres, o que impacta a sua dependência do companheiro e a sua possibilidade de crescimento na carreira.[492] Tem

blog/amelia-gonzalez/post/2020/01/20/mulheres-fazem-75percent-de-todo-o-trabalho-de--cuidados-nao-remunerado-do-mundo.ghtml. Acesso em: 14 mar. 2023.

[488] Bolsonaro em entrevista ao *site* oficial do PSL em 8 de março de 2016.

[489] MENESES, Celimar de. Mulheres fazem trabalho doméstico por 9,6 horas a mais que os homens por semana, aponta IBGE. *Brasil de Fato*, 11 ago. 2023. Disponível em: https://www.brasildefato.com.br/2023/08/11/mulheres-fazem-trabalho-domestico-por-9-6-horas-a-mais-que-os-homens-no-brasil-aponta-ibge#:~:text=Apesar%20da%20pequena%20redução%2C%2092,etário%20estavam%20envolvidos%20nessas%20atividades. Acesso em: 12 set. 2023.

[490] IPEA. *Retrato das desigualdades de gênero e raça*. Brasília: Ipea, 2014.

[491] MULHERES no mercado de trabalho: como é a situação atual? *Unicesumar*, 29 ago. 2019. Disponível em: https://www.unicesumar.edu.br/blog/mulheres-no-mercado-de-trabalho/. Acesso em: 14 mar. 2023.

[492] IBGE. *Pesquisa Nacional por Amostra de Domicílios Contínua*. Divulgação Especial. Mulheres no Mercado de Trabalho. 2018. Disponível em: https://www.ibge.gov.br/estatisticas/sociais/populacao/9171-pesquisa-nacional-por-amostra-de-domicilios-continua-mensal.html?=&t=downloads. Acesso em: 3 fev. 2023.

também impactos mais amplos, como a menor participação na política, seja na propositura de medidas concretas que partam das suas próprias experiências e que, portanto, tenham um potencial emancipatório real, seja na reformulação de valores e significados.[493]

A divisão sexual do trabalho, intimamente relacionada à maternidade, é fruto e reprodutora de hierarquias sociais que impactam as mulheres em geral, sobremaneira as mulheres vulneráveis. É fruto na medida em que reflete visões sobre o papel da mulher e é reprodutora na medida em que reforça esses papéis.[494] A divisão social do trabalho é moldada pelo gênero e também constrói e reafirma o gênero. As mulheres são impactadas de formas diversas, de acordo com o privilégio, mas a divisão do trabalho mantém-se presente na maioria dos ambientes domésticos.[495]

O maior impacto se dá na vida de mulheres com filhos pequenos, o que indica que arranjos familiares quanto ao cuidado dos filhos prejudicam as mulheres.[496] Esse fato ocorre em razão não só da menor participação dos homens nessas atividades, mas também da omissão do Estado no cuidado com as crianças e, por tabela, com as mães.

É importante atentarmos para o fato de que no Brasil as condições atuais de corte de gastos, especialmente no que se refere à saúde e à educação, aos direitos trabalhistas e à seguridade social, só tendem a intensificar esse cenário. Quando o Estado se omite, ele o faz porque sabe que mulheres

[493] BIROLI, Flávia. *Gênero e desigualdades*: limites da democracia no Brasil. São Paulo: Boitempo, 2018, p. 23.

[494] "Mulheres cis (que não são trans*) desde crianças são disciplinadas com a pedagogia da maternidade. Lembro-me da preocupação de uma amiga: – Carla, deixe sua filha participar desse momento do irmão caçula! Deixe ela dar a mamadeira, estimule que ela lhe ajude no banho, trocar fraldas... Você e ela só ganham com isso, é assim que ela vai aprender a ser mãe. – QUEM DISSE QUE ELA VAI QUERER SER MÃE? Bom, pelo menos numa coisa concordamos, maternidade não é algo instintivo, é algo que se aprende a desejar a ser, ou não. Debaixo de muita violência, insistência e moralidade" (FREITAS, Carla. Maternidade no jogo perverso da vida. *Portal Geledés*, 12 maio 2015. Disponível em: https://www.geledes.org.br/maternidade-no-jogo-perverso-da-vida/. Acesso em: 14 mar. 2023).

[495] BIROLI, Flávia. *Gênero e desigualdades*: limites da democracia no Brasil. São Paulo: Boitempo, 2018, p. 23.

[496] IBGE. *Pesquisa Nacional por Amostra de Domicílios Contínua*. Divulgação Especial. Mulheres no Mercado de Trabalho. 2018. Disponível em: https://www.ibge.gov.br/estatisticas/sociais/populacao/9171-pesquisa-nacional-por-amostra-de-domicilios-continua-mensal.html?=&t=downloads. Acesso em: 14 mar. 2023.

cuidarão daqueles que deixaram de ser cuidados pelo Estado. Essa é uma característica inerente ao capitalismo.[497]

A maternidade, no contexto de genderização e racialização do trabalho, faz com que a mulher grávida muitas vezes se prenda ao marido, mesmo em situações de violência, o que expõe a riscos não só a mulher, mas também seus filhos.[498] A separação, por sua vez, leva à pobreza e ao excesso de responsabilidade.[499]

Entretanto, o que tudo isso tem a ver com a proibição do aborto? Em primeiro lugar, há uma conexão estrutural. Os valores que informam a proibição do aborto são os mesmos que informam a divisão sexual do trabalho. Mulheres diferentes são impactadas por visões diferentes sobre seus destinos, suas capacidades e sua possibilidade. Entretanto, existe algo em comum que permeia todo o imaginário social: a possibilidade e a aceitação do controle de mulheres. Em segundo lugar, há uma conexão concreta: em um mundo onde ter um filho significa não só a gestação, mas todo o cuidado com ele, a escolha e a possibilidade real de um aborto seguro são medidas necessárias para o alcance da igualdade.

III. Pedidos

Olhar para a questão do aborto de forma integrada a outras questões sociais relacionadas à mulher, como a reprodução como um todo, a maternidade, o cuidado e o mercado de trabalho, permite-nos enxergá-lo como uma questão de igualdade e a sua criminalização como fruto de assimetrias de poder, permeada por assimetrias de poder e perpetuadora de assimetrias de poder. Nosso argumento aqui não é só o de que a criminalização tem consequências nocivas para direitos individuais, mas sim o de que esta faz parte de uma estrutura de subordinação. Dessa forma, o aborto não pode ser criminalizado – nem de formas menos restritivas.

Assim, pede-se que, em respeito ao princípio da igualdade substantiva, inscrito na Constituição Federal, e à jurisprudência do STF, a prática

[497] BIROLI, Flávia. *Gênero e desigualdades*: limites da democracia no Brasil. São Paulo: Boitempo, 2018, p. 52.

[498] LABRONICI, Liliana *et al.* A redescoberta da maternidade por mulheres vítimas de violência doméstica: uma possibilidade existencial. *Cogitare Enfermagem*, [*s. l.*], v. 15, n. 3, p. 474-479, jul.-set. 2010.

[499] EVARISTO, Conceição. *Insubmissas lágrimas de mulheres*. 2. ed. Rio de Janeiro: Malê, 2016 (história de Mary Benedita, p. 69).

do aborto voluntário seja descriminalizada e legalizada no modelo "por demanda" (ou seja, em qualquer circunstância em que a mulher entenda haver necessidade), sem limite de tempo gestacional, e que o acesso ao aborto seja garantido pelo SUS.[500]

[500] Esse modelo é adotado no *Canadá R. v. Morgentaler*, [1988] S.C.R. 30 (Can.); no Vietnam Law on the Protection of People's Health, art. 44(1) (1989).

Conclusões

Esta obra procurou contribuir para o debate sobre aborto no Brasil por meio da apresentação crítica de um argumento pró-legalização do aborto na chave da igualdade, construído a partir de perspectivas radicais pela advogada feminista Catharine MacKinnon. Trata-se, em linhas gerais, de um argumento que enxerga a criminalização do aborto como fruto e reprodutora de assimetrias de poder, seja pela forma como a norma é construída, seja por quais valores a perpassam, seja por quais os seus impactos na manutenção de um sistema de subordinação. Tendo em vista que a igualdade demanda, para a autora, o desmantelamento de hierarquias, a criminalização do aborto é inconstitucional.

O primeiro passo foi a apresentação da obra mais ampla da autora, que, conforme argumentamos, é radical de quatro formas: primeiro, pelo método adotado, que propõe que o conhecimento feminista deve ser construído a partir da realidade de mulheres; segundo, pelo seu entendimento de que o problema da desigualdade encontra-se não na diferença de tratamento entre pessoas, mas nas assimetrias de poder, que constituem uma verdadeira estrutura de dominação (igualdade substantiva); terceiro, pela sua visão de que a igualdade real (substantiva) só pode ser alcançada pela ruptura com estruturas; quarto, pela sua forma de análise radical do Direito. Tendo em vista a opressão estrutural, o Direito é enxergado como um instrumento de dominação que deve sofrer um escrutínio radical em suas categorias, em seus princípios, em seus *standards* e em sua lógica para que possa ser utilizado de maneira emancipatória. Em seguida, apresentamos três contrapontos principais à sua obra: críticas feministas antiessencialistas, interseccionais e da agência parcial. Utilizamos essas críticas à obra ampla de MacKinnon para refletir sobre seus escritos específicos sobre aborto, que, como parte de sua obra mais ampla, são construídos a partir de suas radicalidades.

Em um segundo momento, tentamos refletir sobre o Brasil à luz das contribuições trazidas pela visão radical do aborto. Primeiro, analisamos a jurisprudência sobre direitos reprodutivos que tem se formado nos últimos anos, bem como a ação que visa descriminalizar o aborto até a 12ª semana de gestação, pendente de julgamento no STF. Por fim, adotamos o enquadramento radical para propor um argumento brasileiro pró-legalização do aborto na chave da igualdade – o que fizemos por meio da apresentação de uma *Amica Curiae* Radical.

Entendemos que essa chave de análise traz inúmeras contribuições para o debate. Primeiro, convida-nos a olhar para o Direito como mecanismo de subordinação, demandando um escrutínio rígido de suas categorias mais profundas, para que possamos buscar soluções emancipatórias. Segundo, opera de forma aderente à realidade vivida por mulheres, atenta a como estruturas de poder confluentes operam na questão do aborto, o que permite a construção de soluções jurídicas com potencial emancipatório. Esta obra não tem a pretensão de propor que se entenda o aborto apenas como problema de igualdade ou de que esse enquadramento é o melhor de todos. Entretanto, esperamos que tenhamos conseguido demonstrar que a dimensão da igualdade existe e há uma importância em reconhecermos isso.

Por fim, temos ainda um último comentário: posicionar o aborto no contexto de problemas estruturais nos diz muito sobre esse fenômeno. Faz com que o problema do aborto e a sua criminalização apareçam como peças de uma estrutura, e não como problemas pontuais. Outra grande contribuição é o fato de nos dizer muito sobre as próprias estruturas de opressão em todas as suas formas e de trazê-las para o centro do debate.

Quando o ex-presidente Bolsonaro fala: “O filho começa a ficar assim meio gayzinho, leva um couro, ele muda o comportamento dele. Tá certo?”;[501] “90% desses meninos adotados [por um casal *gay*] vão ser homossexuais e vão ser garotos de programa com toda certeza”;[502]

[501] Bolsonaro em declaração no programa Participação Popular na TV Câmara, em 2010.

[502] Bolsonaro em entrevista ao programa Agora é Tarde, na Band, em 2012.

"Ele [indígena] devia ir comer um capim ali fora para manter as suas origens";[503] "Fui num quilombola [*sic*] em Eldorado Paulista. O afrodescendente mais leve lá pesava sete arrobas. Não fazem nada! Acho que nem para procriadores servem mais";[504] "Quem usa cota, no meu entender, está assinando embaixo que é incompetente. Eu não entraria num avião pilotado por um cotista. Nem aceitaria ser operado por um médico cotista";[505] "A escória do mundo está chegando ao Brasil como se nós não tivéssemos problema demais para resolver";[506] "Foram quatro homens. A quinta eu dei uma fraquejada, e veio uma mulher",[507] não o faz (apenas) porque desgosta *pessoalmente* de homossexuais, indígenas e pessoas negras. Ele desgosta desses grupos em termos estruturais. Essas frases do presidente são horríveis e são o sintoma de uma sociedade na qual estruturas subordinam grupos, mas permitem ver como tudo se conecta. O próprio presidente reconhece isso: "Isso não pode continuar existindo. Tudo é coitadismo. Coitado do negro, coitada da mulher, coitado do *gay*, coitado do nordestino, coitado do piauiense. Vamos acabar com isso".[508]

O que ele une sob o guarda-chuva do "coitadismo", nós unimos sob o guarda-chuva da opressão e da resistência. E isso nos coloca a questão: o aborto pode ser legalizado de inúmeras maneiras e, a partir daí, uma jurisprudência se forma. Essa jurisprudência pode fechar ou pode abrir portas. Uma doutrina que reconheça e desafie hierarquias pode ser uma grande aliada na resistência contra problemas que, assim como o aborto, são fruto de assimetrias de poder.

[503] Bolsonaro em 2008.

[504] Bolsonaro em palestra no clube Hebraica do Rio de Janeiro, em 2017.

[505] Bolsonaro em entrevista ao programa CQC, da Band, em 2011.

[506] Bolsonaro em entrevista ao Jornal *Opção*, de Goiás, em 2015.

[507] Bolsonaro em palestra no clube Hebraica do Rio de Janeiro, em 2017.

[508] Bolsonaro em entrevista para a revista *Piauí*, em 23 de outubro de 2018.

REFERÊNCIAS

A "BOA" mãe. *Estadão*, Blog do Fausto Macedo, 3 set. 2020. Disponível em: https://politica.estadao.com.br/blogs/fausto-macedo/a-boa-mae/. Acesso em: 14 mar. 2023.

ABRAMS, Kathryn. Sex Wars Redux: Agency and Coercion in Feminist Legal Theory. *Columbia Law Review*, [*s. l.*], v. 95, n. 2, p. 304-376, mar. 1995.

ALLEN, Anita. The Proposed Equal Protection Fix for Abortion Law: Reflections on Citizenship, Gender, and the Constitution. *Harvard Journal of Law & Public Policy*, [*s. l.*], v. 18, n. 21, p. 419-455, 1995.

ALVES CRUZ, Eliana. O caso Janaína me lembrou que o Brasil já fez esterilização em massa – com apoio dos EUA. *The Intercept Brasil*, 18 jul. 2018. Disponível em: https://theintercept.com/2018/07/18/laqueaduras-esterilizacao-forcada-mulheres/. Acesso em: 6 fev. 2023.

ARAUJO, Ketlyn; LATORRE, Julia; BARBON, Júlia. *Pornografia de vingança*. Trabalho de Conclusão de Curso – Faculdade Cásper Líbero, São Paulo, 2015. Disponível em: https://pornografiadevinganca.com/sobre/. Acesso em: 14 mar. 2023.

ÁVILA, Maria Betânia de Melo. *O tempo do trabalho das empregadas domésticas*: tensões entre dominação/exploração e resistência. 2009. 319 f. Tese (Doutorado) – Programa de Pós-Graduação em Sociologia, Universidade Federal de Pernambuco, Recife, 2009.

BALKIN, Jack (ed.). *What Roe v. Wade Should Have Said*: The Nation's Top Legal Experts Rewrite America's Most Controversial Decision. Nova York: University Press, 2005.

BALKIN, Jack. The Constitution of Status. *The Yale Law Journal*, [*s. l.*], v. 106, n. 8, p. 2313-2374, jun. 1997.

BARATTA, Alessandro. O paradigma do gênero: da questão criminal à questão humana. *In*: DE CAMPOS, Carmen Hein. *Criminologia e feminismo*. Porto Alegre: Editora Sulina, 1999.

BARBIERI, Catarina; RAMOS, Luciana. Direito, feminismos e gênero: um guia básico para a pesquisa. *In*: FEFERBAUM, Marina; QUEIROZ, Rafael Mafei Rabelo (coords.). *Metodologia da pesquisa em Direito*: técnicas e abordagens para elaboração de monografias, dissertações e teses. 2. ed. São Paulo: Saraiva, 2019.

BARBIÉRI, Luiz Felipe. Massacre de Haximu: relembre condenação de garimpeiros por genocídio de indígenas Yanomani. *G1*, 4 fev. 2023. Disponível em: https://g1.globo.com/politica/noticia/2023/02/04/massacre-de-haximu-relembre-condenacao-de-garimpeiros-por-genocidio-de-indigenas-yanomami.ghtml. Acesso em: 12 set. 2023.

BARIFOUSE, Rafael. Coronavírus: médicos podem ter de fazer "escolha de Sofia" por quem vai viver na Itália. *Uol*, 13 mar. 2020. Disponível em: https://noticias.uol.com.br/saude/ultimas-noticias/bbc/2020/03/13/coronavirus-medicos-podem-ter-de-fazer-escolha-de-sofia-por-quem-vai-viver-italia.htm. Acesso em: 14 mar. 2023.

BARROSO, Luís Roberto. Bringing Abortion into the Brazilian Public Debate: Legal Strategies for Anencephalic Pregnancy. *In*: COOK, Rebecca; ERDMAN, Joanna; DICKENS, Bernard (eds.). *Abortion Law in Transnational Perspective.* Cases and Controversies. Philadelphia: University of Pennsylvania Press, 2014. p. 258-278.

BARSTED, Leila Linhares. O movimento feminista e a descriminalização do aborto. *Revista Estudos Feministas*, Rio de Janeiro, IFCS/UFRJ, v. 5, n. 2, 1997.

BARSTED, Leila Linhares. Legalização e descriminalização do aborto no Brasil: 10 anos de luta feminista. *Revista Estudos Feministas,* CIEC/ECO/UFRJ, Rio de Janeiro, v. 0, n. 0, p. 104-130, 1992.

BARTLETT, Katharine. Feminism and Economic Inequality. *Law and Inequality: A Journal of Theory and Practice*, [*s. l.*], v. 35, p. 265-287, 2017.

BARTLETT, Katharine. Feminist Legal Methods. *Harvard Law Review*, [*s. l.*], v. 103, n. 4, fev. 1990

BARTLETT, Katharine. MacKinnon's Feminism: Power on Whose Terms? *California Law Review*, [*s. l.*], v. 75, p. 1559-1570, 1987.

BELL, Derrick. *And We Are Not Saved*: The Elusive Quest for Racial Justice. [*S. l.*]: Basic Books, 1987

BENHABIB, Sheyla. Feminismo e pós-modernismo: uma aliança complicada. *In*: BENHABIB, Sheyla *et al. Debates feministas*: um intercâmbio filosófico. São Paulo: Editora Unesp, 2018. p. 35-59.

BIROLI, Flávia. *Gênero e desigualdades*: limites da democracia no Brasil. São Paulo: Boitempo, 2018.

BIROLI, Flávia. Autonomia e justiça no debate sobre aborto: implicações teóricas e políticas. *Revista Brasileira de Ciência Política*, Brasília, n. 15, p. 37-68, set.-dez. 2014.

BOYD, Susan. *Challenging the Public/Private Divide*: Feminism, Law, and Public Policy. Toronto: University of Toronto Press, 1997.

BRANDÃO, Marcelo. Bolsonaro defende votação da PEC da maioridade penal no Senado. *Agência Brasil*, 8 ago. 2019. Disponível em: https://agenciabrasil.ebc.com.br/politica/noticia/2019-08/bolsonaro-defende-votacao-da-pec-da--maioridade-penal-no-senado. Acesso em: 14 mar. 2023.

BRASIL. Supremo Tribunal Federal. *Ação Direta de Inconstitucionalidade por Omissão 26/DF*. Relator: Min. Celso de Mello. Brasília, DF, *DJe* de 24 de fevereiro de 2022. Disponível em: https://portal.stf.jus.br/processos/detalhe.asp?incidente=4515053. Acesso em: 17 mar. 2023.

BRASIL. Câmara dos Deputados. *Projeto de Decreto Legislativo n. 271/2020*. Susta a aplicação de Normas Técnicas expedidas pelo Ministério da Saúde. 2020. Disponível em: https://www.camara.leg.br/proposicoesWeb/fichadetramitacao?idProposicao=2255099. Acesso em: 14 mar. 2023.

BRASIL. Supremo Tribunal Federal. *Ação Direta de Inconstitucionalidade por Omissão*. Relator: Min. Celso de Mello. Brasília, DF, 20 de outubro de 2020.

BRASIL. Supremo Tribunal Federal (Tribunal Pleno). *Ação Direta de Inconstitucionalidade 5.581/DF*. Ação Direta de Inconstitucionalidade com Arguição de Descumprimento de Preceito Fundamental. Zika Vírus. Políticas públicas. Revogação do art. 18 da Lei n. 13.301/2019 pela Medida Provisória n. 894/2019. [...]. Relatora: Min. Cármen Lúcia. Julgamento: 4 de maio de 2020. Brasília, DF, *DJe* de 4 de novembro de 2020. Disponível em: https://jurisprudencia.stf.jus.br/pages/search/sjur435625/false. Acesso em: 17 mar. 2023.

BRASIL. *Desigualdades Sociais por Cor ou Raça no Brasil*. Rio de Janeiro: IBGE, 2019, Disponível em: ibge.gov.br/estatisticas/sociais/populacao/25844-desigualdades--sociais-porcor-ou-raca.html. Acesso em: 14 mar. 2023.

BRASIL. Superior Tribunal de Justiça (Terceira Turma). *Habeas Corpus 513.874/SP*. Civil. Processual civil. Família. *Habeas corpus*. Acolhimento institucional de menor. Aparente adoção à brasileira e fraude em registro de nascimento. Retorno ao convívio familiar inviável, inclusive em virtude da existência das diversas ações judiciais que envolvem a guarda e a filiação da menor. Vínculo biológico, aliás, afastado pela prova técnica recentemente colhida. [...]. Relatora: Min. Nancy Andrighi. Brasília, DF, *DJe* de 19 de novembro de 2019. Disponível em: https://scon.stj.jus.br/SCON/GetInteiroTeorDoAcordao?num_registro=201901608890&dt_publicacao=22/11/2019. Acesso em: 17 mar. 2023.

BRASIL. Superior Tribunal de Justiça (3. Turma). *Recurso Especial 1.679.465/SP*. Civil e processual civil. Recurso especial. Agravo de instrumento. Antecipação dos efeitos da tutela. Ação de obrigação de fazer. Retirada de conteúdo ilegal. Prequestionamento. Ausência. Provedor de pesquisa. Filtragem prévia das buscas. Impossibilidade. [...]. Relatora: Min. Nancy Andrighi. Julgamento: 13 de março de 2018. Disponível em: https://www.stj.jus.br/websecstj/cgi/revista/REJ.cgi/ATC?

seq=81305102&tipo=0&nreg=&SeqCgrmaSessao=&CodOrgaoJgdr=&dt=&formato=PDF&salvar=false. Acesso em: 17 mar. 2023.

BRASIL. Supremo Tribunal Federal. *Arguição de Descumprimento de Preceito Fundamental 442/DF*. Relatora: Min. Rosa Weber. Petição inicial apresentada pelo PSOL em 26 de março de 2018. Protocolado em 8 de março de 2017.Brasília, DF. Disponível em: https://portal.stf.jus.br/processos/detalhe.asp?incidente=5144865. Acesso em: 17 mar. 2023.

BRASIL. Tribunal de Justiça do Estado de São Paulo Comarca de Mococa (2. Vara). *Ação Civil 10011521-57.2017.8.26.0360*. Ação Civil Pública. Pretensão do Ministério Público voltada a compelir o Município a realizar cirurgia de laqueadura em dependente química Legitimidade ativa *ad causam* delineada na espécie Incidência do disposto nos arts. 127, parte final, e 129 da CF Acolhimento pronunciado em primeiro grau que, todavia, não pode subsistir [...]. Juiz: Djalma Moreira Gomes Júnior. Julgamento: 27 de junho de 2017. Disponível em: https://www.migalhas.com.br/arquivos/2018/6/art20180612-11.pdf. Acesso em: 14 mar. 2023.

BRASIL. Supremo Tribunal Federal (1. Turma). *Habeas Corpus 124.306/RJ*. Direito processual penal. *Habeas corpus*. Prisão preventiva. Ausência dos requisitos para sua decretação. inconstitucionalidade da incidência do tipo penal do aborto no caso de interrupção voluntária da gestação no primeiro trimestre. Ordem concedida de ofício. 1. O *habeas corpus* não é cabível na hipótese. Todavia, é o caso de concessão da ordem de ofício, para o fim de desconstituir a prisão preventiva, com base em duas ordens de fundamentos. [...]. Relator: Min. Marco Aurélio. Julgamento: 9 de agosto de 2016. Brasília, DF, *DJe* de 16 mar. 2017. Disponível em: https://jurisprudencia.stf.jus.br/pages/search/sjur364766/false. Acesso em: 17 mar. 2023.

BRASIL. Supremo Tribunal Federal (Tribunal Pleno). *Arguição de Descumprimento de Preceito Fundamental 186/DF*. Arguição de Descumprimento de Preceito Fundamental. Atos que instituíram sistema de reserva de vagas com base em critério étnico-racial (cotas) no processo de seleção para ingresso em instituição pública de ensino superior. Alegada ofensa aos arts. 1º, *caput*, III, 3º, IV, 4º, VIII, 5º, I, II XXXIII, XLI, LIV, 37, *caput*, 205, 206, *caput*, I, 207, *caput*, e 208, V, todos da Constituição Federal. Ação julgada improcedente. Relator: Min. Ricardo Lewandowski. Julgamento: 26 de abril de 2012. Brasília, DF, *DJe* de 17 de outubro de 2014. Disponível em: https://jurisprudencia.stf.jus.br/pages/search/sjur281203/false. Acesso em: 17 mar. 2023.

BRASIL. Supremo Tribunal Federal (Plenário). *Arguição de Descumprimento de Preceito Fundamental 54/DF*. Feto anencéfalo. Interrupção da gravidez. Mulher. Liberdade sexual e reprodutiva. Saúde. Dignidade. Autodeterminação. Direitos fundamentais. Crime. Inexistência [...]. Relator: Min. Marco Aurélio. Brasília. Julgamento: 12 de abril de 2012. Brasília, DF, *DJe* de 30 de abril de 2013. Disponível em: https://

portal.stf.jus.br/processos/detalhe.asp?incidente=2226954. Acesso em: 17 mar. 2023.

BRASIL. Supremo Tribunal Federal (Tribunal Pleno). *Ação Direta de Inconstitucionalidade 3.510/DF*. Constitucional. Ação Direta de Inconstitucionalidade. Lei de Biossegurança. Impugnação em bloco do art. 5º da Lei n. 11.105, de 24 de março de 2005 (Lei de Biossegurança). Pesquisas com células-tronco embrionárias. Inexistência de violação do direito à vida. Constitucionalidade do uso de células-tronco embrionárias em pesquisas científicas para fins terapêuticos. [...]. Relator: Min. Ayres Britto. Brasília, DF, *DJe* de 28 de maio de 2010. Disponível em: https://redir.stf.jus.br/paginadorpub/paginador.jsp?docTP=AC&docID=611723. Acesso em: 17 mar. 2023.

BRASIL. *Lei n. 11.340, de 7 de agosto de 2006* [Lei Maria da Penha]. Cria mecanismos para coibir a violência doméstica e familiar contra a mulher, nos termos do § 8º do art. 226 da Constituição Federal, da Convenção sobre a Eliminação de Todas as Formas de Discriminação contra as Mulheres e da Convenção Interamericana para Prevenir, Punir e Erradicar a Violência contra a Mulher [...]. Brasília: Presidência da República, 2006. Disponível em: http://www.planalto.gov.br/ccivil_03/_ato2004-2006/2006/lei/l11340.htm#:~:text=%C3%89%20garantido%20a%20toda%20mulher,mediante%20atendimento%20espec%C3%ADfico%20e%20humanizado. Acesso em: 10 mar. 2023.

BRASIL. Supremo Tribunal Federal (Tribunal Pleno). *Habeas Corpus 84.025/RJ*. *Habeas corpus* preventivo. Realização de aborto eugênico. Superveniência do parto. Impetração prejudicada. 1. Em se tratando de *habeas corpus* preventivo, que vise a autorizar a paciente a realizar aborto, a ocorrência do parto durante o julgamento do *writ* implica a perda do objeto. 2. Impetração prejudicada. Relator: Min. Joaquim Barbosa. Julgamento: em 4 de março de 2004. Brasília, DF, *DJe* de 25 de junho de 2004. Disponível em: https://jurisprudencia.stf.jus.br/pages/search/sjur97348/false. Acesso em: 17 mar. 2023.

BRASIL. Supremo Tribunal Federal (Tribunal Pleno). *Habeas Corpus 84.025-6/RJ*. Paciente: Gabriela Oliveira Cordeiro. Coator: Superior Tribunal de Justiça. Relator: Min. Joaquim Barbosa. Brasília, DF, 25 junho 2004. Disponível em: http://redir.stf.jus.br/paginadorpub/paginador.jsp?docTP=AC&docID=384874. Acesso em: 29 out. 2020.

BRASIL. *Constituição da República Federativa do Brasil* [CF], promulgada em 5 de outubro de 1988. Brasília: Presidência da República, 1988. Disponível em: https://www.planalto.gov.br/ccivil_03/constituicao/constituicao.htm. Acesso em: 10 mar. 2023.

BRASIL. *Decreto-lei n. 5.452, de 1º de maio de 1943*. Aprova a Consolidação das Leis do Trabalho. Brasília: Presidência da República, 1943. Disponível em: https://www.planalto.gov.br/ccivil_03/decreto-lei/del5452.htm#:~:text=%C3%89%20

adotada%20no%20territ%C3%B3rio%20nacional,ou%20presta%C3%A7%C3%A3o%20de%20servi%C3%A7os%20remunerados. Acesso em: 10 mar. 2023.

BRASIL. *Decreto-lei n. 2848, de 7 de dezembro de 1940.* Código Penal. Brasília: Presidência da República, 1940. Disponível em: https://www.planalto.gov.br/ccivil_03/decreto-lei/del2848.htm. Acesso em: 10 mar. 2023.

BRITES, Jurema. Afeto e desigualdade: gênero, geração e classe entre empregadas domésticas e seus empregadores. *Cadernos Pagu*, Campinas, n. 29, p. 91-109, jul.-dez. 2007.

BRITES, Jurema. *Afeto, desigualdade e rebeldia*: bastidores do serviço doméstico. 2000. 239 f. Tese (Doutorado em Antropologia Social) – Universidade Federal do Rio Grande do Sul, Porto Alegre, 2000.

BROWNMILLER, Susan. *Against Our Will*: Men, Women and Rape. Nova York: Bantam, 1975.

BROWN, Wendy; HALLEY, Janet. *Left Legalism/Left Critique*. Durham: Duke University Press, 2002.

BUTLER, Cheryl Nelson. A Critical Race Feminist Perspective on Prostitution & Sex Trafficking in America. *Yale Journal of Law and Feminism*, [*s. l.*], v. 27, n. 1, p. 95-139, 2015.

CAIN, Patricia. Feminist Legal Scholarship. *Iowa Law Review*, [*s. l.*], v. 77, p. 19-39, 1991.

CAIN, Patricia. Feminism and the Limits of Equality. *Georgia Law Review*, [*s. l.*], v. 24, p. 803-847, 1989.

CAIN, Patricia. Feminist Jurisprudence: Grounding the Theories. *Berkeley Women's Law Journal*, [*s. l.*], v. 4, p. 191-214, 1988.

CANADÁ. Suprema Corte. *R. v. Morgentaler*. Judgment n. 19556. 28 jan. 1988.

CARBADO, Devon; HARRIS, Cheryl. Intersectionality at 30: Mapping the Margins of Anti-Essentialism, Intersectionality and Dominance Theory. *Harvard Law Review*, [*s. l.*], v. 132, p. 2193-2239, 2019.

CARDOSO, Bruno Baptista; VIEIRA, Fernanda Morena; SARACENI, Valeria. Aborto no Brasil: o que dizem os dados oficiais? *Cadernos de Saúde Pública*, Rio de Janeiro, v. 36, supl. 1, p. 1-13, 2020.

CARNEIRO, Aparecida. *A construção do outro como não ser como fundamento do ser.* São Paulo: Fuesp, 2005.

CARRETTO, Glacieri. A história da menina estuprada que engravidou e foi chamada de "assassina". *A Gazeta*, 19 ago. 2020. Disponível em: https://www.agazeta.com.br/es/cotidiano/a-historia-da-menina-estuprada-que-engravidou-e-foi-chamada--de-assassina-0820. Acesso em: 6 fev. 2023.

CERQUEIRA, Daniel *et al. Atlas da Violência 2017.* Rio de Janeiro: Ipea, 2017. Disponível em: http://www.ipea.gov.br/portal/images/170602_atlas_da_violencia_2017.pdf. Acesso em: 14 mar. 2023.

CHAMALLAS, Martha; WRIGGINS, Jennifer. *The Measure of Injury*: Race, Gender and Tort Law. Nova York: New York University Press, 2010.

CHEN, Chao-Ju. Catharine MacKinnon and Equality Theory. *In*: WEST, Robin; GRANT BOWMAN, Cynthia (eds.). *Research Handbook on Feminist Jurisprudence*. Northampton, MA: Edward Elgar, 2019. p. 44-64.

COLKER, Ruth. Equality Theory and Reproductive Freedom. *Texas Journal of Women and the Law*, [*s. l.*], v. 3, p. 99-122, 1994.

COLKER, Ruth. An Equal Protection Analysis of United States Reproductive Health Policy: Gender, Race, Age, and Class. *Duke Law Journal*, [*s. l.*], n. 2, p. 324-364, abr. 1991.

COLKER, Ruth. The Anti-Subordination Principle: Applications. *Wisconsin Women's Law Journal*, [*s. l.*], v. 3, p. 59-80, 1987.

CONAGHAN, Joanne. Intersectionality and the Feminist Project in Law. *In*: COOPER, Davina (ed.). *Intersectionality and Beyond*: Law, Power and the Politics of Location. Intersectionality and Law. Londres: Routledge, 2009. p. 49-76.

COOK, Rebecca. Stigmatized Meanings of Criminal Abortion Law. *In*: COOK, Rebecca; ERDMAN, Joanna; DICKENS, Bernard. *Abortion Law in Transnational Perspective*. Cases and Controversies. Philadelphia: University of Pennsylvania Press, 2014. p. 347-370.

COPELON, Rhonda. From Privacy to Autonomy: The Conditions for Sexual Reproductive Freedom. *In*: FRIED, Marlene. *From Abortion to Reproductive Freedom*: Transforming a Movement. Boston, MA: South End Press, 1990. p. 27-43.

CORNELL, Drucilla. The Doubly-Prized World: Myth, Allegory and the Feminine. *Cornell Law Review*, [*s. l.*], v. 75, n. 3, p. 644-699, mar. 1990.

COSTA, Gilberto. Estupro bate recorde e maioria das vítimas são meninas de até 13 anos. *Agência Brasil*, 10 set. 2019. Disponível em: https://agenciabrasil.ebc.com.br/geral/noticia/2019-09/estupro-bate-recorde-e-maioria-das-vitimas-sao-meninas-de-ate-13-anos. Acesso em: 11 set. 2023.

COUTINHO, Renata. Terceirização tem "cara": é preta e feminina. *Portal Geledés*, 20 ago. 2020. Disponível em: https://www.geledes.org.br/terceirizacao-tem-cara-e-preta-e-feminina/. Acesso em: 3 fev. 2023.

CRENSHAW, Kimberlé. Demarginalizing the Intersection of Race and Sex: A Black Feminist Critique of Antidiscrimination Doctrine, Feminist Theory and Anti-Racist Politics. *University of Chicago Legal Forum*, [*s. l.*], n. 1, p. 139-167, 1989.

DALTON, Claire. An Essay in the Deconstruction of Contract Doctrine. *The Yale Law Journal*, [*s. l.*], v. 94, n. 5, p. 997-1114, abr. 1985.

D'ANGELO, Heloísa; GOMES, Joyce; SANTANA, Bianca. *Quatro Marias*: uma reportagem em quadrinhos sobre as realidades do aborto no Brasil. Trabalho de Conclusão de Curso. [*S. d.*]. Disponível em: https://quatromarias.com/quem-somos/. Acesso em: 6 fev. 2023.

DAVIS, Angela. Racism, Birth Control and Reproductive Rights. *In*: FRIED, Marlene. *From Abortion to Reproductive Freedom*: Transforming a Movement. Boston, MA: South End Press, 1990. p. 15-26.

DELATORRE, Babi. Legalização e descriminalização do aborto: qual a diferença? Ou, com qual estratégia o movimento de mulheres deve lutar por seus direitos. *Esquerda Diário*, 1º ago. 2018. Disponível em: https://www.esquerdadiario.com.br/Legalizacao-e-Descriminalizacao-do-aborto-qual-a-diferenca-Ou-com-qual-estrategia-o-movimento-de. Acesso em: 3 fev. 2023.

DELGADO, Richard. The Ethereal Scholar: Does Critical Legal Studies Have What Minorities Want Minority Critiques of the Critical Legal Studies Movement. *Harvard Civil Rights – Civil Liberties Law Review*, [*s. l.*], v. 22, p. 301-322, 1987.

DEL PRIORE, Mary Lucy. A árvore e o fruto: um breve ensaio histórico sobre o aborto. *Revista Bioética*, Brasília, v. 2, n. 1, p. 1-8, 1994.

DIAS, Maria Berenice. A mulher no Código Civil. *Investidura*, [*on-line*], 21 nov. 2008. Disponível em: https://investidura.com.br/artigos/direito-civil/a-mulher-no-codigo-civil/. Acesso em: 12 set. 2023.

DIMOULIS, Dimitri. *Manual de introdução ao estudo do Direito*. São Paulo: Revista dos Tribunais, 2011.

DIMOULIS, Dimitri. *Positivismo jurídico*: introdução a uma teoria do Direito e defesa do pragmatismo jurídico-político. São Paulo: Método, 2006.

DIMOULIS, Dimitri; PENTEADO, Taís. É crime defender um direito fundamental? O aborto, a revista 'AzMina' e a ministra Damares. *Estadão*, Blog do Fausto Macedo, 27 set. 2019. Disponível em: https://www.estadao.com.br/politica/blog-do-fausto-macedo/e-crime-defender-um-direito-fundamental/. Acesso em: 14 mar. 2023.

DINIZ, Debora. Arquitetura de uma ação em três atos – Anencefalia no STF. *Direito. UnB*, [*s. l.*], v. 1, n. 2, p. 161-183, jul.-dez. 2014.

DINIZ, Debora *et al.* A verdade do estupro nos serviços do aborto legal no Brasil. *Revista Bioética*, Brasília, v. 22, n. 2, p. 291-298, ago. 2014.

DINIZ, Debora; MEDEIROS, Marcelo. Aborto no Brasil: uma pesquisa domiciliar com técnica de urna. *Ciência e Saúde Coletiva*, [*s. l.*], v. 15 (supl. 1), p. 959-966, 2010.

DINIZ, Debora; VÉLEZ, Ana Cristina Gonzalez. Aborto e razão pública: o desafio da anencefalia no Brasil. *Mandrágora*, [*s. l.*], v. 13, n. 13, p. 22-32, 2007.

DUBOIS, Ellen *et al.* Feminist Discourse, Moral Values, and the Law – A Conversation. *Buffalo Law Review*, [*s. l.*], v. 34, n. 1, p. 11-87, 1985.

DWORKIN, Ronald. *Law's Empire*. Cambridge, Mass.: Belknap Press, 1986.

DWORKIN, Andrea. *Pornography*: Men Possessing Women. Londres: The Women's Press, 1981.

ESTRICH, Susan. Teaching Rape Law. *The Yale Law Journal*, [*s. l.*], v. 102, p. 509-520, 1992.

EVARISTO, Conceição. *Olhos d'água*. Rio de Janeiro: Pallas, 2018.

EVARISTO, Conceição. *Becos da memória*. 3. ed. Rio de Janeiro: Pallas, 2017.

EVARISTO, Conceição. *Insubmissas lágrimas de mulheres*. 2. ed. Rio de Janeiro: Malê, 2016.

FERREIRA, Luisa. A agência parcial nas teorias feministas do direito e sua contribuição para políticas públicas no Brasil. *Revista Eletrônica Direito e Sociedade*, Canoas, v. 11, n. 1, p. 147-170, jun. 2023.

FINEMAN, Martha. Dominant Discourse, Professional Language and Legal Change in Child Custody Decision Making. *Harvard Law Review*, [*s. l.*], v. 101, n. 4, p. 727-774, 1988.

FINEMAN, Martha; KARPIN, Isabel (orgs.). *Mothers in Law*: Feminist Theory and the Legal Regulation of Motherhood. Nova York: Columbia University Press, 1995.

FINLEY, Lucinda. *Breaking Women's Silence in Law*: The Dilemma of the Gendered Nature of Legal Reasoning. *Notre Dame Law Review*, [*s. l.*], v. 64, p. 886-910, 1989.

FINLEY, Lucinda. The Nature of Domination and the Nature of Women: Reflections on Feminism Unmodified (Review Essay). *Northwestern University, School of Law Northwestern University Law Review*, [*s. l.*], v. 82, n. 2, p. 352-386, 1988.

FIRESTONE, Shulamith. *The Dialect of Sex*. Nova York: William Morrow, 1971.

FISS, Owen. Groups and the Equal Protection Clause. *Philosophy and Public Affairs*, [*s. l.*], v. 5, n. 2, p. 107-177, 1976.

FLAX, Jane. *Thinking Fragments*: Psychoanalysis, Feminism and Postmodernism in the Contemporary. West Berkeley: University of California Press, 1990.

FLAX, Jane. Postmodernism and Gender Relations in Feminist Theory. *Signs*, [*s. l.*], v. 12, n. 4, p. 621-643, 1987.

FRASER, Nancy; NICHOLSON, Linda. Social Criticism without Philosophy: An Encounter between Feminism and Postmodernism. *Social Text*, n. 21, p. 83-104, 1989.

FREDMAN, Sandra. Substantive Equality Revisited: A Rejoinder to Catharine Mackinnon. *International Journal of Constitutional Law*, [*s. l.*], v. 14, n. 3, p. 747-751, jul. 2016.

FREDMAN, Sandra. *Discrimination Law*. 2. ed. Oxford: Oxford University Press, 2011.

FREITAS, Carla. Maternidade no jogo perverso da vida. *Portal Geledés*, 12 maio 2015. Disponível em: https://www.geledes.org.br/maternidade-no-jogo-perverso-da--vida/. Acesso em: 3 fev. 2023.

FIOROTTI, Karina *et al*. Prevalência e fatores associados à violência doméstica: estudo em uma maternidade de alto risco. *Texto & Contexto – Enfermagem*, [*s. l.*], v. 27, n. 3, 2018.

"FOGE do Brasil": o conselho de Damares para pais que criam meninas. *Veja*, 15 fev. 2019. Disponível em: https://veja.abril.com.br/politica/foge-do-brasil-e-o-conselho-de-damares-para-pais-que-criam-meninas/. Acesso em: 14 mar. 2023.

FUSS, Diana. *Essentially Speaking*: Feminism, Nature & Difference. Nova York: Routledge, 1989.

GARCIA, Gustavo. "E daí? Lamento, quer que eu faça o quê?" diz Bolsonaro sobre mortes por coronavírus no Brasil. *G1*, 28 abr. 2020. Disponível em: https://g1.globo.com/politica/noticia/2020/04/28/e-dai-lamento-quer-que-eu-faca-o-que-diz-bolsonaro-sobre-mortes-por-coronavirus-no-brasil.ghtml. Acesso em: 14 mar. 2023.

GAYFORD, Jasper. Wife Battering: A Preliminary Survey of 100 Cases. *British Medical Journal*, [*s. l.*], p. 194-197, jan. 1975.

GELLES, Richard. *Family Violence*. [*S. l.*]: SAGE Publications, 1987.

GELLES, Richard. *The Violent Home*. [*S. l.*]: SAGE Publications,1972.

GÊNERO Justiça e direitos humanos. ONU: Taxa de feminicídios no Brasil é a quinta maior do mundo; diretrizes nacionais buscam solução. *Themis: Gênero, Justiça e Direitos Humanos*, 1º mar. 2017. Disponível em: http://themis.org.br/onu-taxa-de-feminicidios-no-brasil-e-quinta-maior-do-mundo-diretrizes-nacionais-buscam-solucao/. Acesso em: 11 out. 2020.

GINSBURG, Ruth Bader. Some Thoughts on Autonomy and Equality in Relation to Roe v. Wade. *North Carolina Law Review*, [*s. l.*], v. 63, n. 2, p. 375-386, 1985.

GOES, Emanuelle. Violência obstétrica e o viés racial. *Portal Geledés*, 19 ago. 2016. Disponível em: https://www.geledes.org.br/violencia-obstetrica-e-o-vies-racial/. Acesso em: 14 mar. 2023.

GOMES, Juliana Cesario Alvim. Nas encruzilhadas: limites e possibilidades do uso do litígio estratégico para o avanço dos direitos humanos e para a transformação social. *Revista Direito e Práxis*, Rio de Janeiro, v. 10, n. 1, p. 389-423, 2019.

GONZALEZ, Amelia. Mulheres fazem 75% de todo o trabalho de cuidados não remunerado do mundo. *G1*, 20 jan. 2020. Disponível em: https://g1.globo.com/natureza/blog/amelia-gonzalez/post/2020/01/20/mulheres-fazem-75percent-de-todo-o-trabalho-de-cuidados-nao-remunerado-do-mundo.ghtml. Acesso em: 14 mar. 2023.

GONZALES v. Carhart, 550 U.S. 124. 2007. Disponível em: https://supreme.justia.com/cases/federal/us/550/124/. Acesso em: 12 set. 2023.

GOVERNO Bolsonaro: um ataque à vida das mulheres. *Blog da Cidadania*, 10 abr. 2019. Disponível em: https://blogdacidadania.com.br/2019/04/governo-bolsonaro-um-ataque-a-vida-das-mulheres/. Acesso em: 14 mar. 2023.

GREENHOUSE, Linda; SIEGEL, Reva. *Before Roe v. Wade*. Voices that Shaped the Abortion Debate before the Supreme Court's Ruling. [*S. l.*]:Kaplan Publishing, 2012.

GRILLO, Tina. Anti-Essentialism and Intersectionality: Tools to Dismantle the Master's House. *Berkley Women's Law Journal*, [*s. l.*], v. 10, n. 1, p. 16-30, 1995.

GROSZ, Elizabeth. Sexual Difference and the Problem of Essentialism in The Essential Differences. *Center for Cultural Studies*, [*s. l.*], v. 5, 1994.

HALLEY, Janet. Sexuality Harassment. *In*: MACKINNON, Catharine; SIEGEL, Reva (eds.). *Directions in Sexual Harassment Law*. New Haven: Yale University Press, 2008. p. 182-200.

HALLEY, Janet. *Split Decisions*: How and Why to Take a Break from Feminism. Princeton, N. J.: Princeton University Press, 2006.

HARDING, Sandra. Beneath the Surface of the Abortion Debate: Are Women Fully Human. *In*: CALLAHAN, Sidney; CALLAHAN, Daniel (eds.). *Abortion*: Understanding Differences. Nova York: Plenum Press, 1984. p. 203-224.

HARRIS, Angela. Race and Essentialism in Feminist Legal Theory. *Stanford Law Review*, [*s. l.*], v. 42, n. 3, p. 581-616, fev. 1990.

HARRIS V. MCRAE, 448 U.S., 297. 1980. Disponível em:https://supreme.justia.com/cases/federal/us/448/297/. Acesso em: 12 set. 2023.

HARTMANN, Marcel. Abstinência sexual: entenda a estratégia da ministra Damares para combater a gravidez na adolescência. *GZH Comportamento*, 24 jan. 2020. Disponível em: https://gauchazh.clicrbs.com.br/comportamento/noticia/2020/01/abstinencia-sexual-entenda-a-estrategia-da-ministra-damares-para-combater-a-gravidez-na-adolescencia-ck5swry7j0b9o01mv88pk2b2e.html. Acesso em: 14 mar. 2023.

HELTON, Anne; MCFARLANE, Judith; ANDERSON, Elizabeth. Battered and Pregnant: A Prevalence Study. *American Journal of Public Health*, [*s. l.*], v. 77, n. 10, p. 1337-1339, out. 1987.

HENDRICKS, Jennifer. *Body and Soul*: Equality, Pregnancy, and the Unitary Right to Abortion. *College of Law Faculty Scholarship*, [*s. l.*], p. 1-51, set. 2011.

HILBERMAN, Elaine; MUNSON, Kit. Sixty Battered Woman. *Victimology: An International Journal*, [*s. l.*], v. 2, n. 3-4, p. 460-470, 1977-1978.

HILL COLLINS, Patricia. *Pensamento feminista negro*. São Paulo: Boitempo, 2018.

HILL COLLINS, Patricia. *Black Feminist Thought*: Knowledge, Consciousness, and the Politics of Empowerment. 2. ed. Nova York: Routledge, 2000.

HOOKS, bell. *Talking Back*: Thinking Feminist, Thinking Black. Boston, MA: South End Press, 1999.

HOOKS, bell. Homeplace: A Site of Resistance. *In*: HOOKS, bell. *Yearning*: Race, Gender and Cultural Politics. Boston, MA: South End Press, 1990. p. 41-50.

HO, Tally. The Academic Essay. [*S. d.*]. Disponível em: https://www.dartmouth.edu/~engl5vr/guidelines.htm#:~:text=The%20academic%20essay%20is%20merely,norms%2C%20rules%2C%20and%20conventions. Acesso em: 6 nov. 2020.

INSTITUTO BRASILEIRO DE GEOGRAFIA E ESTATÍSTICA – IBGE. *Pesquisa Nacional por Amostra de Domicílios Contínua*. Divulgação Especial. Mulheres no Mercado de Trabalho. 2018. Disponível em: https://www.ibge.gov.br/estatisticas/sociais/populacao/9171-pesquisa-nacional-por-amostra-de-domicilios-continua-mensal.html?=&t=downloads. Acesso em: 3 fev. 2023.

INSTITUTO DE PESQUISA ECONÔMICA APLICADA – IPEA. Estudo do Ipea traça um perfil do trabalho doméstico no Brasil. *Gov.br*, 23 dez. 2019. Disponível em: https://www.ipea.gov.br/portal/categorias/45-todas-as-noticias/noticias/2299-estudo-do-ipea-traca-um-perfil-do-trabalho-domestico-no-brasil. Acesso em: 14 set. 2023.

INSTITUTO DE PESQUISA ECONÔMICA APLICADA – IPEA. *Nota Técnica*. Os impactos do novo regime fiscal para o financiamento do sistema único de saúde e para a efetivação do direito à saúde no Brasil, set. 2016. Disponível em: http://www.ipea.gov.br/portal/images/stories/PDFs/nota_tecnica/160920_nt_28_disoc.pdf. Acesso em: 29 jan. 2020.

INSTITUTO DE PESQUISA ECONÔMICA APLICADA – IPEA. *Retrato das Desigualdades de Gênero e Raça*. Brasília: Ipea, 2014.

IYER, Nitya. Categorical Denials: Equality, Rights and the Shaping of Social Identity. *Queen's Law Journal*, [s. l.], v. 19, p. 179-207, 1993.

JAGGAR, Alison. *Feminist Politics and Human Nature*. Totowa: Rowman & Allanheld, 1983.

KAPUR, Ratna. The Tragedy of Victimization Rhetoric: Resurrecting the "Native" Subject in International/Post-Colonial Feminist Legal Politics. *Harvard Human Rights Journal*, [s. l.], v. 15, n. 1, p. 1-37, 2002.

KARST, Kenneth. *Belonging to America*: Equal Citizenship and the Constitution. New Haven: Yale University Press, 1989.

KARST, Kenneth. Woman's Constitution. *Duke Law Journal*, [s. l.], n. 3, p. 447-508, jun. 1984.

KARST, Kenneth. Foreword: Equal Citizenship under the Fourteenth Amendment. *Harvard Law Review*, [s. l.], v. 91, nov. 1977.

KENNEDY, Duncan. Legal Education as Training for Hierarchy. *In*: KAIRYS, David (ed.). *The Politics of Law*: A Progressive Critique. Nova York: Pantheon Books, 1982. p. 40-63.

LABRONICI, Liliana *et al.* A redescoberta da maternidade por mulheres vítimas de violência doméstica: uma possibilidade existencial. *Cogitare Enfermagem*, [s. l.], v. 15, n. 3, p. 474-479, jul.-set. 2010.

LAWRENCE III, Charles. The Id, the Ego, and Equal Protection: Reckoning with Unconscious Racism. *Stanford L aw Review*, [s. l.], v. 39, n. 2, p. 317-388, jan. 1987.

LAW, Sylvia. In Defense of Liberal Feminism. *In*: WEST, Robin; GRANT BOWMAN, Cynthia (eds.). *Research Handbook on Feminist Jurisprudence*. Northhampton, MA: Edward Elgar Pub, 2019. p. 24-43.

LAW, Sylvia. Rethinking Sex and the Constitution. *University of Pennsylvania Law Review*, [s. l.], v. 132, p. 955-1040, 1984.

LIMA, Gleyma. Criminalizar o aborto não protege vidas, nem salva almas. *Huffpost Brasil*, 18 jan. 2016. Disponível em: https://www.geledes.org.br/criminalizar-o--aborto-nao-protege-vidas-nem-salva-almas/. Acesso em: 12 set. 2023.

LIMA, Juliana Domingos de. Por que esterilização para controle demográfico é uma violação. *Nexo*, 13 jun. 2018. Disponível em: https://www.nexojornal.com.br/expresso/2018/06/13/Por-que-esteriliza%C3%A7%C3%A3o-para-controle-demogr%C3%A1fico-%C3%A9-uma-viola%C3%A7%C3%A3o. Acesso em: 14 mar. 2023.

LITTLETON, Christine. Feminist Jurisprudence: The Difference Method Makes. *Stanford Law Review*, [*s. l.*], v. 41, n. 3, p. 751-784, fev. 1989.

LORDE, Audre. Age, Race, Class and Sex: Woman Redefining Difference. *In*: LORDE, Audre. *Sister Outsider*: Essays and Speeches. Nova York: Crossing Press, 1984. p. 114-123.

LUGONES, María. Toward a Decolonial Feminism. *Hypatia*, [*s. l.*], v. 25, n. 4, p. 742-759, 2010.

LUKER, Kristin. Contraceptive Risk Taking and Abortion: Results and Implications of a San Francisco Bay Area Study. *Studies in Family Planning*, [*s. l.*], v. 8, n. 8, p. 190-196, ago. 1977.

LUNARDI, Soraya. O Direito é masculino. *Estadão*, 17 nov. 2015. Disponível em: https://www.facebook.com/ColetivoFeminista/photos/o-direito-%C3%A9--masculinoartigo-no-estad%C3%A3o-por-soraya-lunardi-professora-de--direito-/1047192741980999/. Acesso em: 3 fev. 2023.

LUNARDI, Soraya; DIMOULIS, Dimitri. *O caso da gravidez indesejada*: dilemas éticos e jurídicos sobre o aborto. São Paulo: Revista dos Tribunais, 2019.

MACHADO, Marta Rodriguez de Assis; COOK, Rebecca. Constitucionalização do aborto no Brasil: uma análise a partir do caso da gravidez anencefálica. *Revista de Investigações Constitucionais*, Curitiba, v. 5, n. 3, p. 2239-2295, set.-dez. 2018.

MACHADO, Marta Rodriguez de Assis; MACIEL, Débora. The Battle Over Abortion Right's in Brazil's State Arenas. *Health and Human Rights Journal*, [*s. l.*], v. 19, p. 119-131, jun. 2017.

MACKENZIE, Mia. "How Can White Women Include Women of Colour in Feminism?" Is a Bad Question. Here's Why. 2015. Disponível em: https://www.bgdblog.org/2015/09/how-can-white-women-include-women-of-color-in-feminism-is-a-bad-question-heres-why/. Acesso em: 6 set. 2023.

MACKINNON, Catharine. Equality. *Daedalus*, v. 149, n. 1, p. 213-221, 2020.

MACKINNON, Catharine. Substantive Equality Revisited: A Reply to Sandra Fredman. *International Journal of Constitutional Law*, [*s. l.*], v. 14, n. 3, p. 739-746, jul. 2016.

MACKINNON, Catharine. Intersectionality as Method: A Note. *Signs*, [*s. l.*], v. 38, n. 4, p. 1019-1030, 2013.

MACKINNON Catharine. Gender in Constitutions. *In*: ROSENFELD, Michel; SAJÓ, András (eds.). *The Oxford Handbook of Comparative Constitutional Law*. Oxford: Oxford University Press, 2012. p. 397-416.

MACKINNON, Catharine. Substantive Equality: A Perspective. *Minnesota Law Review*, [*s. l.*], v. 96, p. 1-27, 2011.

MACKINNON, Catharine. *Sex Equality*. 2. ed. Nova York: Foundation Press, 2007.

MACKINNON, Catharine. *Women's Lives, Man's Laws*. Cambridge: The Belknap Press of Harvard University Press, 2005.

MACKINNON, Catharine. Points against Postmodernism. *Chicago-Kent Law Review*, [*s. l.*], v. 75, n. 3, p. 687-712, jun. 2000.

MACKINNON, Catharine. Reflections on Sex Equality under Law. *The Yale Law Journal*, [*s. l.*], v. 100, n. 5, p. 1281-1328, 1991.

MACKINNON, Catharine. *Toward a Feminist Theory of The State*. Cambridge (Mass.): Harvard University Press, 1989.

MACKINNON, Catharine. *Feminism Unmodified*. Cambridge (Mass.): Harvard University Press, 1987.

MACKINNON, Catharine. Roe v. Wade: A Study in Male Ideology. *In*: GARFIELD, Jay; HENNESSEY, Patricia (eds.). *Abortion*: Moral and Legal Perspectives. Amherst: University of Massachusetts Press, 1984. p. 45-54.

MACKINNON, Catharine. *Feminism, Marxism, Method, and the State*: Toward a Feminist Jurisprudence in The Canon of American Legal Thought. Princeton, N. J.: Princeton University Press, 1983.

MACKINNON, Catharine. Feminism, Marxism, Method, and the State: An Agenda for Theory. *Signs*, [*s. l.*], v. 7, n. 3, p. 515-544, 1982.

MACKINNON, Catharine. *Sexual Harassment of Working Women*: A Case of Sex Discrimination. New Haven, Conn.: Yale University Press, 1979.

MACKINNON, Catharine; CRENSHAW, Kimberlé. Reconstituting the Future: An Equality Amendment. *The Yale Law Journal*, [*s. l.*], v. 129, p. 343-364, 2019.

MAHONEY, Martha. Whiteness and Women, in Practice and Theory: A Reply to Catharine A. MacKinnon. *Yale Journal of Law and Feminism*, [*s. l.*], v. 5, p. 217-251, 1993.

MAHONEY, Martha. Legal Images of Battered Women: Redefining the Issue of Separation. *Michigan Law Review*, [*s. l.*], v. 90, p. 1-94, 1991.

MAJU Coutinho faz relato doloroso do racismo que viveu ao longo da vida – "ele mata, ele nos fere". *Uol*, 3 jun. 2020. Disponível em: https://contigo.uol.com.br/noticias/tv/maju-coutinho-faz-relato-doloroso-do-racismo-que-viveu-ao-longo-da-vida-ele-mata-ele-nos-fere.phtml. Acesso em: 14 mar. 2023.

MANGABEIRA UNGER, Roberto. The Critical Legal Studies Movement. *Harvard Law Review*, [*s. l.*], v. 96, n. 3, p. 561-675, jan. 1983.

MARETTI, Eduardo. Resposta de Bolsonaro à pandemia: desprezo pela vida, negacionismo e austeridade. *Brasil de Fato*, 2 mar. 2021. Disponível em: https://www.brasildefato.com.br/2021/03/02/respostas-de-bolsonaro-a-pandemia-desprezo-pela-vida-negacionismo-e-austeridade. Acesso em: 12 set. 2023.

MARTINS, Juliana. *Mulheres de maternidade impedida*: a mãe marginalizada em face do atendimento institucional. São Paulo: Com-Arte, 2019.

MARX, Karl. Theses on Feuerbach (XI Thesis). *In*: FEUER, Lewis (ed.). *Marx and Engels*: Basic Writings on Politics and Philosophy. Garden City, N. Y.: Doubleday, 1959.

MATSUDA, Mary. Public Response to Racist Speech: Considering the Victim's Story. *Michigan Law Review*, [*s. l.*], v. 87, n. 8, p. 2320-2381, ago. 1989.

MENESES, Celimar de. Mulheres fazem trabalho doméstico por 9,6 horas a mais que os homens por semana, aponta IBGE. *Brasil de Fato*, 11 ago. 2023. Disponível em: https://www.brasildefato.com.br/2023/08/11/mulheres-fazem-trabalho-domestico-por-9-6-horas-a-mais-que-os-homens-no-brasil-aponta-ibge#:~:text=Apesar%20da%20pequena%20redução%2C%2092,etário%20estavam%20envolvidos%20nessas%20atividades. Acesso em: 12 set. 2023.

MILLETT, Kate. *Sexual Politics*. Garden City, Nova York: Doubleday, 1970.

MINISTÉRIO PÚBLICO DO PARANÁ. Estupro bate recorde e maioria das vítimas são meninas de até 13 anos. 9 mar. 2020. Disponível em: https://site.mppr.mp.br/crianca/Noticia/ESTATISTICAS-Estupro-bate-recorde-e-maioria-das-vitimas-sao-meninas-de-ate-13-anos. Acesso em: 12 set. 2023.

MINOW, Martha. Feminist Reason: Getting It and Losing It. *Journal of Legal Education*, [*s. l.*], v. 38, n. 1-2, p. 47-60, mar.-jun. 1988.

MOREIRA, Adilson. *Pensando como um negro*: ensaio de hermenêutica jurídica. São Paulo: Contracorrente, 2019.

MULHERES no mercado de trabalho: como é a situação atual? *Unicesumar*, 29 ago. 2019. Disponível em: https://www.unicesumar.edu.br/blog/mulheres-no-mercado-de-trabalho/. Acesso em: 14 mar. 2023.

MÜLLER, Tânia; CARDOSO, Lourenço (orgs.). *Branquitude*: estudos sobre a identidade branca no Brasil. Curitiba: Appris Editora, 2017.

NUSSBAUM, Martha. The Professor of Parody. *The New Republic*, [*s. l.*], fev. 1999.

OKIN, Susan. Gênero, o público e o privado. *Revista Estudos Feministas*, Florianópolis, v. 16, n. 2, p. 305-332, maio-ago. 2008.

OLIVEIRA, Karla Aveline de. A "coveira" que existe em mim saúda a "coveira" que existe em ti. *Portal Geledés*, 9 jun. 2020. Disponível em: https://www.geledes.org.br/a-coveira-que-existe-em-mim-sauda-a-coveira-que-existe-em-ti/?utm_source=pushnews&utm_medium=pushnotification. Acesso em: 14 mar. 2023.

OLSEN, Frances. Constitutional Law: Feminist Critiques of the Public/Private Distinction. *Constitutional Commentary*, [*s. l.*], v. 10, p. 319-327, 1993.

OLSEN, Frances. Feminism and Critical Legal Theory: An American Perspective. *International Journal of the Sociology of Law*, [*s. l.*], v. 18, p. 199-215, 1990.

OLSEN, Frances. Feminist Theory in Grand Style. *Columbia Law Review*, [*s. l.*], v. 89, n. 5, p. 1147-1178, jun. 1989.

PACHUKANIS, Evgeni. *Teoria geral do Direito e marxismo*: exame crítico dos conceitos jurídicos básicos. São Paulo: Boitempo, 2017.

PAIVA, Lívia; SABADELL, Ana Lucia. O crime de estupro à luz da epistemologia feminista: um estudo de casos no STF. *Delictae*, [*s. l.*], v. 3, n. 4, p. 110-155, jan.-jun. 2018.

PATEMAN, Carole. *Feminist Critiques of the Public/Private Dichotomy*. Cambridge: Polity Press, 1989.

PATERNIDADE responsável: mais de 5,5 milhões de crianças brasileiras não têm o nome do pai na certidão de nascimento. *IBDFAM*, São Paulo, 7 ago. 2019. Disponível em: http://www.ibdfam.org.br/noticias/7024/Paternidade+respons%C3%A1vel%3A+mais+de+5%2C5+milh%C3%B5es+de+crian%C3%A7as+brasileiras+n%C3%A3o+t%C3%AAm+o+nome+do+pai+na+certid%C3%A3o+de+nascimento. Acesso em: 14 mar. 2023.

PENTEADO, Taís. The Abortion Jurisprudence in Brazil: An Analysis of ADPF 54 from Feminist Equality-Based Perspectives. *International Journal of Constitutional Law*, [*s. l.*], v. 19, n. 5, p. 1664-1682, nov. 2021.

PENTEADO, Taís. Reescrita feminista do *Habeas Corpus* N. 503.125/SP: uma análise da adoção informal e o arrependimento materno a partir de perspectivas feministas. *In:* Flavia Portella Püschel (org.). *Direito e Desenvolvimento na prática*. São Paulo: Almedina, 2020. p. 221-254.

PENTEADO, Taís. *Love and Hierarchy*: A Critical View on Affectivity in Domestic Work Relations and on How Brazil's Recent Changes in Regulation Have (Not) Dealt with This Matter, 2016 (não publicado).

PENTEADO, Taís. *Uma leitura crítica da ADPF 54 a partir de perspectivas feministas*. Iniciação Científica – Escola de Direito de São Paulo, Fundação Getulio Vargas, 2016.

PENTEADO, Taís; DIMOULIS, Dimitri. O que podemos aprender com os ataques governamentais ao aborto legal? Não existe conflito de direitos entre a gestante e o feto. *Jota*, 16 jun. 2020. Disponível em: https://www.jota.info/opiniao-e-analise/artigos/o-que-podemos-aprender-com-os-ataques-governamentais-ao-aborto-legal-16062020. Acesso em: 6 fev. 2023.

PETCHESKY, Rosalind. Abortion as "Violence against Women": A Feminist Critique. *Radical America*, [*s. l.*], v. 18, p. 64-68, mar.-jun. 1984.

PIERANGELLI, José Henrique. *Códigos Penais do Brasil*: evolução histórica. Bauru: Jalovi, 1980.

PINKOLA ESTÉS, Clarissa. *Mulheres que correm com os lobos*. Rio de Janeiro: Rocco, 2014.

PÜSCHEL, Flávia Portella. A Feminist Analysis of Child Neglect Cases from the Brazilian Superior Court of Justice. *Revista Direito GV*, São Paulo, v. 16, n. 1, p. 1-21, jan.-abr. 2020.

PÜSCHEL, Flávia Portella. Racionalidade coletiva no STF e precedentes vinculantes: o exemplo do conceito de vida na ADPF n. 54. *Novos Estudos Jurídicos*, [*s. l.*], v. 24, n. 2, p. 536-561, maio-ago. 2019.

RÉAUME, Denise. What's Distinctive about Feminist Analysis of Law? A Conceptual Analysis of Women's Exclusion from Law. *Legal Theory*, [*s. l.*], v. 2, n. 4, p. 265-299, 1996.

RHODE, Deborah. Feminist Critical Theories. *Stanford Law Review*, [*s. l.*], v. 42, n. 3, p. 617-638, fev. 1990.

RICH, Adrianne. *Of Woman Born*: Motherhood as Experience and Institution. Nova York: Norton, 1976.

ROBERTS, Dorothy. *Killing the Black Body*: Race, Reproduction, and the Meaning of Liberty. Nova York: Pantheon Books, 1997.

RODRIGUEZ, José Rodrigo. Dogmática jurídica. *In*: NOBRE, Marcos. *Curso livre de teoria crítica*. 3. ed. Campinas: Papirus, 2013.

ROE V. WADE, 410, U.S 113. 1973. Disponível em: https://supreme.justia.com/cases/federal/us/410/113/. Acesso em: 12 set. 2023.

ROMANO, Giovanna. Damares quer ensinar meninos a "levar flores e abrir a porta" para meninas. *Veja*, 8 mar. 2019. Disponível em: https://veja.abril.com.br/politica/damares-quer-ensinar-meninos-a-levar-flores-e-abrir-a-porta-para-meninas/. Acesso em: 14 mar. 2023.

ROSENBERG, Gerald. *The Hollow Hope*: Can Courts Bring about Social Change? Chicago: The University of Chicago Press,1991.

ROSS, Loretta. Conceptualizing Reproductive Justice Theory: A Manifesto for Activism. *In*: ROSS, Loretta *et al.* (eds.). *Radical Reproductive Justice*: Foundation, Theory, Practice, Critique. Nova York: The Feminist Press at CUNY, 2017. p. 170-232.

ROSS, Loretta *et al.* (eds.). *Radical Reproductive Justice*: Foundation, Theory, Practice, Critique. Nova York: The Feminist Press at CUNY, 2017.

ROSS, Loretta. Raising our Voices. *In*: FRIED, Marlene. *From Abortion to Reproductive Freedom*: Transforming a Movement. Boston, MA: South End Press, 1990. p. 139-145.

ROSS, Andrew. Politics without Pleasure. *Yale Journal of Law & the Humanities*, [*s. l.*], v. 1, p. 193-201, 1988.

RUBIN, Gayle. Thinking Sex: Notes for a Radical Theory of the Politics of Sexuality. *In*: VANCE, Carole (ed.). *Pleasure and Danger*: Exploring Female Sexuality. Londres: Pandora Press, 1992. p. 267-319.

SABADELL, Ana Lucia; DIMOULIS, Dimitri. Constitucionalidade, moralidade e tratamento penal do aborto. *In*: SARLET, Ingo Wolfgang; LEITE, George Salomão (orgs.). *Direitos fundamentais e biotecnologia*. São Paulo: Método, 2008. v. 1. p. 325-349.

SAFFIOTI, Heleieth. *A mulher na sociedade de classes*: mito e realidade. 3. ed. São Paulo: Expressão Popular, 2013.

SAHD, Luiza; FERREIRA, Christiane. Pornografia: será que você devia parar de assistir a esses conteúdos na internet? *Universa Uol*, 24 jan. 2020. Disponível em: https://www.uol.com.br/universa/reportagens-especiais/pornografia-sera-que-voce-devia-parar-de-assistir-a-esses-conteudos-na-internet/#tematico-1. Acesso em: 14 mar. 2023.

SANTOS, Boaventura de Sousa. *Pela mão de Alice*: o social e o político na pós-modernidade. 7. ed. Porto: Edições Afrontamento, 1999.

SCALES, Ann. Towards a Feminist Jurisprudence. *Indiana Law Journal*, [*s. l.*], v. 56, n. 3, p. 375-444, 1981.

SCAVONE, Lucila. Políticas feministas do aborto. *Estudos Feministas*, Florianópolis, v. 16, n. 2, p. 675-680, maio-ago. 2008.

SCHNEIDER, Elizabeth. The Synergy of Equality and Privacy in Women's Rights. *The University of Chicago Legal Forum*, [*s. l.*], n. 1, p. 137-154, 2002.

SCHNEIDER, Elizabeth. Feminism and the False Dichotomy of Victimization and Agency. *New York Law School Law Review*, [*s. l.*], v. 38, p. 387-399, 1993.

SCHNEIDER, Elizabeth. Gendering and Engendering Process. *Cincinnati Law Review*, [*s. l.*], v. 61, p. 1223-1235, 1992-1993.

SCHNEIDER, Elizabeth. The Dialectic of Rights and Politics: Perspectives from the Women's Movement. *New York University Law Review*, [*s. l.*], v. 61, p. 589-652, out. 1986.

SCHWARTZ, Louis. With a Gun and Camera through Darkest CLS-Land. *Stanford Law Review*, Palo Alto, v. 36, n. 1/2, p. 413-464, jan. 1984.

SEDGH, Gilda *et al.* Abortion Incidents between 1990 and 2014: Global, Regional and Subregional Levels and Trends. *The Lancet*, [*s. l.*], v. 388, n. 10041, jul. 2016.

SIEGEL, Reva. Dignity and the Politics of Protection: Abortion Restrictions under Casey/Carhart. *The Yale Law Journal*, [*s. l.*], v. 117, n. 8, p. 1694-1800, jun. 2008. Disponível em: https://digitalcommons.law.yale.edu/cgi/viewcontent.cgi?article=2131&context=fss_papers. Acesso em: 27 out. 2020.

SIEGEL, Reva. The Right's Reasons: Constitutional Conflict and the Spread of Women Protective Antiabortion Argument. *Duke Law Journal*, [*s. l.*], v. 57, p. 1641-1692, 2008.

SIEGEL, Reva. Sex Equality Arguments for Reproductive Rights: Their Critical Basis and Evolving Constitutional Expression. *Emory Law Journal*, [*s. l.*], v. 56, n. 4, p. 815-842, 2007.

SIEGEL, Reva. Constitutional Culture, Social Movement Conflict and Constitutional Change: The Case of the de Facto ERA. *California Law Review*, [*s. l.*], v. 94, n. 5, p. 1323-1419, out. 2006.

SIEGEL, Reva. Why Equal Protection No Longer Protects: The Evolving Forms of Status-Enforcing State Action. *Stanford Law Review*, [*s. l.*], v. 49, n. 5, p. 1111-1148, maio 1997.

SIEGEL, Reva. Abortion as a Sex Equality Right: Its Basis in Feminist Theory. *In*: FINEMAN, Martha Albertson; KARPIN, Isabel (eds.). *Mothers in Law*: Feminist Theory and the Legal Regulation of Motherhood. Nova York: Columbia University Press, 1995. p. 43-72.

SIEGEL, Reva. Reasoning from the Body: A Historical Perspective on Abortion Regulation and Questions of Equal Protection. *Stanford Law Review*, [*s. l.*], v. 44, n. 2, p. 261-381, jan. 1992.

SMITH, Ben. Intersectional Discrimination and Substantive Equality: A Comparative and Theoretical Perspective. *The Equal Rights Review*, [*s. l.*], v. 16, p. 73-102, 2016.

SMITH, Patricia. Feminist Jurisprudence. *In*: PETTERSON, Dennis (ed.). *A Companion to Philosophy of Law and Legal Theory*. Oxford: Wiley-Blackwell, 2010. p. 290-298.

SUDRÉ, Lu. A crise tem rosto de mulher: precarização e desmonte de políticas afetam mais elas. *Brasil de Fato*, 8 mar. 2020. Disponível em: https://www.brasildefato.com.br/2020/03/08/a-crise-tem-rosto-de-mulher-precarizacao-e-desmonte-de-politicas-afetam-mais-elas. Acesso em: 14 mar. 2023.

SUNSTEIN, Cass. Neutrality in Constitutional Law (with Special Reference to Pornography, Abortion, and Surrogacy). *Columbia Law Review*, [*s. l.*], v. 92, n. 1, p. 1-52, jan. 1992.

TAUBE, Nadine; SCHNEIDER, Elizabeth. Women's Subordination and the Role of Law. *In:* WEISBERG, D. Kelly (org.). *Feminist Legal Theory:* Foundations. Philadelphia: Temple University Press, 1993.

TEMER defende salários iguais em discurso do Dia das Mulheres após gafe em 2017. *Último Segundo*, 8 mar. 2018. Disponível em: https://ultimosegundo.ig.com.br/politica/2018-03-08/dia-das-mulheres-discurso-temer.html. Acesso em: 14 mar. 2023.

TMM Annual Report 2016. Disponível em: https://transrespect.org/wp-content/uploads/2016/11/TvT-PS-Vol14-2016.pdf. Acesso em: 15 mar. 2023.

TORRES, Gerald. Sex Lex: Creating a Discourse. *Tulsa Law Review*, [*s. l.*], v. 46, n. 1, p. 45-57, 2010.

TRIBE, Laurence. *American Constitutional Law*. 2. ed. Nova York: Foundation Press, 1978.

TRUTH, Sojourner. *Ain't I a Woman?* Women's Convention in Akron. Ohio, 1851.

UMA MULHER morre a cada 2 dias por causa do aborto inseguro, diz Ministério da Saúde. *Cofen*, 3 ago. 2018. Disponível em: http://www.cofen.gov.br/uma-mulher-morre-a-cada-2-dias-por-causa-do-aborto-inseguro-diz-ministerio--da-saude_64714.html. Acesso em: 14 mar. 2023.

UNICESUMAR. Mulheres no mercado de trabalho: como é a situação atual? 29 ago. 2019. Disponível em: https://www.unicesumar.edu.br/blog/mulheres-no--mercado-de-trabalho/. Acesso em: 6 fev. 2023.

UPRIMNY, Rodrigo; SÁNCHEZ, Luz María. *Três décadas de transformações constitucionais na América Latina*: balanços e perspectivas. Transformação constitucional e democracia na América Latina. São Paulo: FGV Direito SP, 2017.

VANCE, Carole. Pleasure and Danger: Toward a Politics of Sexuality. *In*: VANCE, Carol (ed.). *Pleasure and Danger*: Exploring Female Sexuality. Londres: Pandora Press, 1992. p. 1-28.

WESTEN, Peter. *Speaking of Equality*: An Analysis of the Rhetorical Force of "Equality" in Moral and Legal Discourse. Princeton: Princeton University Press, 1990.

WEST, Robin. Introduction to the Research Handbook on Feminist Jurisprudence. *In*: WEST, ROBIN; GRANT BOWMAN, Cynthia (eds.). *Research Handbook on Feminist Jurisprudence*. Northhampton, MA: Edward Elgar, 2019. p. 1-22.

WEST, Robin. Women in the Legal Academy: A Brief History of Feminist Legal Theory. *Fordham Law Review*, [*s. l.*], v. 87, n. 3, p. 977-1003, 2018.

WEST, Robin. From Choice to Reproductive Justice: De-Constitutionalizing Abortion Rights. *The Yale Law Journal*, [*s. l.*], v. 118, n. 7, p. 1394-1432, maio 2009.

WEST, Robin. The Harms of Consensual Sex. *The American Philosophical Association Newsletter*, [*s. l.*], v. 94, 1995.

WEST, Robin. Feminism, Critical Social Theory and Law. *University of Chicago Legal Forum*, [*s. l.*], n. 1, 1989.

WEST, Robin. Jurisprudence and Gender. *University of Chicago Law Review*, [*s. l.*], v. 55, n.1, 1988.

WEST, Robin. The Difference in Women's Hedonic Lives: A Phenomenological Critique of Feminist Legal Theory. *Wisconsin Women's Law Journal*, [*s. l.*], v. 3, n. 81, 1987.

WILLIAMS, Wendy. Equality's Riddle: Pregnancy and the Equal Treatment/Special Treatment Debate. *Review of Law and Social Change*, [*s. l.*], v. 13, n. 2, p. 325-380, 1984-1985.

WONG, Jane. The Anti-Essentialism v. Essentialism Debate in Feminist Legal Theory: The Debate and Beyond. *William & Mary Journal of Women and the Law*, [*s. l.*], v. 5, n. 2, p. 273-296, 1998-1999.

YOUNG, Iris Marion. House and Home: Feminist Variations on a Theme. *In*: YOUNG, Iris Marion. *Intersecting Voices*. Dilemmas of Gender, Political Philosophy, and Policy. Princeton, N. J.: Princeton University Press, 1997. p. 134-164.

ZIEGLER, Mary. *Beyond Abortion*: Roe v. Wade and the Battle for Privacy. Cambridge: Harvard University Press, 2018.

7 "DESCULPAS" de homens para não usar camisinha". *Estadão*, 17 dez. 2019. Disponível em: https://emais.estadao.com.br/noticias/bem-estar,7-desculpas-

-de-homens-para-nao-usar-camisinha-e-que-nao-colam,10000091696. Acesso em: 14 mar. 2023.

8 RESPOSTAS para ter na ponta da língua quando ele não quiser usar camisinha. *Universa Uol*, 30 out. 2017. Disponível em: https://www.uol.com.br/universa/listas/7-respostas-pra-ter-na-ponta-da-lingua-quando-ele-nao-quiser-usar-camisinha.htm. Acesso em: 14 mar. 2023.